Bob Schultz

Zufrieden leben

Wie geht das praktisch?

Originaltitel: *Practical Happiness*
Copyright © 2008 by Bob Schultz.
Illustrations by Emily Schultz.
*Originally published by Great Expectations Book Company
under the title Practical Happiness.*
All rights reserved.

CMV-Bestellnummer: 701313
ISBN: 978-3-86701-313-0

Autor: Bob Schultz
© 2013 deutsche Ausgabe:
Christlicher Missions-Verlag e.V., 33729 Bielefeld
Übersetzung: CMV
Satz und Titelgrafik: CMV
Printed in Germany

Inhaltsverzeichnis

Vorwort

Sechs Jahre lang lebte ich mit meiner Familie in einem Wohnwagen. Warum so lange? Nun, wir brauchten diese Zeit, um unser Haus zu bauen, denn unser Baugrundstück war bewaldet. So fällten wir die Bäume auf unserem Bauland, sägten diese zu Brettern und Balken, und bauten daraus ein Haus. Diese ganze Arbeit nahm uns sehr in Anspruch und es blieb nicht viel Zeit zum Spielen übrig. Unsere jüngste Tochter arbeitete an meiner Seite, wann immer sie konnte. Unsere älteste konnte sich für diese Art von Arbeit zwar nicht sonderlich erwärmen, dennoch saß sie oft in unserer Nähe, erzählte was, oder schaute uns einfach nur bei der Arbeit zu. Irgendwann wurde mir bewusst, dass unsere mittlere Tochter sich gar nicht bei uns blicken ließ. Als ich sie nach dem Grund fragte, sagte sie: „Ich mag nicht gern bei Leuten sein, die nicht glücklich sind, und du bist nicht glücklich!" Diese Worte trafen mich recht hart...

Seitdem sind nun 15 Jahre vergangen. In dieser Zeit habe ich ernsthaft darüber nachgedacht, was einen Menschen glücklich macht und das Wichtigste hier zusammengefasst. Mit diesem Buch möchte ich jüngeren Menschen einige Werkzeuge in die Hand geben, mit deren Hilfe sie sowohl ihre Selbstsucht als auch ihre Mutlosigkeit überwinden können, welche sie der Freude berauben, die Gott ihnen schenken möchte. Ich wünschte mir, ich selbst hätte diese Dinge bereits als Junge zu hören bekommen.

Bob Schultz

Kapitel 1: Fragen stellen

Wer viel fragt, wird viel lernen. – Francis Bacon

Mein Leben lang habe ich es genossen, „das Kind" zu sein. Als ich meine Laufbahn als Zimmermann angetreten hatte, freute ich mich an meiner Stellung als das jüngste Mitglied des Bautrupps. „Das Kind" zu sein bedeutete, dass es immer jemanden in der Nähe gab, der mehr Erfahrung hatte, der es besser konnte; jemanden, der in der Lage war, meine Fragen zu beantworten und meine Probleme zu lösen. Es macht den meisten Menschen nicht viel aus, wenn ein Kind viele Fragen stellt.

In vielen Bereichen des Lebens betrachte ich mich selbst immer noch als „das Kind". Wenn ich Probleme mit meinem Fahrzeug habe, dann gehe ich über die Straße zu meinem Nachbarn und frage: „Willi, der Lack an meinem Auto hat seinen Glanz verloren. Was kann ich dagegen machen?" Willi arbeitet mit Autos länger als ich lebe. In seiner Garage steht ein Ford-Lieferwagen aus dem Jahr 1941, kohlrabenschwarz, bis auf die gelben Flammen an den vorderen Kotflügeln. Der Lack glänzt wie neu, sodass ich kaum meine Hand davor zurückhalten kann, darüber zu streichen. Der alte Wagen sieht einfach hinreißend aus!

„Ich denke, ich hab hier was für dich", sagt Willi geheimnisvoll, während er in seinem Regal wühlt, das überquillt von verschiedensten Flaschen und Kannen mit Ölen, Waschmittel, Polituren, Rostlösern, Fetten, Reinigern, Lacken, Versiegelungen und anderen Substanzen, die ich nicht erkennen kann. „Da ist es", verkündet er und zieht eine halbvolle Flasche mit einer speziellen Mischung ans Tageslicht. „Das wird's bringen!"

Mit höchstem Respekt vor dem Mann, der weiß, wie man ein Auto auf Hochglanz bringt, gehe ich dankbar heimwärts. Was ich nach Hause trage, ist nicht nur die Politurmischung, es ist dies Kind-sein-Gefühl: Im Vergleich zu ihm weiß ich nichts.

Es ist nur zu schade, dass nicht jeder Autobesitzer einen Nachbarn wie Willi haben kann. Jeder Ratschlag und jedes Mittel, die ich von ihm erhalten habe, haben funktioniert. In wenigen Stunden glänzte die Motorhaube meines Ford-77 Pickups fast wie neu.

In fast jedem Bereich des Lebens gibt es jemanden, zu dem man hinauf schauen kann. Wann immer ich eine Gelegenheit dazu bekomme, frage ich solche Menschen nach ihren Erfahrungen, damit ich besser verstehen kann, wie das Leben funktioniert.

Zurzeit arbeite ich an einem Bauprojekt eines Mannes namens Tom. Sein Leben fasziniert mich. Ich würde ihn am liebsten stundenlang besuchen, ihn über seine Arbeit ausfragen, ihn fragen, was er für seine Familie tat, was davon gute Früchte brachte und was nicht. Ich würde gern etwas über seine Kindheit erfahren, über seine Schulzeit und über den Weg zu seinem jetzigen Beruf. Vielleicht würde er mir etwas mehr darüber erzählen, wie es ist, mitten in Sturm und Nacht einen Düsenjet mit fast leerem Tank auf einem Flugzeugträger zu landen. Er ist nur ein oder zwei Jahre älter als ich, und doch fühle ich mich neben ihm wie ein Jugendlicher und freue mich über jede Gelegenheit, das Leben mit seinen Augen zu sehen.

Mittlerweile musste ich von manchen Kollegen Abschied nehmen, wenn sie in Rente gingen und manch ein guter Freund von mir ist bereits in der Ewigkeit. Ich begreife nun, dass ich in manchen Bereichen des Lebens nicht mehr „das Kind" bin. Ich schaue mich um und sehe viele junge Leute hinter mir, die meine Erfahrungen nicht gemacht haben und nicht gesehen haben, was ich sah. Sie haben kein graues Haar, keine Falten im Gesicht und brauchen keine Brille zum Lesen.

Ich möchte dieses Kind-sein-Gefühl und den Hunger, von den weisen Menschen um mich herum zu lernen, niemals verlieren. Doch auch wenn ich immer noch viel lieber neben Opa Dow sitzen würde, um ihn über seine Erfahrungen auszufragen und mir seine Sicht des Lebens anzuhören, ist es für mich jetzt an der Zeit, meine Erfahrungen an jüngere Leute weiterzugeben – an solche, die sie hören wollen.

Am 18. November 1967 begann ich damit, jeden Tag in meiner Bibel zu lesen und ihre Lektionen auf mein tägliches Leben anzuwenden. Ich habe die Erfahrung gemacht, dass der Gott, der die Welt geschaffen und innerhalb von einundeinhalb Jahrtausenden mehr als vierzig Männer benutzt hat, um die Bibel niederzuschreiben, derselbe Gott ist, der auch heute noch alle Ereignisse des Lebens unter Kontrolle hat. Er ist erfahrbar, vertrauenswürdig und freundlich. Diese Erfahrungen, die ich mit IHM gemacht habe, sind der Grund dafür, dass ich schreibe, was ich gesehen habe.

Ich wünschte, wir könnten uns in meinem „Büro" treffen und unter vier Augen reden, aber das ist nur ein kleiner Abstellraum hinter meiner Holzwerkstatt. Seit dieser Raum von einem Tisch, von einem Computer, vom Schreibzubehör und von Bücherregalen bewohnt wird, gibt es dort für Gäste nur noch Platz auf einem Klappstuhl. Da wäre es mir schon lieber, wir würden uns um den Holzofen sammeln, auf umgedrehten Eimern sitzen oder an die Tischkreissäge gelehnt stehen. Doch das wäre sicher auch nicht besonders praktisch, zumal die meisten von euch nicht in der Nähe von Walterville in Oregon leben.

Das Nächstbeste für mich ist, mich allein in mein Büro zu verkriechen, die Tür aufzulassen, damit warme Luft aus der Werkstatt hineinkommt, und dann so persönlich wie nur möglich etwas darüber zu schreiben, wie Gott selbst sich mir im täglichen Leben gezeigt hat. Genau das möchte ich auch tun.

In den vergangenen Jahren habe ich euch bereits über manches geschrieben, was ein Junge in seinem Leben bedenken sollte, das war das Buch *Boyhood and Beyond.* Danach schrieb ich das Buch *Created for Work*, mit vielen Geschichten darüber, wie man auf den ersten Schritten in die Arbeitswelt hinein nach Gott fragen sollte. Warum schreibe ich jetzt ein Buch über Zufriedenheit im täglichen Leben?

Um diese Frage zu beantworten muss ich 20 Jahre zurückgehen, an den Tag, an dem meine Frau mir sagte: „Ich würde lieber in einer bezahlten Garage leben, als in einem nicht bezahlten Haus." Diese Bemerkung brachte uns in ein Abenteuer hinein, welches unser Leben drastisch verändert hat. Wir stellten uns die Frage: „Kann eine Familie im Amerika des 21. Jahrhunderts leben, ohne sich Geld zu leihen?" An jenem Tag begannen wir zu prüfen, ob das möglich wäre. Wir opferten viele Bequemlichkeiten auf, arbeiteten viele lange Stunden und machten auch eine Menge

Fehler auf unserem Weg. Es war eine harte Zeit, denn ich ging weiterhin meinem Beruf als Zimmermann nach und nutzte eifrig jede Gelegenheit, um nebenbei an unserem Eigenheim zu bauen. Unsere jüngste Tochter arbeitete an meiner Seite, übte das Bruchrechnen an meinem Maßband und entwickelte einen Sinn für handwerkliche Arbeit. Die älteste Tochter hatte mehr Sinn für den Haushalt, weniger für Holzbearbeitung und Konstruktion. Trotzdem kam sie oft zu uns, setzte sich hin und unterhielt uns mit ihrem freundlichen Gerede. Doch ich vermisste meine mittlere Tochter, diese ließ sich kaum bei uns blicken.

Eines Tages fragte ich sie: „Emily, du besuchst uns ja gar nicht mehr bei der Arbeit. Was ist denn los?" Ohne darüber nachzudenken schoss sie heraus: „Ich mag nicht gern bei Leuten sein, die nicht glücklich sind, und du bist nicht glücklich!"

Ihre Worte trafen mich so hart wie einst die Baggerschaufel, die der Baggerführer versehentlich gegen meinen Kopf gelenkt hatte. *Ich* war nicht glücklich? Hätte mich jemand gefragt, ich hätte sofort gesagt: „Natürlich bin ich glücklich!" Ich hatte Arbeit, eine wunderbare Familie, Bauland und Bauholz dazu, ich war gesund, hatte Freunde und zudem hatte ich als Christ eine lebendige Hoffnung auf eine wunderbare Zukunft in der Ewigkeit, und doch... waren ihre Worte wahr. Irgendetwas fehlte mir.

Die nächsten 15 Jahre habe ich damit zugebracht, zu beobachten, was einen Menschen glücklich macht. Die Höhepunkte meiner Entdeckungen habe ich in den folgenden Kapiteln festgehalten. Dieses Buch stellt keine systematische Abhandlung über ein Leben in Glück und Zufriedenheit dar. Es sind einfach Dinge, die ich entdeckt habe, während ich eifrig nach Antworten für meine Fragen suchte. Nach Antworten von allen, die mir begegneten und vor allem von dem EINEN, vor dem ich immer ein Kind bleiben werde, von meinem Vater im Himmel. Meine Absicht mit diesem Buch ist, sowohl jungen als auch älteren Menschen (vor allem Männern) einige Werkzeuge in die Hand zu legen, die mir selbst geholfen haben, meine Selbstsucht und meine Mutlosigkeit zu überwinden, die mir die Freude rauben wollten, und zwar sowohl in guten Zeiten als auch in Zeiten harter Anfechtung. Wie gern hätte ich mir solche Lektionen von einem älteren Mann angehört, als ich selbst noch jung war.

In welchem Lebensstand du dich auch befinden magst, ich möchte dich mit den folgenden Erzählungen dazu ermutigen, nach Gott zu suchen wie ein wissbegieriges Kind, mit deinem ganzen Herzen, mit ganzem Verstand, mit ganzer Seele und mit ganzer Kraft.

> „Aber Jesus rief sie zu sich und sprach: Lasst die Kinder zu mir kommen und wehrt ihnen nicht, denn solcher ist das Reich Gottes. Wahrlich, ich sage euch: Wer das Reich Gottes nicht annimmt wie ein Kind, wird gar nicht hineinkommen!"
> (Lukas 18,16-17)

FRAGEN:

- Welche Ein-Wort-Frage stellen kleine Kinder jeden Tag und sehr oft?

- In welcher Weise ist das Stellen von Fragen ein Ausdruck der Demut?

- Warum stellen stolze Menschen nicht gern Fragen?

- In welchem Alter hört ein Mann auf, sich wie ein Kind zu fühlen? (Vom Zusammenhang dieses Kapitels her gesehen.)

- Welche Frage stellten wir uns, die das Leben unserer Familie drastisch veränderte?

Kapitel 2: Tiefsee-Tauchen

Dies ist eine edle Erhabenheit der Gedanken, eine wahre Größe des gläubigen Verstandes, derart von Gottes Vorsehung ergriffen zu sein, dass man Seine Weisheit in allen Dingen bewundert und erhöht; niemals zu murren über den Lauf der Welt noch über den Stand der Dinge, sondern um sich zu schauen auf Himmel und Erde wie ein zufriedener Zuschauer, und jene unsichtbare Hand zu bewundern, die allen Bewegungen ihre Gesetze gibt und alle Ereignisse zu einem Ende lenkt, das der höchsten Weisheit und Güte entspricht. – William Law

Mein Freund Ralph ist davon überzeugt, dass Gott die Erde geschaffen hat. Diese Überzeugung treibt ihn dazu an, die Erde zu erforschen so viel er nur kann, denn das hilft ihm, die Größe und die Schönheit ihres Schöpfers zu begreifen. Er hat schon den größten Teil der USA bereist, einschließlich Alaska. Er besuchte Afrika auf einigen Safaris, war in Australien, in China und im Mittleren Osten. Jedes Jahr plant er mehrere Reisen, um sich selbst und seiner Familie Gottes Handwerk vor Augen zu führen. Unterwegs mag er vielleicht auch Hotels und Museen genießen, doch seine Aufmerksamkeit gilt dem Land, den Gewässern, den Tieren und Pflanzen; er ist darauf aus, Gottes Herrlichkeit zu sehen.

Es ist faszinierend, Ralph dabei zuzuhören, wenn er total begeistert die Orte beschreibt, die er entdeckt hat. Eines Abends erzählte er mir von seinen Abenteuern beim Tauchen. Er sagte, es gäbe ein wahres Wunderland unter den Wellen, das nur wenige Menschen je zu Gesicht bekommen.

Mit einer Kamera in der Hand lässt er sich ins Wasser gleiten und sinkt langsam hinab bis an den Boden. Während seine Mittaucher hierhin und dorthin umherzappeln und nichts verpassen wollen, lässt Ralph sich aufrecht treiben, als stünde er in einem Bus. Gewöhnlich hält er dabei mit einer Hand die Kamera an seiner Brust fest und versteckt die andere Hand hinter seinem Rücken, um jede störende Bewegung zu vermeiden. Dann lässt er sich einfach von der Strömung treiben.

Mit ihren starken Arm- und Beinbewegungen verscheuchen seine Taucherfreunde die sensiblen Kreaturen am Meeresboden, die sich vor den ungestümen Eindringlingen verschließen und in Sicherheit bringen. Ralph dagegen treibt sanft an sie heran. Die Folge ist, dass sie ihm vertrauensvoll begegnen und ihre Blüten öffnen. Auf diese Weise bieten sie ihm ein prachtvolles Schauspiel von Schönheit.

Eine dieser besonderen Kreaturen ist der Weihnachtsbaumwurm. So lange diese Geschöpfe keine Gefahr wittern, sehen sie aus wie 10 cm hohe Fichtenwälder, die auf dem Felsen wachsen und in Regenbogenfarben leuchten. Doch jede fremdartige, verdächtige Strömung verschreckt sie, sodass sie sofort in Löchern und Spalten verschwinden. Doch als Ralph in der Strömung ruhte, posierten sie vor seiner Kamera, und merkten nicht, wie er ihre Schönheit für Landratten wie mich aufzeichnete.

Die Natur reagiert überall gleich, sei es tief unter Wasser oder oben auf einem Berggipfel. Ein Wanderer, der unvorsichtig durch den Wald stapft und dabei mit lautem Krach Äste und Zweige zerbricht, wird mit etwas Glück hier und da mal den Anblick eines Tieres erhaschen. Doch wird er niemals eine Elchkuh beim Säugen ihres Kalbes beobachten oder einem Vielfraß während seines Sonnenbades auf dem Felsen zuschauen können.

Jungen haben gewöhnlich die Vorliebe dafür, mit Stöcken durch den Wald zu laufen, in der Vorstellung, es seien Schwerter, und alles um sich herum kurz und klein zu hauen. Dabei übersehen sie die wunderbaren Pflanzen und Tiere um sie herum. Es braucht erst eine gewisse Reife, bis sie beginnen, über das nachzudenken, was außerhalb ihrer selbst vorgeht oder lebt. Erst wenn ein junger Mann in den Wald geht und eine Auge für seine Schönheit hat, wenn er leise wartet und beobachtet, wird er mit faszinierenden Erfahrungen belohnt und begreift, dass es im Leben um weit mehr geht als um ihn selbst.

Die Weisheit Gottes verhält sich uns gegenüber genau wie die Natur. In Sprüche 8,34-35 spricht die Weisheit: „Wohl dem Menschen, der auf mich hört, indem er täglich an meiner Pforte wacht und die Pfosten meiner Türen hütet! Denn wer mich findet, der findet das Leben und erlangt Wohlgefallen von dem HERRN."

Ein Mensch, der behutsam durchs Leben geht, der nicht rebellisch um sich schlägt, sondern sich auf seine Umgebung einlässt, der aufmerksam sieht und hört, bekommt Weisheit, um diese Welt richtig zu verstehen. Ein kleiner Abstecher zur Tankstelle kann zu einer Lektion in Geduld werden, wenn du, anstatt am Autoradio herumzufummeln, aufmerksam beobachtest, wie der Tankwärter einem verirrten Touristen geduldig hilft, sich zu orientieren.

Wenn du leise und mit aufrichtigem Interesse an einer Person Fragen stellst, wirst du manches Mal eine innere Schönheit in ihrem Herzen entdecken, die dir verborgen bleiben würde, wenn du derselben Person mit Selbstsucht begegnen würdest. Wenn du mit einem Stock durch den Wald rennst und alles kurz und klein haust, zerstörst du manche Schönheit, ehe du merkst, dass sie existiert. Menschen öffnen ihre Herzen nicht für voreingenommene, schnelllebige Individuen, sondern für Mitmenschen, die sich Zeit nehmen, ruhig zu sitzen, freundlich zu fragen und aufmerksam zuzuhören.

Ich spreche nicht vom faulen Herumsitzen und vom Nichtstun. Ich beschreibe, wie man sozusagen auf Zehenspitzen durchs Leben schleicht, um die Wunder der Existenz zu entdecken und Nutzen daraus zu ziehen. Es geht um eine aufmerksame Haltung, um ein sorgfältiges Beobachten der Menschen, ihrer Beziehungen und ihrer Charaktere. Es geht um die Beobachtung von Handlungen und deren Folgen.

Sogar dort, wo wir Tiere mit einem Sinn für Schönheit beobachten, können wir aus dem Instinkt, den Gott ihnen eingegeben hat, etwas lernen. Alle Aspekte des Lebens öffnen sich für einen Menschen, der behutsam in der Strömung schwebt, wie die Pflanzen am Meeresboden sich für Ralph und seine Kamera öffnen.

Angenommen, du hast die Aufgabe, den Hühnerstall zu säubern. Du kannst dabei ein wahnsinniges Tempo entwickeln, hinein ins Gehege, ab in den Stall, schnell den Mist zusammenkehren, das Stroh in den Nestern austauschen, Futter in den Trog, die Tränke mit Wasser auffüllen, eine neue Fliegenfalle aufhängen – und dann raus an die frische Luft. Das arme Hühnervolk hat anschließend ja genug Zeit, sich von dem Schrecken zu erholen, den du ihnen in deiner Hast eingejagt hast. Schnelles und effektives Arbeiten ist ja durchaus wertvoll, aber wenn du dein ganzes Leben damit verbringst, wie ein Wirbelwind hierhin und dorthin zu eilen, wirst du die kleinen Wunder des Lebens verpassen.

Es gibt auch eine andere Methode, den Hühnerstall zu säubern. Du öffnest die Tür zum Gehege und schlüpfst zügig hinein. Wenn die Hühner dich bemerken, verlangsamst du deinen Schritt. Mit adlerscharfem Detektivauge suchst du das Gelände nach verdächtigen Signalen ab und vergewisserst dich, dass nicht irgendein Räuber den Zaun untergraben hat. Zur selben Zeit schaust du dir jedes einzelne Huhn an und suchst nach Anzeichen für Krankheiten und Gebrechen jeglicher Art. Lautlos wie ein Geheimagent gleitest du dann in den Stall – da, eine Ratte im Futtertrog! Du bewunderst ihr gepflegtes Fell und ihren peitschenartigen Schwanz. Als du ihr Auge anschaust, entdeckt sie plötzlich, dass sie beobachtet wird. Mit quietschenden Reifen, wenn sie denn welche hätte, schleudert sie das Futter in alle Richtungen und verschwindet durch ein erstaunlich kleines Loch in der Ecke. Während du Vernichtungspläne für die Ratte zu schmieden beginnst, entdeckst du über der Tür ein frisch angelegtes Wespennest. Noch bevor die Wespen zur Plage aller Eiersammler werden können, schlägst du deren Nest mit einem Stock zu Boden. Wenn du mit deiner Arbeit fertig bist, hast du einen umfassenden Eindruck vom Zustand des Hühnergeheges und du hast etwas unternommen, um diesen Zustand zu verbessern. Vielleicht hast du dabei auch den Glanz eines Spinnennetzes bewundert und über das Wunder nachgedacht, das jedes einzelne Ei in sich birgt.

Dieser zweite Besuch des Hühnergeheges hat ein paar Minuten mehr gekostet, dafür aber auch mehr Gelegenheit geboten, Erfahrungen zu sammeln und Weisheit zu erwerben. Du wirst vielleicht nicht bei jedem Besuch im Hühnerstall genug Zeit haben, um alle darin verborgenen Wunder zu entdecken. Doch wenn du es lernst, dich lautlos und umsichtig ins Geschehen des Lebens zu begeben, wirst du das Leben immer besser verstehen und im Griff haben.

Manche Männer sind so richtige Haudegen. Wenn sie kommen, können sie Dinge bewegen wie kein anderer. Sie sind besonders gut darin, mit Lärm und Gewalt sowohl Menschen als Maschinen in Bewegung zu bringen. Ruhigere Menschen ziehen sich oft von solchen Wirbelwinden und Haudegen zurück. Sie schauen aus gewisser Distanz zu und gewinnen an Weisheit, indem sie Dinge sehen, die ein Haudegen nie bemerken wird.

Während du lernst, in der Unterwasserströmung ruhig in einer Stellung zu verharren und den Ozeanboden unter dir zu bewundern, oder während du so ruhig durch den Wald gehst, dass dieser dir seine Geheimnisse eröffnet, lernst du etwas wahrzunehmen, was größer ist als die Natur. Diesen Prozess benutzt Gott, um dich zu IHM selbst näher zu ziehen.

In seinem Bemühen um das Heil deiner Seele leitet Gott dich zu stillen Wassern. Wenn du es nie gelernt hast, ruhig am Ufer entlang zu gehen ohne zu schreien oder mit einem Stock die Büsche zu verprügeln, wirst du auch nie lernen, deinen Schöpfer zu verstehen. Das Stillhalten ist etwas, was wir brauchen, um Erfahrungen mit Gott zu machen. In Psalm 46,11 heißt es: „Seid still und erkennt, dass ich Gott bin!"

Im ältesten Buch der Bibel bekommt Hiob einen Rat-

schlag von Elihu (Hiob 37,14): „Steh still und erwäge
Gottes Wundertaten!" Du wirst Gottes Trost, seine Schönheit und auch sein Heil niemals kennen lernen, wenn du
durchs Leben rennst, als würde deine Hose brennen. Stille, beobachtende Herzen gewinnen Weisheit und ein Verständnis von Gott, das hastige Herzen sich nicht einmal
erträumen.

So wie Ralph im Wasser still hielt und sich von der
wunderbaren Schöpfung Gottes erfreuen ließ, so wünsche
ich dir, dass du die Freude und Zufriedenheit entdeckst,
die Gott nur denjenigen schenkt, die still halten und sich
von ihm beschenken lassen.

> **„Wer weise ist, wird dies beachten, und er wird die Gnaden-
> erweise des HERRN verstehen."** (Psalm 107,43)

FRAGEN:

- Warum liebt Ralph das Reisen?

- Warum gelang es ihm, den Weihnachtsbaumwurm zu
  sehen, und seinen Mittauchern nicht?

- Warum bekommt ein leiser Wanderer im Wald mehr zu
  sehen als ein lauter?

- Welchen Rat bekam Hiob von Elihu?

- Wofür ist es gut, zu lernen, still zu sein und die Wunder
  Gottes zu betrachten?

Kapitel 3: Ein Blick in den Spiegel

Begegnet uns Unfreundlichkeit seitens unserer Geschwister? Anstatt sie mit bitteren Worten zu attackieren wollen wir lieber uns selbst richten und uns darum bemühen, in Liebe und Weisheit das Böse mit dem Guten zu überwinden. – Robert Clever Chapman

„Vater, würdest du mir bitte einen Menschen in den Weg stellen, der genau wie ich ist, um mir meine Fehler zu zeigen?" Das war ein recht einfaches Gebet, und ich meinte es wirklich so. Es fällt mir leichter, Fehler im Leben anderer zu entdecken, als in meinem eigenen. Ich erzähle nun von einer Antwort, die ich auf dieses Gebet erhalten habe.

Zusammen mit einem Freund arbeitete ich an der Holzeinrichtung eines neuen Hauses. Eines Morgens kam ich schon sehr früh zur Baustelle, fegte den Raum, den er als Werkstatt nutzte und bereitete einige seiner Werkzeuge vor. Ich mochte ihn gern und wollte ihm helfen, einen guten Start in den Tag zu machen. Dann begann ich, meinen eigenen Bereich zu säubern und begann mit der Arbeit.

Als er schließlich kam, waren die meisten Männer bereits an ihrer Arbeit. Er kam ins Haus, traf den Möbel-Monteur und erklärte diesem, die Schränke rund um den Kamin wären verkehrt und müssten ersetzt werden. Als nächstes begegnete ihm die Bauleiterin, der er ebenfalls einen Fehler vorhielt. Als er an mir vorüberging, sagte er: „So würde ich die Tür aber nicht installieren."

Ich dachte im Stillen: „Du hättest aber wenigstens ‚Guten Morgen' sagen können."

Es ist nicht richtig, nach Komplimenten zu angeln, doch muss ich bekennen, dass ich ein paar anerkennende Worte für meinen Aufräumdienst erwartet habe. Er ging in sein Zimmer. Ich hörte nichts.

Im Geiste hörte ich Gott zu mir sagen: „Vergiss ihn. Das ist genau die Art, wie du dich verhältst, wenn du von der Arbeit nach Hause kommst." Das hatte ich nicht erwartet. Mein Kollege hatte ein Problem, aber doch nicht ich.

Als er das nächste Mal vorbeiging, ließ er wieder eine lässige Bemerkung fallen. Gedankenverloren in dem, was Gott mir zu sagen hatte, und immer noch entrüstet über seine vorherigen Kommentare reagierte ich nicht auf seine Worte.

„Oh, dann werden wir heute also schlechte Laune haben", summte er eintönig.

Am liebsten hätte ich mein Werkzeug eingepackt und wäre nach Hause gegangen. Noch zehn Minuten zuvor hatte ich mich darauf gefreut, mit ihm zu arbeiten. Nun hatte ich genug von diesem Meckerer. Er kümmerte sich viel mehr um die Arbeit als um die Menschen, die sie taten. Mein Verlangen, gerade ihm etwas Freundlichkeit zu erweisen, und mein Wunsch, gerade von ihm gemocht zu werden, machten das Geschehen umso schlimmer. Ich hatte mich auf sein Kommen gefreut, doch jetzt freute ich mich nicht mehr.

Innerhalb einer Stunde brachten wir die Sache in Ordnung und bekannten einander unsere Fehler. Er erklärte mir, dass er ein „Wow!" ausrief, als er seinen Raum betrat, ich hatte es nur nicht gehört. Ihm lag auch wirklich mehr an mir als an der Arbeit, auch wenn ich das bei seinem Erscheinen nicht gleich so empfunden hatte. Wir haben den Tag genossen und fröhlich zusammen gearbeitet.

Auf dem Heimweg überdachte ich die Ereignisse des Morgens. Benehme ich mich wirklich genauso, wenn ich nach Hause komme? Bringe ich meine Familie auch dazu, dass sie wünschen, ich wäre nicht gekommen, obwohl sie sich den ganzen Tag auf mich gefreut haben?

Damals diente mein Firmenlaster gleichzeitig auch als Familienkutsche, je nach Tageszeit. Kaum war ich zu Hause, stiegen meine Frau und meine Töchter ein, und wir fuhren in die Stadt, um Lebensmittel einzukaufen. Unterwegs begann ich, ihnen von meiner morgendlichen Erfahrung zu berichten, denn die Neuigkeiten des Tages hörten sie immer gern. Ich hatte die volle Absicht, zu fragen, ob ich mich genauso verhalte wie er, doch ich kam nicht dazu. Meine Frau lachte und unterbrach mich: „Jetzt weißt du, wie eine Frau sich fühlt!" Ich schaute über meine Schulter auf meine kichernden Töchter auf der hinteren Sitzbank.

„Bin ich wirklich genauso?", fragte ich.

Meine älteste Tochter konnte das Lachen gerade lange genug unterbrechen, um mir zu sagen: „Manchmal treffen wir uns auf der Treppe und sagen zueinander: ‚Lass dich nicht blicken, Papa hat wieder schlechte Laune.' Dann verkriechen wir uns ins Gartenhaus oder auf die obere Etage."

In Gedanken führte ich mir ein solches Heimkommen vor Augen. Als ich in die Einfahrt einbog, sah ich einen Eimer auf der vorderen Veranda herumstehen. Die Tomaten im Garten waren nicht gegossen und ein Hundeball lag mitten auf dem Rasen. Bevor ich morgens das Haus verließ, bat ich meine Familie, genau diese drei Dinge heute zu erledigen, nicht mehr. Nicht eines davon ist geschehen. Ich stieg aus dem Wagen und fragte die Übeltäter, warum sie ihre Aufgaben nicht erledigt hatten.

Alles, woran ich noch denken konnte, waren der Eimer, die Tomaten und der Ball. Ich bemerkte weder das gestapelte Brennholz noch den bewässerten Garten. Und wie hätte ich wissen sollen, dass sie meiner kranken Mutter Blumen gebracht haben, oder dass im Esszimmer meine Lieblingsmahlzeit auf mich wartete? Sie freuten sich auf die Ankunft eines glücklichen Vaters. Doch an seiner Stelle kam ein meckernder Griesgram, der sie mit Fragen und Vorwürfen begrüßte statt mit warmen Umarmungen und fröhlichen Hallos.

Ich konnte kaum glauben, wie blind ich dafür war, wie ich meine Familie behandelte. Sie hatten mir nie erzählt, wie sehr sie das schmerzte... oder hatten sie es... und ich konnte es nicht hören?

Ein Tischler muss ein Auge für Fehler haben. Er muss Dinge erkennen, die nicht in die Linie passen, Dinge, die nicht richtig schließen, Dinge, die nicht geschliffen sind, Dinge, die ungerade oder uneben sind, und und und... Sein Ziel ist, jeden Fehler zu finden und zu beheben. Wenn er alle Fehler findet und behebt, wird der Hausbesitzer zufrieden mit seinem Haus sein. Der Tischler erwartet es, Fehler vorzufinden. Sie stellen für ihn kein großes Problem dar. Sie sind lediglich ein Teil seiner täglichen Arbeit.

Wenn dieser Tischler nun nach Hause kommt, passiert es leicht, dass er weiterhin Dinge sieht. Es gab Zeiten, da hab ich mein Haus als eine Baustelle betrachtet, die ständig Reparaturen bedurfte, und nicht als ein Nest, in dem Menschen einander lieben und umsorgen. Meine Kommentare waren für mich vielleicht gewöhnliche Bemerkungen – in den Augen meiner Familie klangen sie wie vernichtende Kritik.

Gott erhörte mein Gebet und öffnete mir durch einen Freund die Augen für meine Schwachstellen. Doch er ließ mich mit meiner Erkenntnis des Problems nicht alleine. Als ich über mein Versagen nachdachte, zeigte er mir auch, wie ich es überwinden konnte: „Betrachte jede Aufgabe im Haus und auf dem Hof als deine eigene!" Rasen mähen, Essen kochen, Wäsche waschen, Veranda fegen, Hunde füttern und alles andere – ist meine Verantwortung. Ich sollte das von niemandem erwarten außer von mir selbst.

Wenn ich alle Aufgaben als meine eigenen betrachte, dauert es nicht lange, bis meine Familie und ich erkennen, dass ich das alles alleine nicht schaffe. Die Arbeit bleibt entweder liegen, oder jemand springt ein und hilft mir dabei. Wenn nun jemand meine Arbeit erledigt, weil ich keine Zeit dafür habe, macht mich das dankbar. Meine Frau wird nun meine Helferin, nicht meine Dienerin. Wenn sie irgendeine Arbeit zu Hause erledigt, hilft sie mir dabei, meine Arbeit zu verrichten.

Es könnte jemand sagen, diese Sicht der Dinge sei völlig unrealistisch. Man kann es von keinem Mann erwarten, dass er alle Arbeiten zu Hause selbst tut. Und doch hat diese neue Lebenseinstellung meiner Familie und ganz besonders mir selbst so viel Gutes gebracht. Ich wünschte mir, ich hätte die Dinge schon früher so gesehen. Ich wasche nur selten ab. Das macht mich umso glücklicher über meine nützlichen Töchter. Ich kann mich nicht daran erinnern, eine Mahlzeit gekocht zu haben. Wie sehr freue ich mich über die Hilfe meiner Frau! Wenn sie doch meine Arbeit tut, kann ich es auch akzeptieren, wenn das Essen sich um eine halbe Stunde „verspätet". Wann würde das Essen wohl auf dem Tisch sein, wenn ich es selber zubereiten würde? Wäre sie meine Angestellte oder Dienerin, könnte ich ihr vielleicht etwas zur Last legen. Aber als meine Helferin hat sie eine großartige Arbeit geleistet, indem sie uns als Familie schneller und wohlschmeckender versorgt hat als ich es jemals könnte.

Ich hätte diese wichtige Lektion niemals gelernt, wenn

Gott mir nicht meinen Freund auf der Baustelle als Spiegel für mein Versagen vor Augen gestellt hätte. Was für ein Geschenk war mir doch dieser Kollege.

Wo gibt es in deinem Leben Menschen, die dich unsanft anfassen oder nicht so behandeln, wie du es für richtig hältst? Gibt es da kritische, schlampige, unpünktliche oder vorlaute Kreaturen, die dir täglich über den Weg laufen? Könnte es sein, dass du dir gar nicht bewusst bist, dass sie ein Spiegel für dich sind, damit du in deinem Leben gewisse Fehler im Verhalten oder in der Einstellung besser erkennen kannst? Wenn du mal wieder mit einem anstrengenden Menschen zu tun hast, dann frage dich selbst: „Was macht diese Person für mich so unangenehm?" Und wenn du dann den Mut hast, dann geh weiter und frage Gott: „Benehme ich mich auch so?"

Die Antwort könnte dich umhauen, wie es damals bei mir geschah. Doch derselbe Gott, der uns die Augen für unser Versagen öffnet, zeigt uns auch einen Weg, auf dem wir dasselbe überwinden können. Wenn du seinem „Fluchtweg" folgst, gewinnst du Einsicht in Dinge, die du vorher nie verstanden hattest.

Die schwierigen Mitmenschen als Spiegelbilder deiner eigener Fehler zu betrachten, ist ein Werkzeug, mit dessen Hilfe du so manche Bitterkeit aus deinem Herzen herauskratzen kannst. Wenn du auch den nächsten Schritt gehst und Gott auch noch dafür dankst, dass er dir diese Menschen in den Weg gestellt hat, gewinnst du an wertvoller Weisheit, an Wertschätzung für deine Mitmenschen und eine freudige Zuversicht, dass Gott immer noch die Kontrolle über diese Welt hat.

„Verfehlungen — wer erkennt sie? Sprich mich los von denen, die verborgen sind!" (Psalm 19,13)

FRAGEN:

- Was kann ein Grund dafür sein, dass Gott uns schwierige Menschen in den Weg stellt?

- Warum sollte es dein Wunsch sein, deine Fehler zu kennen?

- Warum haben manche Menschen Angst davor, dass ihre Fehler aufgedeckt werden?

- Was ist der nächste Schritt, nachdem Gott dir dein Versagen gezeigt hat?

- Hast du den Mut, Gott darum zu bitten, dir einen solchen „Spiegel" zu schicken?

Kapitel 4: Lauter Trottel

Das Ausüben der Geduld gegenüber anderen, das Übersehen der Schwächen anderer und das Tragen der Lasten anderer ist die elementarste Grundlage aller menschlichen und sozialen Aktivität in der Familie, im Beruf und in der Gesellschaft. – Lawrence G. Lovasik

Vierzig Jahre lang habe ich Menschen beobachtet und niedergeschrieben, was ich gesehen habe. Wenn ich jetzt um mich schaue, zähle ich in meinen Regalen 75 Tagebücher voll von persönlichen Erfahrungen, von biblischen Einsichten und von Beobachtungen im Leben anderer Menschen. Mit fünfzehn Jahren begann ich damit, Aufzeichnungen zu machen, ganz einfach weil ich Gott und seine Wege gerne kennen lernen wollte. Meine Bemühungen haben sich gelohnt. Ich beginne, einige einfache „Naturgesetze" des Lebens zu begreifen.

Nachdem ich jahrzehntelang verschiedene Familien beobachtet habe, habe ich ein Merkmal entdeckt, das jede gelungene Familienbeziehung kennzeichnet. Ich bin davon überzeugt, dass ohne dieses Merkmal jede Familie, und sei sie noch so großartig, in ernsthafte Schwierigkeiten geraten wird. Was allen erfolgreichen, gut funktionierenden Familien gemeinsam ist, ist Folgendes: In jeder guten Familie gibt es Trottel. Und nicht bloß einige, nein, in der obersten Liga ist jedes einzelne Familienmitglied ein Trottel und weiß das auch. Du wunderst dich?

Das Wunder des Christentums, die gute Nachricht des Evangeliums, besteht darin, dass ein Haufen Trottel lernen kann, einander zu lieben. Sie können füreinander eintreten, einander vergeben und die Fehler des anderen zudecken. Unter dem Einfluss des Heiligen Geistes kann dieser Haufen Trottel in Harmonie zusammen leben und viele gute und nützliche Taten gemeinsam vollbringen.

In dem Bemühen, eine perfekte Familie zu sein, sind viele Menschen nicht bereit zuzugeben, dass es in ihrem Hause Trottel gibt. Wenn sie unter sich sind, streiten sie sich, sie schreien sich an, gehen grob miteinander um und sind widerwillig. Aber wenn ein Nachbar zu Besuch kommt, ist jeder nur am Lächeln und gibt sich Mühe, fröhlich und freundlich zu sein. Doch wenn der Nachbar wieder geht, kommen die Trottel wieder zum Vorschein und setzen ihren Krawall fort.

Der Hochmut kommt vor dem Fall und hält eine Familie davon ab, die Wahrheit zuzugeben, dass sie aus lauter Trotteln besteht (vgl. Spr. 16,18). Doch wo es keine Trottel gibt (d.h., wo niemand bereit ist, sein falsches Verhalten einzugestehen), da kommt der Fall.

Viele Menschen und Familien verfügen über große Fähigkeiten und sind sehr gebildet. Man ist gern mit ihnen zusammen. Man kann es sich nicht vorstellen, dass solche Familien mal frustriert sind und sich selbstsüchtig verhalten, schon gar nicht die erwachsenen Familienmitglieder. Und doch kommt so etwas in unterschiedlichem Ausmaß in jeder Familie hin und wieder mal vor.

Nun habe ich nicht jede Familie auf der Welt besucht. Allerdings habe ich Römer 3,23 gelesen, wo es heißt: „denn alle haben gesündigt und verfehlen die Herrlichkeit, die sie vor Gott haben sollten." Wenn ich in diesem Kapitel das Wort „Trottel" gebrauche, so ist das einfach ein anderes Wort für „Sünder". Jede Familie ist ein Bündel solcher Sünder. Wenn du sagst, in deinem Haus gäbe es keine Sünder, dann lügst du und betrügst dich selbst (vgl. 1.Joh. 1,8). Wenn du aber ehrlich zugibst, dass du ein Sünder bist, wirst du feststellen, dass auch Gott ehrlich und barmherzig mit dir umgeht. Du wirst seine Vergebung und Reinigung erleben. Wenn du dich gegen Gottes Behauptung stellst, dass alle Menschen Sünder sind, entziehst du dich selbst seiner Hilfe. Er mag keine Fälschungen und widersteht den Hochmütigen. Darum wird jede Familie zu Fall kommen, die nicht bereit ist, ihre Sündhaftigkeit einzugestehen.

Damit will ich dich keineswegs dazu auffordern, alle Fehler und Schwächen deiner Familienangehörigen herauszuposaunen, um es allen zu beweisen, dass du zu Hause mit lauter Trotteln zusammenleben musst. Wir wissen um diese Tatsache, ohne ein Wort davon zu sagen. Und ich will erst recht nicht, dass du dich an deinen Mitmenschen versündigst, indem du diese als Trottel beschimpfst! Worauf ich hinaus will, ist etwas ganz anderes. Stell dir mal vor, deine Schwester benimmt sich selbstsüchtig. Hast du etwas anderes erwartet? Oder dein Vater redet unfreundlich mit dir. Bist du überrascht? Es gibt viele kluge Schwestern und viele freundliche Väter. Wenn du solche zu Hause hast, dann sei glücklich. Aber was passiert, wenn deine sonst so aufgeweckte Schwester mal etwas richtig Dummes anstellt? Oder wenn dein freundlicher Vater die Geduld verliert und aus der Haut fährt? Sei nicht überrascht, und vor allem: Sei nicht verletzt! All das ist lediglich ein Beweis dafür, dass auch in deinem Hause lauter Sünder unter einem Dach zusammen leben. Ich kann mir vorstellen, dass du auch schon mal eine ähnliche Dummheit angestellt hast, und bestimmt bist auch du schon mindestens einmal in deinem Leben aus der Haut gefahren.

Was zeichnet nun die Familien der „obersten Liga" aus? In den guten, ja, in den besten Familien ist jedes Familienmitglied sich dessen bewusst, dass sowohl er selbst als auch alle anderen hin und wieder versagen. Wer von seinen Familienangehörigen erwartet, dass sie sich stets vollkommen richtig verhalten, der wird immer wieder enttäuscht sein. Natürlich würde ich mich darüber freuen, wenn in unserer Familie alle Mitglieder ein ausgezeichnetes Verhalten an den Tag legen würden, und oft machen sie das auch. Doch wenn sie es mal nicht tun, brauche ich mir nicht die Hände überm Kopf zusammenzuschlagen und mich ängstlich umzusehen, ob ja niemand von außen es bemerkt hat.

Ob du das verkehrte Verhalten eines Familienangehörigen dir gegenüber nun Versagen nennst, Sünde oder Trotteligkeit – sei nicht beleidigt, wenn man dich falsch angefasst hat! Halte still und überlege: „Was könnte ich für ihn oder für sie tun?" Bedenke im Geist der Sanftmut, dass du derjenige sein könntest, der morgen die Hilfe anderer braucht, und versuche heute, selbst zu helfen. Je nach Situation und deiner Stellung zu dem Familienmitglied, das dir Unrecht getan hat, mag die Hilfe unterschiedlich aussehen. Als Vater oder Mutter wirst du vielleicht Erziehungsmaßnahmen ergreifen müssen, deinen Bruder oder deine Schwester wirst du vielleicht einfach nur umarmen und einige liebevolle Worte austauschen. Manches Mal wirst du ins Geschehen eingreifen müssen und ihnen helfen, den Dreck aufzuräumen, den sie sich eingebrockt haben, und zu reparieren, was sie zerstört haben; ein anderes Mal im Hintergrund bleiben und still für sie beten. Wenn du durch das Versagen deiner Familienangehörigen nicht schockiert und nicht beleidigt bist, dann bist du frei, dich von Gott dazu leiten und gebrauchen zu lassen, ihnen zu geben was sie brauchen.

Die Sünder lieben – das ist die Grundlage des Lebens als Christ. Das ist das Herz Gottes. Eine Familie, die Sünder liebt, vor allem solche, die unter demselben Dach wohnen, erlebt Freude inmitten von Problemen. Wer so zusammen lebt, weiß um die Sicherheit und Geborgenheit, die aus der gegenseitigen Annahme trotz aller Fehler entspringt.

Als Neuntklässler spielte ich in der Baseballmannschaft unserer Schule als Verteidiger der ersten Station. Ich muss immer lachen, wenn ich an diese Zeit zurückdenke. Ron Fountain, unser linkshändiger Pitcher (Werfer) und ein Außenfeldverteidiger namens Scroggins mögen ja noch einigermaßen respektabel gewesen sein, aber der Rest von uns waren trotz aller Anstrengungen eher schlechte Spieler.

Wir wussten von Anfang an, dass wir nicht besonders gut waren, aber nach dem ersten Spiel musste unser Selbstbewusstsein sogar noch tiefer sinken. Wir haben unseren Trainer regelmäßig blamiert. Ohne die Hoffnung darauf, jemals einen Sieg erringen zu können, richteten wir uns darauf aus, wenigstens Spaß am Spiel zu haben.

Da wir unsere Schwächen kannten, mussten wir lernen, einander zu helfen, um die Spielrunde hinter uns zu kriegen. Wenn der Ball auf Charlie zuflog, der das mittlere Außenfeld bewachte, liefen die anderen Außenfeldverteidiger zu ihm hin, für den Fall, dass er den Ball nicht bekommen würde. Das war eine gute Sache. Einmal hatte Charlie den Ball falsch eingeschätzt und ihn statt in den Handschuh an die Stirn bekommen. Ein anderer hob den Ball auf und schaffte es noch, den Läufer davon abzubringen, die zweite Station zu erreichen.

So sehr Charlie auch Probleme damit hatte, den Ball zu fangen, konnte er doch unseren rechten Außenverteidiger, George Albee, gut ersetzen. Dieser schien einmal völlig abwesend zu sein, obwohl sein Körper ganz in der Position eines Verteidigers verharrte. Dann schlug der Läufer der Gegnermannschaft den Ball genau in seine Ecke des Feldes, nämlich in die hintere rechte Ecke, was beim Baseball eher selten vorkommt. Ich sah den Ball meinen Kopf überfliegen und drehte mich um, um zu sehen, was George machen würde. Dieser regte keinen Muskel. Er verharrte wie angewurzelt in seiner Position, bis der Ball etwa einundeinhalb Meter vor ihm auf den Boden fiel. Plötzlich sprang er in die Luft, als hätte ihn eine Schlange gebissen. Den Sprung hättest du sehen sollen! Zum Glück war Charlie sofort zur Stelle. Er konnte zwar kaum einen Ball aus der Luft fangen, aber er konnte ihn vom Boden aufheben und zur zweiten Basis werfen, um den Läufer auf der ersten Station aufzuhalten.

In der Saison verloren wir jedes Spiel, bis auf das letzte. Im letzten, entscheidenden Spiel gewannen wir völlig unerwartet gegen die beste Baseballmannschaft des Turniers. Ich denke nicht, dass wir unsere Fähigkeiten als Baseballspieler wirklich gesteigert hatten, aber wir hatten im Laufe der Saison gelernt, für die Fehler der anderen einzuspringen. Zudem hatte unser Pitcher in diesem Spiel so gute Arbeit gemacht, dass wir anderen kaum Chancen hatten, Fehler zu machen.

Sportler, die sich für etwas Besonderes halten, würden über eine solche Saison verärgert sein. Doch wir hatten eine Menge Spaß zusammen und erinnern uns bis heute gern an dieses Jahr, in dem wir mit Kameraden zusammenspielten, die wir gern hatten, auch wenn wir miserable Baseballspieler waren.

Dasselbe gilt für unsere Familien. Wenn jeder von den anderen erwartet, dass sie immer ein „gutes Spiel" liefern und keine Fehler machen, wenn jeder die eigenen Fehler versteckt, so mag es nach außen nach einer makellosen Familie aussehen – aber es wird niemandem Freude machen, in einer solchen Familie „mitzuspielen".

Hier haben wir also das nächste Geheimnis für ein glückliches Leben. Akzeptiere die Tatsache, dass die Welt voller Sünder ist. Lerne, diesen Sündern zu vergeben und sie mit einem fröhlichen Herzen zu lieben, vor allem diejenigen, die mit dir unter einem Dach leben. Wenn sie dir unangenehm werden, sei nicht beleidigt, sondern finde heraus, wo es ihnen fehlt und kümmere dich um sie. Wenn du diesen Rat befolgst, wirst du das tun, was Gott selbst an uns Menschen tut. Und wenn du tust, was Gott tut, wirst du glücklich sein, wie er glücklich ist.

Und vergiss nicht, du könntest selbst der nächste Trottel sein, der solche Behandlung braucht, vielleicht schon morgen.

> „Brüder, wenn auch ein Mensch von einer Übertretung übereilt würde, so helft ihr, die ihr geistlich seid, einem solchen im Geist der Sanftmut wieder zurecht; und gib dabei Acht auf dich selbst, dass du nicht auch versucht wirst! Einer trage des anderen Lasten, und so sollt ihr das Gesetz des Christus erfüllen!" (Galater 6,1-2)

FRAGEN:

- Was habe ich in jeder gelungenen Familienbeziehung vorgefunden?

- Was passiert Familien, die es nicht zugeben wollen, dass in ihrem Hause Trottel wohnen?

- Warum spielten wir so gern zusammen, obwohl wir so schlecht waren, dass wir kein Spiel gewinnen konnten?

- Wenn du jemandem helfen möchtest, der etwas verkehrt gemacht hat, mit welcher Haltung solltest du das tun?

Kapitel 5: Verschenke dich selbst

Wenn wir alle unseren gegenwärtigen Überfluss mit anderen teilen würden, würden wir vielleicht feststellen, dass für unseren zukünftigen Mangel rechtzeitig vorgesorgt sein würde. – David Dunn

Dein Schöpfer schenkt gerne. Das ist tief in seinem Wesen verwurzelt. Niemand kann ihn jemals zu etwas zwingen. Er gibt, weil er geben will und er gibt stets mit Freuden.

Du kannst dir sicher sein, dass Gott ein fröhlicher Geber ist, weil er uns niemals befehlen würde, etwas zu tun oder etwas zu sein, was er selbst nicht ist. Wenn du in deiner Bibel in 2. Korinther 9,7 liest: „Jeder [gebe], wie er es sich im Herzen vornimmt; nicht widerwillig oder gezwungen, denn einen fröhlichen Geber hat Gott lieb!", so kannst du davon ausgehen, dass auch Gott selbst, wenn er etwas gibt, es nicht widerwillig oder gezwungen, sondern mit Freuden tut.

An einem Sommermorgen las ich in 5. Mose 26, wie Mose dem Volk Israel erklärte, wie sie sich in einer dankbaren Weise zu ihrem Gott bekennen sollten. Wenn sie einst im verheißenen Land wohnen würden, sollten sie von den ersten und besten Früchten der Ernte etwas in einen Korb legen und damit zu den Priestern gehen. Sie sollten ebenfalls zur rechten Zeit den Leviten, den Fremdlingen, den Witwen und Waisen etwas geben, damit diese genug zu essen hätten. Sie sollten einen Teil ihrer Erträge verschenken, und zwar von ganzem Herzen, von ganzer Seele; sie sollten es nicht widerwillig oder gezwungen tun. Durch den Gehorsam gegenüber diesem Befehl bekannten sie sich nicht nur zum Herrn als zu ihrem Gott, sie brachten damit auch zum Ausdruck, dass sie alles, was sie besitzen, von ihm erhalten haben.

Durch Mose hat Gott ein klares Prinzip dargelegt, das uns zeigt, wie die Anerkennung Gottes praktisch aussieht. Wenn du den Herrn wirklich als deinen Gott anerkennst, dann nimm etwas von dem, was er dir geschenkt hat und tue damit, was er tut: Gib es jemandem, der bedürftig ist.

In jenem Sommer hatten wir einen Garten voller Früchte. Wir hatten auch bedürftige Nachbarn: Drei Häuser weiter wohnte eine verwitwete Mutter, die sich nach dem schweren Schlag mühte, über die Runden zu kommen. Also entschloss ich mich, das zu tun, was ich in 5. Mose gelesen habe.

Wenn man die Bibel verstehen will, dann muss man einfach tun, was sie sagt. Man kann sicher einiges an Verständnis gewinnen, wenn man Wörter im Lexikon nachschlägt, einen Bibelkommentar konsultiert oder die griechischen Wurzeln erforscht. Aber es gibt keinen so guten Weg, um all die großartigen Dinge in der Bibel zu entdecken, wie den Weg des Gehorsams. Und zudem entdeckt man diese Dinge auf unvergessliche Art und Weise.

Unser Garten brachte so viel Ertrag, dass es wirklich kein Opfer bedeutete, etwas davon abzugeben. Das Gebot lautete einfach, einige Kartoffeln, Möhren, Zwiebeln und Salatköpfe zu ernten, sie in eine Schubkarre zu legen, einen halben Block entlang damit zu der Nachbarin zu gehen und sie zu fragen, ob sie etwas davon haben wollte.

Ich kann es kaum angemessen beschreiben, was geschah, nachdem wir unsere Ladung in ihrer Garage ausgeladen haben: Dankbarkeit und Freude, Lachen und Weinen zugleich, Wohlwollen und herzliche Verbundenheit, geteiltes Leid und einfach ein Bewusstsein der göttlichen Freude.

Die Schubkarre war auf dem Heimweg viel leichter als vorher – aber sie war nicht so leicht wie mein Herz. Ich hatte soeben das Lebendige Wort erlebt und ein Stück von seiner grenzenlosen Freude. Der menschliche Körper und Geist sind einfach zu klein, um die ganze Fülle der göttlichen Freude zu fassen, und doch kann uns schon unser begrenzter Anteil überwältigen.

Ich ließ mir diese Lektion noch einmal durch den Kopf gehen. Was nach einem muffigen, alten Gesetz aussah, war tatsächlich tief in der Liebe verwurzelt; und Liebe muss geben; und Geben geht Hand in Hand mit Freude und Zufriedenheit einher. Und so wurde das, was nach einem veralteten Gebot aussah, zu einer Quelle der Freude.

Das Internetlexikon Wikipedia definiert den Begriff „Hobby" als „eine Tätigkeit, die der Ausübende freiwillig und regelmäßig betreibt und die dem eigenen Lustgewinn oder der Entspannung dient". Für manche Leute ist das Fußball, Golf, Angeln oder Basteln. David Dunn, der Autor des Buches *Try Giving Yourself Away*, hatte ein anderes Hobby, nämlich Verschenken. Dabei schenkte er selten Geld. Er konzentrierte sich stattdessen darauf, Dinge zu verschenken, die man nicht kaufen kann, wie Freundlichkeit, Vertrauen, Lächeln. Er verschenkte freie Parklücken, indem er weiter vom Eingang des Supermarktes parkte und die näheren Lücken anderen Leuten überließ. Er schenkte dem Koch Anerkennung für die lecker zubereitete Mahlzeit. Wenn er selbst gelobt wurde, lenkte er die Aufmerksamkeit auf diejenigen, die ihm zu seinen Erfolgen verholfen hatten.

Mr. Dunn sagte, sein Hobby wäre nicht schwierig. Er gab einfach aus dem Überfluss in seinem Herzen an die Menschen, denen er täglich begegnete. Durch seine tägliche Erfahrung entdeckte er eine Lebensweisheit: Das Schenken ist der Partner vom Glücklich-Sein. Man kann das eine ohne das andere nicht haben.

Meine Tochter hat in ihrem Kunstatelier einen Heizstrahler. Es ist ein verformtes Stück Blech mit einer Heizspirale in der Mitte. Im eingeschalteten Zustand färbt sich die Heizspirale orange und sendet Hitzewellen aus. Wenn diese Wellen ihre Haut treffen, fühlt sie deren Wärme. Man nennt das Strahlungswärme, weil die Energiewellen sich strahlenförmig von der Heizspirale weg bewegen.

Das Schenken und das Glück werden ebenso ausgestrahlt. Sie bewegen sich weg von einem selbst weg zum anderen hin. Wenn dein Glücklich-Sein und dein Schenken aufrichtig sind, breiten sie sich immer irgendwohin aus; du kannst sie nicht für dich behalten. Ein schenkender Mensch ist glücklich und ein glücklicher Mensch verschenkt automatisch.

Auch der Geist Gottes hat eine Ausstrahlung. Wenn ein Mensch voll Geistes ist, muss dieser Geist in irgendeine Richtung strahlen. Der Herr Jesus drückte das so aus (Johannes 7,38): „Wer an mich glaubt, wie die Schrift gesagt hat, aus seinem Leib werden Ströme lebendigen Wassers fließen."

Die meisten Menschen sind unglücklich, weil sie versuchen, das lebendige Wasser in sich selbst hineinzupumpen, indem sie sich etwas anschaffen, anstatt es aus sich selbst heraus zu anderen fließen zu lassen, indem sie freudig etwas verschenken. Hinzu kommt, dass sie um das wenige, was sie in sich haben, eine Mauer errichten, um es unbedingt zu behalten.

Ein Stück weit fühlt sich ein Mensch ja auch wirklich glücklich, wenn er sich einen Wunsch erfüllen kann. So heißt es auch in Sprüche 13,12: „Hingehaltene Hoffnung macht das Herz krank; ein erfüllter Wunsch aber ist ein Baum des Lebens." Doch ein Glück, das bloß selbstsüchtige Wünsche erfüllt, ist flach und hohl. Der weise Mensch sieht alles, was er bekommt, als ein Geschenk an, das er zu gegebener Zeit weiterverschenken kann. Wenn er ein neues Werkzeug bekommt, so ist das die Gelegenheit, etwas für einen Nächsten zu tun. Erlernt er besondere Fähigkeiten, ist das wieder eine erweiterte Möglichkeit zum Dienst an anderen. Wenn ein Mensch sich Dinge anschafft, um nur sich selbst damit zu erfreuen, verpasst er das größere Glück, seinen Besitz zum Wohlergehen anderer zu gebrauchen.

Ich schreibe dieses Kapitel, weil ich sehr viele unglückliche Menschen gesehen habe. Sie haben Jahre damit zugebracht, Geld zu verdienen, sich Besitz, Ehre und Ruhm anzuhäufen, und haben nie verstanden, dass das Glück bei den Gebern wohnt, nicht bei den Nehmern. Ich möchte dich darum herausfordern. Schaue dir deinen Überfluss an. Was hast du, was mehr ist als du brauchst? Und dann folge dem Rat Johannes des Täufers (Lukas 3,11): „Wer zwei Hemden hat, gebe dem, der keines hat; und wer Speise hat, der mache es ebenso!" Durch das Verschenken wirst du wahres Glück erfahren.

Ich möchte noch etwas klar stellen. Nach alledem, was ich über das Schenken und das Glücklich sein gesagt habe, darf nicht vergessen werden, dass das Glücklich-Sein als solches nicht das Ziel ist, nach dem wir uns ausstrecken sollten. Unser Ziel ist, unser Leben mit dem Herrn zu leben. Wenn du mit dem Herrn lebst, wirst du schenken, weil er schenkt. Du wirst Glück erleben, weil er es tut. Das Schenken ist bloß eine der praktischen Ausdrucksweisen der Freude unseres Gottes. Mögen wir es lernen, diesen Teil des Lebens mit ihm zu teilen.

Was das Schenken und das Glücklich-sein angeht, belasse es nicht bei meinen Worten. Geh und probiere es aus. Erlebe Dinge, die du dir nicht vorstellen konntest, und du wirst sie nicht mehr vergessen können.

> **„Da sprach Petrus: Silber und Gold habe ich nicht; was ich aber habe, das gebe ich dir: Im Namen Jesu Christi, des Nazareners, steh auf und geh umher!"** (Apostelgeschichte 3,6)

FRAGEN:

- Wie kannst du wissen, dass Gott ein fröhlicher Geber ist?

- Was sollte das Volk Israel (auf Moses Anweisung hin) tun, um sich zum Herrn als zu ihrem Gott zu bekennen?

- Was geht Hand in Hand mit dem Schenken?

- Was ist ein Hobby?

- Was könntest du verschenken? Wem?

Kapitel 6: Der Kampf gegen das Baugerüst

Ich fühle mich von einer unaussprechlichen Verzückung ergriffen ob des göttlichen Schauspiels der himmlischen Harmonie [...]. Denn wir sehen hier, wie Gott gleich einem menschlichen Baumeister, der Ordnung und Regel gemäß, an die Grundlegung der Welt herangetreten ist. – Johannes Kepler

Nathan, Paul, Davey und ich arbeiteten gemeinsam an einem Haus. Wir hatten gerade den Dachstuhl fertig montiert und machten Pause. Es tat gut, im Schatten zu sitzen, etwas kühles Wasser zu trinken und dabei das Werk unserer Hände zu betrachten und zu genießen.

Die gewölbten Dachsparren über dem Wohnzimmer überspannten eine Weite von neun Metern. Die Sparren begannen an den knapp drei Meter hohen Außenmauern und wölbten sich bis zu einer Höhe von etwa vierundhalb Metern. Als wir wieder an die Arbeit gingen, hatte Paul die Aufgabe, an der obersten Stelle zwischen den einzelnen Sparren große Querblöcke zu montieren, um den gleichbleibenden Abstand zwischen den Sparren zu gewährleisten und als Halt für die Unterverkleidung.

Wir hatten ein Baugerüst, 1,80 m breit und drei Meter lang, das kaum unter die Sparren passte. Paul, den wir „der Kater" nannten wegen seiner Art, wie er um die Dachgipfel kletterte, fand alle möglichen Gründe um auf dieser Plattform hoch über dem Fußboden arbeiten zu dürfen.

Man kann sich vorstellen, dass ein Gerüst, das nur sehr knapp unter ein gewölbtes Dach drunter passt, genau in der Mitte stehen muss, um nicht rechts oder links mit den oberen Ecken an den Sparren anzustoßen. Das war eine Herausforderung für Paul, der sich nun vor der Aufgabe sah, das Gerüst unter diesen Sparren von einem Ende des Raumes zum anderen zu bewegen. Man bedenke dabei, dass Paul erst elf Jahre alt und nur 30 kg schwer war.

Was die Lage zudem erschwerte, war die Tatsache, dass das Gerüst die letzten zwei Jahre ungenutzt in einer Scheune lag. Die Räder waren verrostet und ließen sich nur sehr schwer bewegen. Besonders das eine Rad brauchte erst einen kräftigen Tritt oder einen Schlag mit dem Holzbalken, um sich in eine Linie mit den anderen einzureihen. Wenn das Gerüst sich nun beim Schieben auch nur fünf Zentimeter nach rechts oder links entfernte, verfing es sich mit seiner oberen Ecke an einem Sparren und blieb stecken.

Paul strengte jeden Muskel seines Körpers an und begann das Gerüst in Bewegung zu setzen. Das Gerüst machte eine Bewegung nach rechts und blieb stecken. Paul schob das Gerüst wieder zurück in die Mitte und probierte es noch einmal. Diesmal bewegte sich das Gerüst nach links, dorthin, wo das unbewegliche Rad war, und stieß oben an einem Dachsparren an. Paul zerrte und drückte das Gerüst vor und zurück. Kaum hatte er alle vier Ecken ausgerichtet und meinte, jetzt könnte er das Gerüst gerade vorwärts schieben, da kam er wieder von der Mitte ab und blieb mit einer Ecke stecken.

Nach einigen frustrierenden Minuten begann Paul zu brüllen und zu treten, als wäre er in eine Schlägerei in einem Saloon im alten Wilden Westen verwickelt. Ich konnte mir das Lachen darüber nicht verkneifen. Natürlich war das für Paul alles andere als lustig. In seinen Augen war das Gerüst ein abtrüniger Halunke, der erschossen werden sollte!

Obwohl wir über Paul schmunzeln, kennen die meisten von uns doch vergleichbare Momente, auch wenn wir unseren Kampf vielleicht nicht gerade gegen ein Baugerüst auszufechten hatten. Vielleicht war es der Kampf mit einem Gartenschlauch, der unter dem Autoreifen klemmte, als wir daran zogen; oder es war der Kampf mit einem Kreuzschraubendreher, mit dem wir eine Schlitzschraube lösen wollten; oder wir mühten uns ab, eine schwer zugängliche Zündkerze zu erreichen, die sich scheinbar nicht lösen wollte. Wenn wir nicht verstehen, was geschieht und warum etwas nicht gelingt, passiert es leicht, dass ein Zornausbruch uns die Freude stiehlt.

Als Gott das Universum erschuf, richtete er Naturgesetze ein, die alle unbelebten Gegenstände beherrschen. Ein unbelebter Gegenstand ist etwas, was kein Leben in sich hat, wie zum Beispiel eine Verlängerungsleitung oder eine Leiter. Wenn du eine Verlängerungsleitung auf dem Boden hinter dir her durch eine nicht aufgeräumte Baustelle ziehst, wird der Stecker am hinteren Ende gewöhnlich irgendwo hängen bleiben. Die Gesetze der Gravitation, der Kraft und der Materie, auch wenn wir sie nicht alle verstehen, üben ihre Macht auf die Verlängerungsleitung aus und diese muss ihnen gehorchen. Wenn der Stecker an einem Brett hängen bleibt, das am Boden festgenagelt ist, bleibt er dort, es sei denn, du wendest eine größere Kraft an als die Kraft, die ihn dort fest hält. Wenn du nun ganz stark an der Leitung ziehst, tut der Stecker nichts Böses, wenn er mit voller Wucht gegen deine Stirn knallt, schneller als du dich ducken kannst. Wenn du dann sagst: „Was für eine dumme, nichtsnutzige Verlängerungsleitung!", machst du dich selbst zum Narren. Die Leitung und der Stecker waren doch einfach nur den von Gott gegebenen Naturgesetzen gehorsam.

Kehren wir zurück zum Zweikampf zwischen Paul und dem Baugerüst. Paul wäre sicher glücklich gewesen, wenn das Gerüst nicht auf Gottes Regeln „gehört" hätte, sondern quer durch die Dachsparren hindurch rollen und seinen Willen erfüllen würde. Doch als es weiterhin den Naturgesetzen Gottes treu ergeben war, wurde Paul wütend.

In jedem von uns steckt der Wunsch, wie Gott zu regieren. Manche Menschen lernen es, Gott in ihrem Leben den Herrscher sein zu lassen, was eine entspannte Haltung zufolge hat. Andere mögen ihre Herrschsucht einigermaßen versteckt halten und reagieren nur mit gemäßigtem Ärger, wenn das Leben ihnen nicht gehorchen will. Die restlichen von uns haben wohl schon manches Mal Momente erlebt, in denen wir ausgeflippt sind, als wir Gegenstände getreten, zerstört oder durch die Luft geworfen haben, nur weil diese nicht das tun wollten, was wir gerade dann von ihnen erwartet haben. Ein Wutausbruch gegen einen Gegenstand, der einfach nur Gott mehr gehorcht als uns, unterstreicht lediglich unsere eigene Dummheit.

Unser Universum ist riesengroß; dennoch ist es nur groß genug für *einen* Gott und für *eine* Naturgesetzgebung. Wenn Menschen die Macht besäßen, Naturgesetze für ihre selbstsüchtigen Wünsche zu verändern, würde die Welt schon in wenigen Minuten im Chaos enden.

Stell dir mal vor, der Raufbold aus der Nachbarschaft könnte die Naturgesetze verändern. Er würde beschließen, dass von nun an eine Katze, wenn sie geworfen wird, immer in einer geraden Linie wie ein Vogel weiterfliegt, bis sie irgendwo anstößt. Er packt die arme Mietze am Schwanz, dreht sie ein paar Mal herum und lässt sie über den Park sausen, über den Fluss, und geradewegs ins Fenster des Pizza-Restaurants. Wenn erst die anderen Jungen aus der Nachbarschaft von dem neuen Gesetz erfahren, fliegen überall Katzen herum und knallen gegen Fenster, Mauern und Menschen. Einige würden sogar in den Weltraum hinausfliegen.

Oder stelle dir vor, der Bauer hätte es satt, das Wasser aus dem Bach zu seinem Feld hinaufzupumpen. Stattdessen ändert er das Gesetz der Erdanziehungskraft so, dass das Wasser den Hügel hinaufläuft. Kraft dieses neuen Gesetzes würden die Bänke über die Ufer fließen und auch die Meereswogen würden am Ufer nicht Halt machen. Was mit einem selbstsüchtigen Wunsch begann, endet in einem weltweiten Desaster.

Ich weiß, das sind irrsinnige Vorstellungen. Allerdings sind sie nicht dümmer als ein Wutausbruch oder eine Verärgerung darüber, dass ein Baugerüst sich nicht durch Dachsparren schieben und ein Gartenschlauch sich nicht durch einen Autoreifen ziehen lässt.

Wenn du ein zufriedener Mensch mit einem ruhigen Herzen sein möchtest, musst du lernen, die Gesetze Gottes zu lieben und dich ihnen zu fügen. Wenn du dich auf die

Zinken eines Gartenrechens stellst und der Holzstiel dir plötzlich einen Schlag auf die Schläfe verpasst, dann wirf nicht den Rechen auf den Schrotthaufen, sondern lass dich durch ihn daran erinnern, dass die unveränderlichen Gesetze das Leben stabil und berechenbar machen.

Wenn die Toastscheibe im Toaster anbrennt, folgt sie nur dem Gesetz, das besagt, dass, wenn du genug Hitze lange genug auf das Brot einwirken lässt, sie dasselbe im Rauch aufgehen und schwarz werden lässt. Sich für die Toastscheibe etwas anderes zu wünschen, heißt zu wünschen, dass sie den Gesetzen des Universums ungehorsam wird.

In Sprüche 17,27 heißt es: „... wer kühlen Geistes ist, der ist ein weiser Mann." Ein Mensch, der versteht, dass das verrostete Gerüst lediglich Gottes Gesetzen gehorcht, wird es nicht treten, zerren und verfluchen. Er ist frei, mit einem ruhigen Herzen Schmiermittel zu holen und es an der richtigen Stelle anzubringen, und dann seine Ausrüstung ganz geduldig durch den engen Raum zu lenken. Anstatt auf seinem eigenen Willen zu beharren, lernt er, in den weisen Gesetzen dessen zu ruhen, der die Welt regiert. Er weiß, dass dieselben Gesetze, die sein Gerüst davon abhalten, den Dachsparren zu passieren, auch dafür sorgen, dass seine Säge auf dem Dach liegen bleibt, anstatt durch die Spanplatte hindurch auf den Fußboden zu fallen. Seine Einsicht hilft ihm, eine angenehme Haltung zu bewahren, wo andere im Zorn ausbrechen.

Wenn du das nächste Mal feststellst, dass du dich mit einem Gerüst anlegen willst, mit einer Maschine oder vielleicht mit deinem Computer, hör auf zu kämpfen. Bleibe ganz entspannt. Danke Gott für seine unveränderlichen Gesetze, die diese Welt zu einem berechenbaren Lebensraum machen, und lerne, dich innerhalb dieser Gesetze zu bewegen.

„Großen Frieden haben, die dein Gesetz lieben, und nichts bringt sie zu Fall." (Psalm 119,165)

FRAGEN:

- Warum ging Paul so wütend auf das Baugerüst los?

- Was würde geschehen, wenn jeder Mensch in der Lage wäre, nach Belieben die Naturgesetze zu verändern?

- Wenn jemand sagt, du hättest eine sehr angenehme Haltung, was bedeutet das?

- Wie hilft die Einsicht einem Menschen dabei, eine angenehme Haltung zu haben?

Kapitel 7: Hör zu, Er redet

Das geschriebene Wort ist mächtig, weil das Lebendige Wort im Himmel redet und die Lebendige Stimme in der Erde klingt. – A. W. Tozer, *God Tells the Man Who Cares*

Dieses Kapitel enthält eine der wichtigsten Lektionen, vielleicht die wichtigste, die ich dir geben kann. Möge Gott dir hörende Ohren schenken.

Eines Morgens, während ich in meiner Bibel las, hörte ich Gott zu meinem Herzen reden: „Heute musst du Lori besuchen und schauen, wie es ihr geht."

Lori lebte mit ihren Eltern etwa 150 km entfernt. Mit meinem begrenzten Denkvermögen erwiderte ich: „Ich kann sie nicht besuchen. Sie wohnt viel zu weit weg." Mein alter Pickup, ein Jeep 1952, fuhr maximal 70 km/h. Ich wollte auf der Schnellstraße kein Verkehrshindernis sein.

„Dann fahr per Anhalter", erwiderte er. Doch diese Idee gefiel mir auch nicht.

Gottes Stimme ist nicht wie unsere Stimmen, die kommen und gehen, wenn wir den Mund auf oder zu machen. Seine Stimme ist einfach da wie eine Gegenwart oder ein sanfter Druck. Ich wusste, dass ich gehorchen musste. Trotz meiner Gegenargumente und meines inneren Widerstands kletterte ich in meinen Pickup und machte mich auf den Weg über den Santiam Pass zu Lori.

Um etwa acht Uhr morgens kam ich dort an und fühlte mich etwas unwohl darüber, dass ich so früh kam, ohne mich vorher anzumelden. Ich klopfte an die Tür und schon nach kurzer Zeit öffnete Lori.

„Woher wusstest du, dass du kommen sollst?", fragte sie. „Ich habe die ganze Nacht geweint und gebetet, dass Gott mir jemanden zu Hilfe schickt."

Letzten Montag war ich in Glenwood unterwegs und hörte Gott zu mir sagen: „Halte an und besuche Chris." Ich erwiderte: „Wenn ich seinen Wagen in der Parklücke sehe, dann halte ich an." Ich hatte Chris seit etwa einem

Jahr nicht gesehen, und wer weiß, welchen Wagen er inzwischen fuhr. Ich sah an der Straße kein Fahrzeug, das mir bekannt erschien, und fuhr weiter. Und wieder wiederholte sich die Stimme Gottes nicht, sie war einfach da: „Halte an und besuche Chris."

Einige Hausblocks weiter wendete ich und fuhr zurück. Ich hatte Chris noch nie auf seinem Arbeitsplatz besucht und wusste nicht genau, wie ich ins Gebäude kommen sollte. Von der Straße aus konnte ich durch den Gitterzaun sehen und bemerkte im Haus eine Treppe. Etwas ängstlich begab ich mich in diese Richtung. Mit dem Gefühl, ein ungebetener Eindringling zu sein, ging ich die Treppe hinauf. Da oben sah ich auf einmal Chris hinter einem Tisch voller Papiere.

Er sprang von seinem Stuhl auf, hieß mich herzlich willkommen und fragte: „Wieso bist du heute gekommen?"

Woher hätte ich wissen sollen, dass bei meinem lebenslangen Freund Krebs festgestellt wurde, und dass er gerade jetzt jemanden brauchte, mit dem er seine Last teilen konnte?

Gottes Stimme beständig zu hören, sollte das allernatürlichste in unserem Leben sein. In Gottes Gegenwart und in seinem Reden findet der Mensch die tiefste Freude, die Ausrichtung für sein Leben und die enge Verbundenheit, die Jesus uns verheißen hat. Ohne die Fähigkeit, auf Gottes Stimme zu hören, ist das Christsein eine langweilige religiöse Übung.

Für den, der bezweifelt, ob es überhaupt möglich ist, Gottes Stimme zu hören, wollen wir eine kleine Reise durch die Bibel machen. „Am Anfang schuf Gott Himmel und Erde." (1.Mo. 1,1) Wozu schuf Gott Himmel und Erde? David schreibt in Psalm 19: „Die Himmel erzählen die Herrlichkeit Gottes, und die Ausdehnung verkündigt das Werk seiner Hände. Es fließt die Rede Tag für Tag, Nacht für Nacht tut sich die Botschaft kund. Es ist keine Rede und es sind keine Worte, deren Stimme unhörbar wäre. Ihre Reichweite erstreckt sich über die ganze Erde, und ihre Worte bis ans Ende des Erdkreises." Die ganze Schöpfung ist ein Reden Gottes über sich selbst. Paulus sagt in Römer 1,20 über Gott: „Sein unsichtbares Wesen, nämlich seine ewige Kraft und Gottheit, wird seit Erschaffung der Welt an den Werken durch Nachdenken wahrgenommen, sodass sie keine Entschuldigung haben."

Der Apostel Johannes lässt uns wissen (Joh. 1,1): „Im Anfang war das Wort, und das Wort war bei Gott, und das Wort war Gott." Du erinnerst dich an Paul, den wir „der Kater" nannten, weil er wie ein Kater kletterte? Nun, Gott würde sich selbst nicht als „das Wort" bezeichnen, wenn er nicht reden würde.

Wir finden in der Bibel viele Beispiele dafür, wie Gott mit Menschen geredet hat. Gott sprach frei und offen mit Adam und Eva (1.Mo. 3,8f). Noah hörte genaue Anweisungen von Gott, um zu wissen, wie er die Arche so groß und stabil bauen konnte, dass sie die weltweite Flut übersteht (1.Mo. 6,13ff). Abraham ist der Vater des Glaubens, weil er Gottes Stimme hörte und gehorchte (1.Mo. 12,1). Mose sprach mit Gott von Angesicht zu Angesicht (2.Mo. 3,4). Das fünfte Buch Mose ist als ein Gesetzbuch bekannt. Doch wenn man genau hinschaut, geht es auch dort ständig darum, dass man auf Gottes Stimme hören soll (5.Mo. 4,30; 8,20; 9,23). Die Sprüche fordern uns auf, auf die Stimme der Weisheit zu hören, sei es zu Hause, im Berufsleben oder in der Gesellschaft (Spr. 8,1ff). Alle Propheten sind Beispiele dafür, dass Gottes Stimme seinen Willen und sein Inneres mitteilt (Jer. 1; Jes. 6,8-9; Hes. 2). Im Neuen Testament sprach der Herr Jesus, das Lebendige Wort, täglich zu den Menschen (Mt. 26,55). Als der Heilige Geist auf die Jünger kam, war das Erste, was er tat, von Gottes großen Taten zu reden, und zwar in verschiedenen menschlichen Sprachen (Apg. 2,4). In den Aufzeichnungen über die erste Gemeinde stellen wir immer wieder fest, dass die Jünger das tun und sagen, was sie Gott reden hörten (Apg. 8,26.29).

Gott teilt sich uns durch die Natur mit. Er hat ein Buch

für uns schreiben lassen, die Bibel. Er hat uns ein lebendiges Bild von sich selbst gezeigt, das Leben des Herrn Jesus. Am Ende seiner irdischen Wirksamkeit sagte er, dass er nach seinem Abscheiden von der Erde weiterhin durch seinen Heiligen Geist in uns wohnen würde, um uns an alles zu erinnern, was er gesagt hat, und dass er uns auch das, „was zukünftig ist", verkündigen würde (Joh. 16,13). Wenn du nun weitere Anweisungen und Weisheit für das praktische Leben brauchst, fordert die Bibel dich auf, Gott darum zu bitten und er wird dir gern geben (Jak. 1,5). Was fehlt uns noch?

Gottes Stimme ist nicht wie unsere Stimmen. Ich hörte seine Stimme zum Beispiel, während ich im Mikroskop das Gebiss eines kleinen Käfers betrachtete. Es war eine Stimme ohne Worte. Diese Formschönheit und Kreativität an Farben und Mustern, diese Liebe zum kleinsten Detail verherrlichte Gottes Größe und Genialität mehr, als Worte es zu tun vermögen. Durch diesen Käfer sprach Gott von seiner großen Güte. Er vergewisserte mich seiner Gegenwart. Für eine Weile enthob er mich aus dem Alltag und ließ mich ein kleines Stück seiner Herrlichkeit erleben. Er äußerte kein hörbares Wort, und doch sprach er zu mir.

Als mein Schwiegervater mir den Rat gab, ich sollte mich mehr dem Schreiben widmen, wusste ich, dass es Gottes Reden zu mir war. Er spricht durch Eltern, durch die Regierung, durch Vorgesetzte und sogar durch Umstände.

Vielleicht hast du eine Auseinandersetzung mit einem Freund gehabt. Dann verspürst du in dir einen Drang, zu ihm hinzugehen und dich zu demütigen, deine Fehler einzusehen und seine zu übersehen. Das ist Gottes Stimme, die zu dir spricht. Oft sagt dir seine Stimme genau das Gegenteil von dem, was du gern hören und tun würdest. Doch tief im Herzen weißt du, dass er Recht hat.

Natürlich spricht Gott durch die Bibel. Sie ist eine Schatztruhe voll von seinen Sichtweisen für unser Leben. Betrachte dieses Buch als Worte, die Gott an dich richtet.

Wenn du einen Abschnitt in der Bibel liest und dann in einer bestimmten Situation daran erinnert wirst, in der du das Gelesene anwenden kannst, ist das gewöhnlich Gottes Reden zu dir.

Der Herr Jesus sagte (Joh. 10,27): „Meine Schafe hören meine Stimme." Er spricht zu uns im täglichen Leben, im Beruf und zu Hause. Seine Nachfolger hören sein Reden und gehorchen ihm.

Es gibt da auch noch andere Stimmen. Doch ein Mensch, der die Worte Gottes, die er in der Bibel liest, sorgfältig in seinem Herzen und in seinem Sinn bewahrt, wird nicht auf diese fremden Stimmen hören. Der Mensch, der ernsthaft darauf bedacht ist, Gott zu erkennen und ihm zu gehorchen, braucht sich nicht zu fürchten. Der Herr Jesus passt auf ihn auf wie ein Hirte auf seine Schafe (Joh. 10,4-5): „Und wenn er seine Schafe herausgelassen hat, geht er vor ihnen her; und die Schafe folgen ihm nach, denn sie kennen seine Stimme. Einem Fremden aber folgen sie nicht nach, sondern fliehen vor ihm; denn sie kennen die Stimme der Fremden nicht."

Ich habe in meinem Leben nichts Größeres erlebt, als auf die Stimme Gottes zu hören und ihr zu gehorchen. Als ich meine Frau damals bat, mich zu heiraten, gab sie mir ihr Ja-Wort. Ich war außer mir vor Freude, nicht weil sie „Ja" sagte, sondern weil es die ganze Zeit die Stimme Gottes gewesen ist. Er hatte mich auf den Weg gebracht und er hatte mich auch geführt. Ich freue mich sehr an meiner Frau, und es ist für sie keine Beleidigung, wenn ich sage, dass mir das Hören und Befolgen des göttlichen Redens mehr bedeutet als alles andere. Damit räume ich Gott bloß den ihm gebührenden Platz in meinem und unserem Leben ein.

Als das Lebendige Wort redet Gott immer. Mögest du die Fähigkeit haben, seine Stimme zu hören und mögen seine Worte dir die größte Freude bringen, die in diesem Leben möglich ist, nämlich das Bewusstsein seiner Anwesenheit.

> **„Siehe, ich stehe vor der Tür und klopfe an. Wenn jemand meine Stimme hört und die Tür öffnet, so werde ich zu ihm hineingehen und das Mahl mit ihm essen und er mit mir."**
> (Offenbarung 3,20)

FRAGEN:

- Wozu machte Gott Himmel und Erde?

- Welche Art und Weisen gebraucht Gott, um mit Menschen zu reden?

- Warum haben manche Angst zu sagen, dass Gott auch heute noch zu Menschen redet?

- Am allerdeutlichsten hat Gott in einer Person zu uns geredet. Wer ist diese Person?

Kapitel 8: Übe dich im Hören

Die von großen Männern erklommenen Gipfel
wurden nicht durch einen kurzen Höhenflug bezwungen;
sondern während die anderen schliefen,
mühten diese sich des Nachts den Berg empor.
– Henry Wadsworth Longfellow

PENG, PENG, PENG; tap, tap, tap; PENG, PENG, PENG, PENG; tap, tap, ... tap, tap; PENG, PENG, PEENG. „He! Du hast keine Nägel mehr, hörst du das nicht?"

Nein, ich hörte es nicht. Wie bei jeder neuen Aufgabe hatte ich auch hier so vieles auf einmal zu lernen. Es war mein erster Tag, an dem ich einen Dielenboden aus Hartholz zu verlegen hatte. Ich stemmte mich gegen einen pneumatischen Nagler, um damit die Eichenbretter an der Unterkonstruktion zu befestigen. Mit Hilfe meines Fußes und eines Hammerstiels drückte ich ein Brett herunter und so dicht wie möglich an das vorherige heran. Dann brachte ich das Nagelschussgerät in die richtige Position und löste aus – PENG, es knallte wie ein kleiner Feuerwerkskörper. Der Nagler schoss einen Nagel in das Brett und rammte es ganz dicht neben dem anderen fest.

Ein guter Bodenleger kommt in den Rhythmus für das Dranschlagen des Brettes („tap, tap, tap") und für das Schießen der Nägel („PENG, PENG, PENG"), während er ein Brett nach dem anderen quer durch den Raum verlegt. Wenn der Nagler alle Nägel verschossen hat und der Bodenleger es nicht merkt, wird er denken, dass er die Bretter drannagelt, in Wirklichkeit aber gibt er nur leere Schüsse ab. Für einen erfahrenen Bodenleger ist das Geräusch eines leeren Schusses so offensichtlich, dass er es selbst auf einer lauten Baustelle inmitten vieler anderer Geräusche von den echten Schüssen unterscheiden kann. Als Anfänger konnte ich das Geräusch eines leeren Schusses aber überhaupt nicht von einem echten Schuss unterscheiden. Sobald ich einen leeren Schuss abfeuerte, schrie jemand durch den Lärm der Tischkreissäge, des Kompressors und der anderen Nagler: „Du hast keine Nägel mehr! Hörst du das nicht?" Schließlich lernte auch ich den feinen Unterschied zwischen einem PENG und einem PEENG herauszuhören, auch wenn es länger gedauert hat, als es mir lieb war.

Die meisten Berufe erfordern ein gewisses Maß an Übung des Hörvermögens, bevor ein Arbeiter sein Handwerk wirklich gut beherrscht. Wenn mein Mechaniker einen laufenden Motor hört, hört er alle möglichen Dinge heraus. Ich höre einen Motor laufen. Er hört, dass die Ventile eingestellt werden müssen, dass der Krümmer undicht ist oder dass ein Lager abgenutzt ist. Er hört einige Sekunden den Startgeräuschen des Motors zu und kann viele Problemen nur an dem Geräusch erkennen. Er hat es im Laufe der Zeit durch Erfahrung gelernt.

Genauso wie man lernen muss, einen Fehlschuss zu hören und Motorprobleme anhand der Laufgeräusche festzustellen, muss man auch das Hören auf die Stimme Gottes erlernen. Man lernt es mit der Zeit, durch Erfahrung und Aufmerksamkeit.

Als Junge hörte der Prophet Samuel eine Stimme, aber er wusste nicht, wem sie gehörte. Drei Mal stand er in der Nacht von seinem Bett auf und ging zum Priester Eli, weil er dachte, dieser würde ihn rufen. Schließlich erklärte Eli ihm, dass Gott es war, der ihn rief. Von dem Tage an entwickelte Samuel ein Ohr für das Reden Gottes (vgl. 1.Sam. 3).

Die Stimme Gottes hören ist keine mystische Erfahrung und hat nichts mit New-Age oder Ähnlichem zu tun. Es ist reine Weisheit und praktische Wahrheit. Es ist das Fundament des Christseins. Der Herr Jesus sagte, ER ist der gute Hirte und SEINE Schafe hören SEINE Stimme (vgl. Joh. 10,3-4).

Du kannst dein Herz darauf vorbereiten, Gottes Stimme zu erkennen und zu hören, wenn er mit dir redet. Eine der besten Methoden dazu ist das Lesen deiner Bibel. Ich rede nicht von drei Minuten am Tag. Lies die Bibel mehr als jedes andere Buch, mehr als die Zeitung oder eine Lieblingszeitschrift. Lies die Geschichten des Alten Testaments nicht nur als historische Dokumente, sondern als Illustrationen für Lebensprinzipien. Achte darauf, was Gott über sich selbst, über das Innere seines Herzens sagt. Lies die Evangelien und lerne deinen Herrn gründlich kennen. Finde heraus, wie er mit Menschen umgeht, was ihm gefällt und was ihm missfällt. Gewinne an Weisheit für dein Leben aus den Briefen der Männer, die mit ihm über diese Erde gingen. Wenn du deinen Verstand mit der Weisheit der Bibel füllst und ihre Worte in dein Herz schreibst, schaffst du dir selbst eine Grundlage dafür, die Stimme Gottes von irgendwelchen Fälschungen unterscheiden zu können.

Wenn du in Versuchung kommst zu stehlen, wirst du sofort erkennen, dass dies nicht das Reden Gottes ist, denn du weißt, dass die Bibel sagt: „Du sollst nicht stehlen." Das Gebot „Du sollst nicht stehlen" ist dir bereits so oft durch den Sinn gegangen, dass jeder Gedanke, der dich zu etwas anderem verleiten will, sofort entlarvt und verworfen wird. Wenn du dir die Heilige Schrift zu Eigen machst, bewahrt sie dich davor, törichte und eigenartige Ideen zu verfolgen.

Sarah Millard befindet sich in der Mongolei. Sie hat sich vorgenommen, mindestens zwei Jahre dort zu bleiben und die mongolische Sprache zu erlernen. Sie hat sich selbst mitten in einer kleinen Dorfgemeinschaft niedergelassen, die sie Yakdorf nennt. Ich denke, das müsste einige hundert Kilometer nördlich vom Nirgendwo sein. Sie isst mongolisch, schläft mongolisch, und wäscht sogar ihre Kleidung mongolisch. Die ganze Zeit über übt sie ihre Ohren darin, mongolisch zu hören, und ihren Mund, mongolisch zu reden. Sarah lebt mongolisch und hofft, eines Tages die Gute Nachricht von ihrem Herrn Jesus den Mongolen erzählen zu können. Sie würde das niemals schaffen, wenn sie einfach zu Hause jeden Abend einige Seiten eines mongolischen Lehrbuches studieren würde. Es erfordert viel Zeit, eine fremde Sprache zu erlernen, warum sollten wir da annehmen, dass es weniger Aufwand erfordert, die Sprache Gottes verstehen zu lernen?

Eine andere, sichere Methode, das Hören auf Gottes Stimme zu üben, besteht darin, das bereits gehörte Reden Gottes gehorsam in die Tat umzusetzen. „Seid aber Täter des Wortes und nicht bloß Hörer, die sich selbst betrügen." (Jak. 1,22) Du wirst alles durcheinander bringen, wenn du die Bibel liest, aber nicht tust, was sie dir sagt. Wenn du das Gehörte in die Tat umsetzt, wirst du die Wahrheit begreifen. Da gibt es keine Ausnahme. Wenn du nicht bereit bist, der gehörten Wahrheit zu gehorchen, wirst du dem Betrug erliegen.

Das Leben ist eine große Lektion über Gott. Lerne aus allem, was geschieht. Wenn dich jemand anschreit für etwas, was du gar nicht verschuldet hast, sei nicht verletzt, sondern frage: „Herr, was willst du mir dadurch beibringen?" Halte eine Weile still, höre. Vielleicht bringt er dir einen Bibelvers in Erinnerung, wie Matthäus 6,14: „Denn wenn ihr den Menschen ihre Verfehlungen vergebt, so wird euer himmlischer Vater euch auch vergeben." Vielleicht erinnert er dich an eine Zeit, in der du selbst einen anderen Menschen genauso behandelt hast. Er wird dich dazu bewegen, freundlich zu reagieren. Bevor du weitergehst, nimm dir Zeit zum Nachdenken, Hören und Lernen. Er wird zu dir reden.

Gott zeigt und offenbart sich durch die Natur. Da ist wieder Zeit zum Fragen: „Herr, was willst du mir durch diese Blume, diesen Vogel, diese Ameise sagen?" Der Herr Jesus fordert uns auf zu betrachten, wie die Lilien wachsen. Eine Sache, die er dir durch die Lilie sagen will, ist: „Wenn ich die Blumen so schön kleide, werde ich auch dich mit Kleidung versorgen können. Mach dir keine Sorgen um die Kleidung." Durch die Vögel sagt er dir: „Wenn ich die Vögel alle satt kriege, werde ich auch dich mit Nahrung versorgen können. Mach dir keine Sorgen um das Essen." Durch die Ameise sagt er dir: „Arbeite fleißig, solange es Erntezeit ist und du die Möglichkeit dazu hast, Vorräte zu sammeln." In unserem Universum ist jedes von Gott geschaffene Werk ein Prediger, ein Sprachrohr Gottes. Nimm dir Zeit, darauf zu hören, was Gott durch sie sagen möchte.

Wenn du das nächste Mal einen Ausflug planst, versuche es mit einem ruhigen Plätzchen, statt zum nächstgelegenen Rummel-Platz zu gehen. Beobachte die Pflanzen, die Tiere und den Himmel. Frage: „Herr, was kann ich aus allem, was ich sehe, höre und rieche, über dich lernen?" Er wird mit allen reden, die ihm zuhören wollen.

Eine andere großartige Methode, die Stimme Gottes erkennen zu lernen, besteht darin, bereit zu sein, Korrektur anzunehmen, ganz gleich aus welcher Quelle sie kommt. Gott weist diejenigen, die er lieb hat, zurecht. Darum sei dir sicher: Er wird dir oft Korrekturen erteilen. Deine Eltern, Geschwister, Vorgesetzte, Lehrer und viele andere Menschen sind häufig diejenigen, durch die Gott dich zurück auf seinen Weg bringen will.

Manchmal klingt Gottes Stimme wie die eines Menschen. Gewöhnlich tut sie es nicht. Seine Stimme mag wie ein Donner klingen oder aber still und sanft sein. Er vermag durch ein Empfinden seiner Gegenwart zu reden oder durch einen inneren Drang, durch eine überfließende innere Freude, die du kaum für dich behalten kannst, oder durch einen inneren Schmerz, der nicht eher nachlässt, als du die Sünde bekannt und bereut hast. Gott sprach – und das Universum war da. Seine Stimme lenkt den Instikt der Tiere und die Vegetation der Pflanzen (vgl. Ps. 29,9). Manchmal erwärmt sie die Seele, wie damals bei den Emmaus-Jüngern. Glücklich ist der Mensch, der gelernt hat, auf Gottes Stimme zu hören.

Ein einziges Kapitel in diesem Buch reicht sicher nicht aus, um alles zu sagen, was es über dieses Thema zu sagen gäbe. Es ist ein lebenslanges Abenteuer. Wenn jemand dich anruft und du den Hörer an dein Ohr legst, kannst du in der Regel schon nach wenigen Worten an der Stimme erkennen, wer mit dir redet. Sollte es nicht ebenso möglich sein, die Stimme deines Schöpfers, der deine Seele lieb hat, erkennen zu können, wenn er redet? Er verspricht dir, deine Entscheidungen zu lenken, dich in der Anfechtung zu trösten, dich auf deinem Weg zu führen und wieder zurück auf den Weg zu bringen, wenn du dich verlaufen hast. Wie kann er das tun, ohne zu dir zu reden? Das Hören ist ein Privileg jedes Menschen, der ein Ohr hat. So wie es in den ersten Kapiteln der Offenbarung sieben Mal heißt (Off. 2,7): „Wer ein Ohr hat, der höre, was der Geist den Gemeinden sagt!"

Möge Gott dir in jedem Moment des Lebens die Fähigkeit schenken, ihn zu hören, und die Freude, die durch das Bewusstsein seiner Gegenwart entsteht.

> **„Als ich deine Worte fand, da verschlang ich sie; deine Worte sind mir zur Freude und Wonne meines Herzens geworden, denn ich bin ja nach deinem Namen genannt, o HERR, du Gott der Heerscharen!"** (Jeremia 15,16)

FRAGEN:

- Wie schafft es ein Mechaniker, Motorprobleme nur durch das Hören zu erkennen?

- Was hat das Erlernen einer Fremdsprache mit dem Lernen, die Stimme Gottes zu hören, gemeinsam?

- Wie kann die Bibel dir beibringen, auf Gottes Stimme zu hören?

- Wie hört sich Gottes Stimme an?

Für eine weitere Betrachtung dieses Themas empfehle ich den Abschnitt aus Apostelgeschichte 11,4-17, wo Gott zu Menschen spricht. Achte darauf, wie Petrus zuerst reagierte, als er Gottes Reden hörte, und wie Gott dann weiter mit ihm sprach. Findest du in der Apostelgeschichte weitere Beispiele dafür, wie Gott in irgendeiner Weise zu Menschen geredet hat?

Kapitel 9: Warum Menschen nicht hören

> Auf diesem zwei-Meilen-Spaziergang sprach Gott stets mit
> seinem Knecht [Rees Howells]. Das Wort „euch aber habe
> ich Freunde genannt" war für ihn keine leere Theorie, son-
> dern eine kostbare und praktische Beziehung. Er lebte stets
> in der Erwartung, dass sein Meister seine Geheimnisse
> mit ihm teilt. Als sie nun an diesem Tag wieder zusammen
> gingen, kam des Herrn Wort wieder zu ihm: „Sie wird ge-
> nesen und nicht sterben." Rees sagte: „Im selben Moment,
> als ich es hörte, empfand ich die Freude über die Heilung."
> – Norman Grubb, *Rees Howells Intercessor*

Seit Anbeginn der Zeit hat Gott mit Menschen gesprochen.
Die ganze Schöpfung erzählt von seiner Herrlichkeit. Alles Geschaffene redet von seinen Wesenszügen. Wenn du
„Ohren hast zu hören", dann werden Himmel und Erde
dir von dem Schöpfer berichten (vgl. Röm. 1,20). Zusätzlich sandte er Propheten aus, um seinen Willen und seine
Gedanken zu verkündigen. Der Herr Jesus, das Ebenbild
Gottes, auch das Lebendige Wort genannt, zeigte uns an
seinem Leben als Mensch das Wesen des Vaters. Nachdem
er diese Erde verließ, kam der Heilige Geist in die Herzen
der Seinen, um sie an seine Worte zu erinnern und ihnen
die kommenden Dinge zu offenbaren.

Gott redet durch Träume, Visionen und Engel. Das tut
er nicht nur in den alten Geschichten. Sheila, eine gute Bekannte von uns, kam neulich aus einem Land, wo es per
Gesetz verboten ist, Menschen zu ermutigen, an Christus
zu glauben. In solchen Ländern gebraucht Gott auch heute
noch Träume, um diese Menschen näher zu sich selbst zu
ziehen und den Weg zum Evangelium zu zeigen.

Die Bibel berichtet, dass Gott einmal sogar durch einen
Esel sprach, dass er durch Sterne redet, durch Ameisen,
Fische, Vögel und selbst durch die Blumen auf der Wie-
se. Wenn die Menschen die Wahrheit nicht verkündigen
würden, so würden die Steine sie herausschreien, sagte
der Herr Jesus einmal. Seine Stimme begleitet uns, um uns
den richtigen Weg zu zeigen, rechts oder links. Sein Gesetz

ist in unsere Herzen geschrieben. Die Bibel zeigt uns den richtigen Lebensweg, und wenn wir uns verlaufen, zeigt sie den Weg zurück, und auch wie wir in Zukunft auf demselben bleiben können. Und wenn uns das alles nicht reicht, können wir beten, und Gott wird uns die nötige Weisheit geben, er wird uns mitteilen, was wir brauchen.

Bei alledem stellt sich die Frage, warum nur so wenige Menschen Gottes Stimme hören und ihm gehorchen. Wie kann ein Naturliebhaber die Botschaft überhören, die der Schöpfer durch alles, was es im Universum gibt, ihm mitteilen möchte? Wie kommt es, dass so viele Bibelgelehrte die Stimme des Einen nicht hören, der dieses Buch geschrieben hat? Warum sollte es einem gewöhnlichen Christen seltsam und schwierig erscheinen, in den täglichen Angelegenheiten die Stimme Gottes zu hören und zu erkennen, vor allem wenn unser Herr doch gesagt hat: „Meine Schafe hören meine Stimme"?

Adam und Eva waren die ersten Menschen, die Gottes Stimme gehört haben. Sie waren zugleich die ersten Menschen, die diese Stimme verworfen haben. Eva wusste, dass sie diese eine Frucht nicht essen durfte. Durch den Einfluss der Schlange begann sie, Gottes Wort in ihrem Verstand in Frage zu stellen: Die Frucht ist gut, sie sieht schön aus und könnte sie weise machen. Sie dachte darüber nach und bildete sich ein, dass es besser sei, das Gegenteil von dem zu tun, was Gott gesagt hat. Kurze Zeit nach ihrem Ungehorsam hörte sie Gottes Stimme. Vor lauter Furcht suchte sie mit Adam ein Versteck. Bis heute rennen die Menschen ängstlich davon, um sich vor dem Reden Gottes zu verstecken.

Vor einigen Jahren spielte ich jeden Freitagabend Schach mit einem älteren Mann, der einige Häuser weiter wohnte. Während unserer knappen Unterhaltungen habe ich häufig mal etwas erwähnt, was ich mit dem Herrn erlebt habe. Eines Abends sagte er zu mir: „Ich freue mich, wenn du mich besuchen kommst, aber von heute an lässt du deinen Gott zu Hause!" Das Herz dieses Mannes war härter als der Straßenbelag vor seiner Haustür. Er hatte seine Finger in den Ohren und weigerte sich, zu hören, was Gott ihm zu sagen hatte. Soweit mir bekannt ist, blieb er bis zum Tod in dieser Haltung.

Saulus von Tarsus hatte sich zum Ziel gesetzt, die Christen in Damaskus zu verfolgen. Unterwegs begegnete ihm der Herr Jesus, wies ihn zurecht, blendete ihn und befahl ihm nach Damaskus zu gehen und auf einen Mann zu warten, der kommen würde, um ihm zu sagen, was er als Nächstes tun sollte.

Anschließend sprach der Herr in einer Vision zu Ananias und befahl ihm, Saul aufzusuchen, ihm die Hände aufzulegen und ihn von seiner Blindheit zu heilen. Ananias begann zu argumentieren und Gottes Weisheit in Frage zu stellen, ähnlich wie Eva es tat: „Herr, ich habe von vielen über diesen Mann gehört, wie viel Böses er deinen Heiligen in Jerusalem zugefügt hat. Und hier hat er Vollmacht von den obersten Priestern, alle, die deinen Namen anrufen, gefangen zu nehmen! Aber der Herr sprach zu ihm: Geh hin, denn dieser ist mir ein auserwähltes Werkzeug, um meinen Namen vor Heiden und Könige und vor die Kinder Israels zu tragen! Denn ich werde ihm zeigen, wie viel er leiden muss um meines Namens willen. Da ging Ananias hin und trat in das Haus; und er legte ihm die Hände auf und sprach..." (Apg. 9,13-17) Ananias hörte Gottes Stimme, und erfüllte treu seinen Auftrag. Doch beinahe hätte er das Ziel verfehlt, wie so viele Menschen es tun. Durch sein Argumentieren hätte er beinahe die Stimme Gottes verworfen. Die Bibel warnt uns vor diesem Problem in Sprüche 3,5-6: „Vertraue auf den HERRN von ganzem Herzen und verlass dich nicht auf deinen Verstand; erkenne Ihn auf allen deinen Wegen, so wird Er deine Pfade ebnen."

Manche Menschen hören Gottes Stimme und folgen ihr für eine Weile, doch wenn es ihnen zu schwer wird, hören sie damit auf. Viele Grund- und Mittelstufenschüler wollen gern Gottes Wege gehen, doch wenn sie in die höheren Klassen kommen, wird ihr Glaube auf die Probe gestellt, sei es durch den Gruppenzwang gleichaltriger Kameraden oder durch gottlose Lehrer. Viele junge Leute werfen in dieser Zeit das Wort Gottes über Bord. Anschließend folgen sie dem Beispiel von Adam und Eva, und verstecken sich für den Rest des Lebens vor Gott.

Auch Sorgen können einen Menschen davon abhalten, Gottes Wort zu hören und zu folgen. Da sagt Gott zu einem jungen Mann: „Ich hätte gern etwas von deiner Zeit am frühen Morgen, um durch die Bibel zu dir zu reden." Doch der Junge erwidert: „Ich werde zu müde zum Arbeiten sein, wenn ich so früh aufstehe. Wenn ich meine

Arbeit nicht ordentlich mache, bekomme ich nicht genug Geld zusammen, um mir ein neues Fahrrad zu kaufen. Am Abend werde ich dann zu müde sein, um Roger zu besuchen, was ich ihm aber versprochen habe. Und außerdem werde ich so früh am Morgen ohnehin meine Augen nicht offen halten können." Wir wissen nicht, was in der Zukunft geschehen wird, und doch haben wir oft Angst davor, das tun, wozu Gott uns drängt. Wir meinen, es wird alles nur schlimmer werden und zögern zu gehorchen, anstatt darauf zu vertrauen, dass Gott dann alles zum Guten führen wird, und loszugehen!

Hier ist eine weise Reaktion. „Herr, du willst, dass ich eine halbe Stunde früher aufstehe um Zeit mit dir zu verbringen? Das ist eine großartige Idee. Ich bin sicher, du wirst mir helfen, wach zu bleiben und die Kraft dazu geben. Vielleicht wirst du mir dann zeigen, wie ich den Tag sinnvoller nutzen kann. Du wirst mich auch abends vor Versuchungen bewahren, weil ich dazu früher schlafen gehen muss. Ich fange gleich morgen früh damit an!" Wenn Gott das nächste Mal zu diesem Jungen sprechen will, wird er ihn nicht wie einst Adam und Eva versteckt hinter einem Busch finden. Er wird zuversichtlich vor seinem Herrn stehen und eifrig seine Anweisungen empfangen.

Viele Menschen hätten es lieber, wenn aus ihren Ohren Geld kommen würde, anstatt dass das Wort Gottes in sie hinein kommt. Solche Menschen beurteilen den Wert dessen, was sie hören, daran, wie viel Gewinn oder Verlust es ihnen bringen kann. Der reiche Jüngling liebte sein Geld zu sehr, um den Worten Jesu gehorchen zu können.

Stell dir mal vor, du gehst zu einem Garagenflohmarkt und siehst dort eine Angelrute stehen, genauso eine wie du sie schon immer haben wolltest. Auf dem Preisschild steht: „8 Euro." Was für ein Schnäppchen! Du schnappst dir die Angelrute und gehst zu der Frau, um sie zu bezahlen. Plötzlich spricht Gott zu dir: „Gib ihr einen 10-Euro-Schein. Sie kann das Geld gut gebrauchen." Wenn du sofort abblockst mit den Worten: „Sie will 8 Euro haben und sie wird 8 Euro bekommen!", so verstopft deine Liebe zum Geld dir die Ohren für das Reden Gottes. Das Wort Gottes kann in deinem Herzen keine gute Frucht hervorbringen, und auch nicht im Herzen der Frau, die aus der Not heraus ihre Habe verkaufen muss. Gerade wenn es ums Geld geht, ums Kaufen und Verkaufen, hören viele Menschen die Stimme Gottes nicht, weil sie vielmehr auf die Stimme des Geldes hören.

Unser eigener Ehrgeiz hindert uns auch oft daran, auf die Stimme Gottes zu hören. „Ich muss unbedingt ein guter Fußballspieler werden, ich muss zu dieser Party gehen, am besten angezogen sein, am coolsten aussehen, viele Freunde haben..." Wir richten uns aus auf das, was wir erreichen wollen und wann wir es erreichen wollen, und lassen nicht zu, dass Gott uns in unsere Pläne reinredet. Seine Worte erscheinen uns fade zu sein verglichen mit unseren faszinierenden Träumen.

Wenn Gott redet, möchte er seinen Samen in unsere Herzen einpflanzen. Wenn wir gehorsam sind, lassen wir zu, dass dieser göttliche Same in unserem Herzen aufgeht und schließlich reiche Frucht trägt. Ein junger Mensch, der das Wort Gottes in seinem Herzen nicht keimen und aufwachsen lässt, lässt stattdessen das Unkraut darin wuchern: Streit, Zwietracht, Wut und Zorn, Schuld, Trunkenheit und Unmoral. Wenn du in deinem Herzen solches Unkraut findest, kommt es daher, dass du dem Wort Gottes keinen Raum gegeben hast, indem du dich geweigert hast, Gottes Wort zu hören und zu befolgen.

Gott nennt sich selbst „Ratgeber", weil er uns beständig Rat gibt bezüglich unserer Motive, Gedanken, Worte und Taten. Sei kein sturer Esel, der erst einen kräftigen Schlag auf den Hinterkopf braucht, bevor er anfängt, auf Gott zu hören.

Eine der großartigsten Erfahrungen im Leben ist das Hören der Stimme Gottes. Lass deine Ohren durch nichts verstopft sein.

> „Denn ich habe zu euren Vätern nichts gesagt und ihnen nichts befohlen in Bezug auf Brandopfer und Schlachtopfer an dem Tag, als ich sie aus dem Land Ägypten herausführte, sondern dieses Wort habe ich ihnen befohlen: Gehorcht meiner Stimme, so will ich euer Gott sein, und ihr sollt mein Volk sein; und wandelt auf dem ganzen Weg, den ich euch gebieten werde, damit es euch wohlergehe! Aber sie gehorchten nicht und neigten mir ihre Ohren nicht zu, sondern sie wandelten nach den Ratschlägen, nach dem Starrsinn ihres bösen Herzens, und sie wandten mir den Rücken zu und nicht das Angesicht." (Jeremia 7,22-24)

FRAGEN:

- Auf welche Weisen redet Gott heute zu uns?

- Warum will er mit uns reden?

- Welche Gründe hindern die Menschen daran, Gott zu hören?

- Welche Saat geht in den Herzen der Menschen auf, die sich weigern, auf Gott zu hören?

Die Begebenheit in Jeremia 42-44 verdeutlicht diese Gedanken. Achte darauf, was Johanan, Jesanja und all die anderen stolzen Männer taten und was sie zum Propheten sagten. Oder, wenn du ein Gleichnis aus dem Neuen Testament lesen möchtest, lies das Gleichnis vom Sämann und der Saat in Markus 4 oder Lukas 8.

Kapitel 10: Achte auf die Wurzeln

> Er verstand sehr wohl, dass das Einzige, was die Mönche auf lange Sicht aufrecht erhalten konnte, eine wachsende Beziehung zu Gott war, die auf Liebe, nicht auf Angst gründete. Die regelmäßigen Gezeiten des klösterlichen Lebens – Arbeit und Gebet – waren hilfreich, doch Bernard verstand, dass es etwas noch viel wichtigeres gab: Ein anhaltendes geistliches Leben, in dem der vertraute Umgang mit Gott zentral ist. – Timothy Weber über Bernard von Clairvaux

Es gibt drei Bücher, die ich gern lese: die Bibel, die Natur und das Leben. Wenn alle drei Bücher mir dieselbe Lektion beschreiben, weiß ich, dass ich beginne, den Gedanken in der richtigen Ausgewogenheit zu verstehen.

Manchmal erblicke ich die Lektion zuerst während eines Waldspaziergangs. Dann lese ich meine Bibel und finde dort denselben Gedanken. Und am nächsten Tag sehe ich vielleicht meine Kollegen mir dieselbe Botschaft vorleben.

Die Lektion, über die ich in diesem Kapitel schreiben möchte, begann auf dem Weg zu einer Baustelle. Das Gebäude, an dem ich baue, ist etwa 80 Kilometer von zu Hause entfernt. Bevor ich morgens aus dem Haus gehe, schreibe ich einen oder zwei Bibelverse in großer Schrift auf ein Blatt Papier. Unterwegs auf der Schnellstraße kann ich dann mit einem kurzen Blick auf dieses Blatt mir die Verse in Erinnerung rufen, sie auswendig lernen und darüber nachdenken. (Das mache ich nicht im dichten Verkehr. Aber um sechs Uhr morgens ist auf unserer Bundesstraße das nächste Auto mindestens einen halben Kilometer entfernt.)

In dieser Woche habe ich über das Gleichnis vom vierfachen Ackerfeld nachgedacht (Mk. 4,16-19): „Und gleicherweise, wo auf steinigen Boden gesät wurde, das sind die, welche das Wort, wenn sie es hören, sogleich mit Freuden aufnehmen; aber sie haben keine Wurzel in sich, sondern sind wetterwendisch. Später, wenn Bedrängnis oder Verfolgung entsteht um des Wortes willen, nehmen sie sogleich Anstoß. Und die, bei denen unter die Dornen gesät wurde, das sind solche, die das Wort hören, aber die Sorgen dieser Weltzeit und der Betrug des Reichtums und die Begierden nach anderen Dingen dringen ein und ersticken das Wort, und es wird unfruchtbar."

Während ich zur Arbeit fuhr, fing ich an, über Wurzeln nachzudenken. Wo habe ich Lektionen über Wurzeln gesehen? Da war der Winter, in dem ein Sturm bei Nelsons von ihrem Pflaumenbaum einen Ast abbrach. Jemand zog ihn neben die Garage, damit er nicht im Weg liegen bleibt. Der Ast lag bis zum Frühling an derselben Stelle. An einem bestimmten, sonnigen Tag fing er plötzlich an zu blühen, genau wie der Rest des Baumes, der noch neben der Straße in der Erde verwurzelt stand. Doch zwei Wochen später fielen die Blüten ab und der Ast starb. Er hatte keine Wurzeln.

In einer bestimmten Gegend unseres Anwesens beobachten wir jedes Jahr, dass ein Baum einfach so umfällt. Dort stehen 95 Jahre alte Tannen, einige von ihnen sind 50 Meter hoch. Der Grund für ihr Absterben ist die Wurzelfäule. Man erkennt diese Krankheit nicht, wenn man einfach mal einen Spaziergang durch den Wald macht. Aber wenn ein Baum umfällt und seine kurzen, verfaulten Wurzelstümmel zum Himmel emporstreckt, ist sie unverkennbar.

Unser Zwerg-Kirschbaum schien recht gut zu wachsen. Saftig-grüne Blätter schmückten jeden einzelnen Zweig. Eines Morgens schauten wir aus dem Fenster und es schien uns, als hätte jemand den Baum während der Nacht abgehackt. Erstaunt ging ich heraus, um nach dem Grund zu sehen, und stellte fest, dass die Wurzel bis zur Erdoberfläche verfault war.

Wir haben in unserem Garten dieses Jahr einige Obstbäume entfernt, um mehr Licht hinein zu lassen. Gestern schaute ich mir die Stümpfe an. Aus dem Stumpf des Pflaumenbaums waren neun neue Triebe gewachsen. Aus dem

Stumpf des Apfelbaums wuchsen sogar 125 neue Triebe, jeder Zweig wollte ein Baum werden.

Meine Schlussfolgerung aus der Natur ist, dass schlechte Wurzeln keinen gesunden Baum versorgen können. Und, solange in einer guten Wurzel noch etwas Leben steckt, wird sie versuchen, einen guten Baum hervorzubringen.

Das Buch des Lebens lese ich, indem ich Menschen anschaue und die Folgen ihres Tuns beobachte. Menschen, die die Wurzeln des Lebens pflegen, gedeihen gut. Andere vernachlässigen die Wurzeln und geraten in ernsthafte Schwierigkeiten.

Im Geschäftsleben sieht das so aus: Wenn du deine Steuern nicht bezahlst, deine Werkzeuge und Maschinen nicht pflegst, nicht auf die Kosten achtest und nicht auf die Klagen deiner Kunden hörst, so wird dein Unternehmen bald Krankheitssymptome aufweisen. Vernachlässige diese Wurzeln und dein Geschäft wird eines Tages umkippen. Alle werden sich fragen: „Was ist denn mit ihm passiert?" Die Antwort wird lauten: „Er hat die Wurzeln vernachlässigt."

Wenn du deine ganze Aufmerksamkeit den Früchten widmest, begehst du einen großen Fehler. Wenn du dich auf die Pflege der Wurzeln konzentrierst, werden die Früchte sich zur rechten Zeit einstellen. Die Bibel wiederholt diese Lektion immer wieder. Samuel wollte den Bruder Davids gern zum König salben, als er seinen großen, starken Körper sah. Doch Gott wies den Propheten für seinen Fehler zurecht (1.Sam. 16,7): „Schaue nicht auf sein Aussehen, noch auf seinen hohen Wuchs ... Denn der HERR sieht nicht auf das, worauf der Mensch sieht; denn der Mensch sieht auf das, was vor Augen ist, der HERR aber sieht das Herz an!"

Wenn wir im Frühling unterwegs sind, sagt meine Frau immer wieder: „Schau mal, was für ein schöner Baum!" Wir drehen uns um und betrachten die riesige Kugel von pinken und weißen Blüten. Sie hat zu noch nie zu mir gesagt. „Schau dir mal diese wunderschönen Wurzeln an!" Man muss erst nachdenken, bevor man darauf kommt, dass die Schönheit eines Baumes seinen guten Wurzeln entspringt.

Der Herr Jesus lehrte seine Jünger, sich auf die Wurzeln ihres Lebens zu konzentrieren statt auf die Früchte. Er sagte zu ihnen (Mt. 6,3-4.6.17-18): „Wenn du aber Almosen gibst, so soll deine linke Hand nicht wissen, was deine rechte tut, damit dein Almosen im Verborgenen ist. Und dein Vater, der ins Verborgene sieht, er wird es dir öffentlich vergelten. ... Du aber, wenn du betest, geh in dein Kämmerlein und schließe deine Türe zu und bete zu deinem Vater, der im Verborgenen ist; und dein Vater, der ins Verborgene sieht, wird es dir öffentlich vergelten. ... Du aber, wenn du fastest, so salbe dein Haupt und wasche dein Angesicht, damit es nicht von den Leuten bemerkt wird, dass du fastest, sondern von deinem Vater, der im Verborgenen ist; und dein Vater, der ins Verborgene sieht, wird es dir öffentlich vergelten." Ein Mensch, der eine verborgene Wurzel-Beziehung zu Gott am Leben erhält, wird deren gute Auswirkungen nicht verborgen halten können.

Beziehungen bilden die Wurzeln einer jeden Familie. Familien sind die Wurzeln einer Gemeinde. Darum schreibt Paulus an Titus, dass dieser, wenn er in einer Gemeinde Älteste einsetzt, darauf achten muss, dass diese Männer eine solide Ehebeziehung haben und ihren Familien gut vorstehen. Ohne Familienwurzeln wird die Gemeinde umkippen wie der Kirschbaum in unserem Obstgarten.

Die Natur, das Leben und die Bibel lehren einstimmig, dass du auf die Wurzeln achten musst, wenn du willst, dass eine Sache gedeiht. Vernachlässige die Wurzeln, so kommt der Tod.

John Wesley sagte: „Strebe nicht nach einem Amt, erwarte die Frucht eines disziplinierten Lebens." Widme dich deinen verborgenen Verpflichtungen; die Frucht wird folgen.

Das Verlangen, groß und berühmt zu sein und großartige Dinge zu vollbringen, steht dem wahren Erfolg oftmals im Weg. Der Pfad zu einem nützlichen Leben führt über die Pflege der tief unten gelegenen Wurzeln.

„Ich, Jesus, habe meinen Engel gesandt, um euch diese Dinge für die Gemeinden zu bezeugen. Ich bin die Wurzel..." (Off. 22,16)

Wenn du diese Lektion nicht begreifst, wird dein Leben eine ständige Frustration sein. Du wirst versuchen, große Dinge zu vollbringen, sie werden für eine kurze Weile aufblühen und dann wieder eingehen. Die Ursache liegt stets in der Wurzel. Es ist stets die Wurzel der Gerechten, welche die Frucht reifen lässt.

Damit du es nicht übersiehst, wiederhole ich es. Der Herr Jesus selbst sagt: „Ich bin die Wurzel." Die Sprüche sagen uns (Spr. 12,12): „Die Wurzel der Gerechten trägt Frucht." Wenn du ein Zweig sein willst, der Frucht bringt, dann konzentriere dich nicht auf die Frucht. Widme dich den verborgenen Lebensbereichen, wo niemand sieht, was du tust. Sei eifrig und treu in den kleinen Dingen, die nur Gott allein sieht. Dort wirst du die Frucht und die Quelle aller Frucht finden, sei es im Geschäftsleben, in den Beziehungen oder im Seelenheil.

Lass dich nicht blenden von dem Glanz dieser Welt oder deines Ehrgeizes, wie schön dir deine Träume auch erscheinen mögen. Achte auf die Wurzeln des Lebens und vor allem auf die Wurzel deiner Seele. Dann wirst du ohne Mühe und ohne Frust zu seiner Zeit die echte Frucht tragen.

> „Wenn ihr nun in meinen Satzungen wandelt und meine Gebote befolgt und sie tut, so will ich euch Regen geben zu seiner Zeit, und das Land soll seinen Ertrag geben, und die Bäume auf dem Feld sollen ihre Früchte bringen." (3. Mose 26,3-4)

FRAGEN:

- Welche drei Bücher beschreiben die Wahrheit?

- Warum ist es wichtig, dass alle drei miteinander übereinstimmen?

- Warum blühte der abgebrochene Ast im Frühling und warum ging er wieder ein?

- Was tut die Wurzel des Gerechten?

- Wer ist diese Wurzel?

Kapitel 11: Erdbeeren pflücken

Es sind die süßen, einfachen Dinge des Lebens, die am Ende die einzig Wahren sind. – Laura Ingalls Wilder

Als ich noch zur Grundschule ging, hat fast jedes Kind in der Nachbarschaft im Sommer irgendwo als Erntehelfer gearbeitet, um die Schulkleidung zu bezahlen, um sich Geld für ein Fahrrad oder für einen anderen fernen Traum wie zum Beispiel ein Go-Cart anzusparen. Ich weiß noch, wie ich früh am Morgen zusammen mit meinen Schwestern, einer lauten Meute anderer Kinder und gelegentlich mit unserer Mutter in den altmodischen Schulbus kletterte, der uns zum Erdbeerfeld brachte. Die Eigentümer der Erdbeerfelder in Marysville in Washington brauchten dringend Beerensammler. Sie schickten Busse durch die umliegenden Ortschaften, in der Hoffnung, ein Heer von Erntehelfern zu sammeln, das groß genug war, um die leckeren Früchte zu ernten, bevor sie auf dem Feld verkommen.

Obwohl ich mich nicht mehr an viele Einzelheiten erinnern kann, die auf dem Feld geschehen sind, erinnere ich mich an einen warmen Nachmittag, an dem ich die grünen Blätter zur Seite schob und eine wunderschöne, rote, reife, riesengroße Erdbeere sah. Ich habe immer gern schnell und produktiv gearbeitet, aber in dem Moment wurde alles ganz langsam. Vorsichtig riss ich die Beere vom Stiel und in meinem Mund begann das Wasser zu fließen. Ich lehnte meinen Kopf zurück, platzierte den Bissen feierlich zwischen meinen Zähnen und drückte sanft zu. Der warme, süße Saft strömte durch meinen ganzen Mund. Schmeckst du das auch schon fast?

Einen Moment später war ich wieder bei der Arbeit, pflückte so schnell ich konnte und träumte davon, was ich mit dem verdienten Geld anstellen würde.

Die Tage, da ich auf den Feldern Erdbeeren pflückte, sind nun vorbei. Nun haben wir als Familie nur ein einziges Erbeerbeet. Jede einzelne Beere müssen wir nun vor den

Schnecken, Vögeln und anderen Tieren verteidigen. Gelegentlich gehe ich mit einer Schüssel zum Beet und bringe einige Beeren mit zum Frühstück oder zum Kuchen.

Eines Tages beschloss ich, beim Pflücken der Beeren gleichzeitig auch noch das Unkraut auszurupfen, um meine Produktivität zu steigern. Dabei passierte mir etwas Bemerkenswertes. Als ich begann, Erdbeeren zu pflücken, übersah ich einige Grashalme. Als ich mich dem Unkraut widmete, übersah ich einige Erdbeeren. Ich konnte stets nur das sehen, worauf ich mich gerade konzentrierte. Ich konnte zwar schon etwas hin und her schalten, doch wenn ich erstmal eine saftige Beere sah, führte mein Blick zur nächsten, und zur nächsten, und zur nächsten... Wenn ich dann zurück sah, starrte mich ein großes Büschel Unkraut an, als wollte es mir sagen: „Du hast mich nicht gesehen! Du hast mich nicht gesehen!"

Während ich darüber nachdachte, konnte ich in meinem Herzen diese vertraute leise Stimme hören: „Dasselbe passiert, wenn du deine Kinder betrachtest. Wenn du nach ihren Fehlern Ausschau hältst, übersiehst du ihre Schwächen. Wenn du auf ihre Stärken siehst, übersiehst du die Macken."

Dasselbe betraf nicht nur meine Kinder, sondern alle und alles in meinem Leben. Wenn ich an meinen Pickup denke, erinnere ich mich gewöhnlich daran, wie treu er mir auf den letzten 600.000 Kilometern gedient hat, die wir zusammen unterwegs waren. Ich übersehe die Beulen im Blech, die ausgeleierte Lenkung, die gelockerten Türscharniere und eine lange Liste anderer Mängel. Ich rufe mir lieber die erlebnisreichen Fahrten in Erinnerung, die wir als Familie mit diesem Wagen unternommen haben. Ich denke daran, dass der Wagen mich nur ein einziges Mal im Stich gelassen hat, und das auch nur drei Kilometer von zu Hause entfernt. Ich denke an die vielen interessanten Beifahrer und die vielen Gespräche unterwegs über die wunderschönen Berg- und Talstraßen. Nach zwanzig Jahren schleppt er mich und mein Werkzeug immer noch zu jeder Baustelle.

Als ich etwas später an den problematischen Vergaser dachte, an das tropfende Motoröl, an die hintere Bremse und an die unter dem Lack blühenden Rostbläschen an den Kotflügeln, da verdunkelte sich mein Blick auf mein Fahrzeug. Mir würden noch Hunderte weiterer Mängel am Fahrzeug einfallen, wenn ich weiter darüber nachdenken würde. Aber es ist jetzt nicht an der Zeit, ein neues Fahrzeug zu kaufen, und darum entscheide ich mich, lieber an dessen gute Seiten zu denken.

Im Wörterbuch wird das Wort Pessimismus als eine Lebensauffassung beschrieben, dass in dieser Welt alles schlecht ist, so schlecht wie es nur geht. Ein Pessimist denkt, dass das Böse in dieser Welt das Gute überwiegt. Er tendiert dazu, in jedem Umstand den schlechtesten Ausgang zu erwarten. Ein Pessimist sein bedeutet, immer nur auf die dunklen Seiten der Dinge zu sehen.

Optimismus dagegen ist der Glaube, dass diese Welt gut ist, so gut wie es nur möglich ist. Optimisten glauben, dass das Gute letztlich immer das Böse besiegen wird. Sie neigen dazu, sehr hoffnungsvoll zu sein und den bestmöglichen Ausgang der Dinge zu erwarten. Die Optimisten schauen sich stets die guten Seiten an.

Der Apostel Paulus schreibt in Philipper 4,6-7, dass wir uns in schwierigen Situationen keine Sorgen machen sollen: „Sorgt euch um nichts; sondern in allem lasst durch Gebet und Flehen mit Danksagung eure Anliegen vor Gott kundwerden. Und der Friede Gottes, der allen Verstand übersteigt, wird eure Herzen und eure Gedanken bewahren in Christus Jesus!"

Die meisten von uns haben noch keine Schiffbrüche erlebt, wurden nicht ausgepeitscht, nicht gesteinigt und wurden nicht für gute Taten ins Gefängnis gesteckt. Paulus hatte das alles erlebt und wusste aus Erfahrung, dass er mitten in allen diesen Notlagen den Frieden Gottes erleben konnte, indem er alle Details seiner Umstände IHM dankbar übergab.

Paulus fordert uns nun heraus, alle unsere Gedanken, die wir in unserem Kopf bewegen, sorgfältig auszuwählen (Phil. 4,8): „Im Übrigen, ihr Brüder, alles, was wahrhaftig, was ehrbar, was gerecht, was rein, was liebenswert, was wohllautend, was irgendeine Tugend oder etwas Lobenswertes ist, darauf seid bedacht!"

Leider passiert es uns, bekennenden Christen, nur zu oft, dass wir darüber nachdenken und darüber reden, wie schlecht wir im Restaurant bedient worden sind, welche schlimmen Worte der Nachbar uns gesagt hat, wie verlogen der Zeitungsbericht war, den wir gelesen haben, wie das schlechte Wetter unsere guten Pläne durchkreuzt, über den Menschen, der ohne zu grüßen im Park an uns vorbeiging, oder über die Unmoral in dieser Welt. Nach stundenlanger Beschäftigung mit solchen Themen ist es nicht verwunderlich, wenn wir nervös und ängstlich auf das Leben blicken.

Du kannst es dir nicht leisten, deinen Kopf mit Klagen zu füllen. Wenn du das tust, wirst du viele gute Dinge im Leben nicht sehen können. Du wirst so mit dem Unkraut beschäftigt sein, dass du es nicht einmal merkst, wenn eine saftige Beere dich anlächelt.

Wenn du in deiner Jugendzeit die schlechte Gewohnheit entwickelst, die dunklen Seiten des Lebens zu betrachten, wirst du nicht in der Lage sein, deinen Freunden, Nachbarn, deinem Ehepartner und deinen Kindern Licht und Hoffnung zu geben, wenn du älter geworden bist. Du wirst nur die Hindernisse im Leben erkennen, und die Gelegenheiten übersehen. Während du über die Benzinpreise schimpfst, wirst du wohl kaum den herrlichen Sonnenuntergang genießen können.

Ich will dich keineswegs dazu bringen, deinen Kopf in den Sand zu stecken (wie der Strauß es angeblich macht), um alles Böse gar nicht wahrzunehmen. Unser Leben auf Erden hat nun mal damit zu tun, dass uns böse Dinge begegnen. Was ich sagen will, ist, dass du in jeder schlimmen Situation das Gute suchen solltest, wie dunkel dir die Lage auch erscheinen mag. Gott ist da! Suche nach ihm. Wenn du Perlen erwartest, wo andere nur Schlamm und Muscheln sehen, wirst du Schätze sammeln, während sie sich vor der nächsten Flut fürchten.

Wie in meinen Kindheitstagen gibt es auch heute einen großen Bedarf an Erdbeerpflückern – an Menschen, die in der Lage sind, gute Früchte zu finden. Wir brauchen Menschen, die ihre Gedanken diszipliniert darin üben, das Gute zu denken; die gelernt haben, ihre Sorgen an Gott abzugeben und in diesem Frieden leben, der allen Verstand übersteigt. Diese Menschen stehen fest in Zeiten der Not, sie vermitteln ihren Familien und ihrer Gesellschaft Hoffnung.

Es gibt Zeiten, da man auf den Feldern das Unkraut jä-
ten muss. Dennoch hoffe ich sehr, dass du nicht so sehr mit
dem Unkraut beschäftigt bist, dass du die Erdbeeren des
Lebens in den Beeten verrotten lässt.

> „Und Jesus stand still, rief sie und sprach: Was wollt ihr, dass
> ich euch tun soll? Sie sagten zu ihm: Herr, dass unsere Au-
> gen geöffnet werden! Da erbarmte sich Jesus über sie und
> rührte ihre Augen an, und sogleich wurden ihre Augen wie-
> der sehend, und sie folgten ihm nach." (Mt. 20,32-34)

FRAGEN:

- Was ist der Unterschied zwischen einem Pessimisten
  und einem Optimisten?

- Warum fällt es einem Pessimisten schwer, das Gute zu
  erkennen, und einem Optimisten, das Schechte zu sehen?

- Welches Gegenmittel verschreibt Paulus einem Pessimisten?

- Warum ist es für Väter besonders wichtig, dass sie lernen, in ihren Kindern nach „Erdbeeren" zu suchen statt
  sich auf das Unkraut in deren Leben zu konzentrieren?

- Was ist der Unterschied zwischen einem Bauer, der Un-
  krautjäter sucht, und einem der Erntehelfer braucht?

Kapitel 12: Entmutigung am Willamette Pass

Die Quelle der Zufriedenheit muss im eigenen Herzen entspringen, und wer sein Glück darin sucht, alles Mögliche zu verändern außer seiner eigenen Einstellung, wird sein Leben in fruchtlose Anstrengungen verschwenden, und seine Traurigkeit vermehren, die er doch zu beseitigen sucht. Unser Problem besteht häufig darin, dass wir zu selbstsüchtig sind, zu unachtsam auf die Vorsehungen des Lebens zu unserem Besten. Wir können unser Glück nicht auf dem von uns erhofften Wege erreichen und sind dann nicht bereit, es auf dem vorgesehenen Weg zu akzeptieren. So wird unser Elend nur noch größer. Manche großen Persönlichkeiten sind sehr unglücklich durch eine Art halsstarrige Aufrechterhaltung ihrer festgelegten Ansichten über das, was ihnen zusteht, was sie haben oder tun müssen, um glücklich zu sein. Sie haben ganz aus den Augen verloren, dass Gott über ihnen steht und ihre Geschicke lenkt. Sie haben sich nicht dazu entschlossen, das Leben fröhlich zu akzeptieren, in welcher Form es auch kommen mag. – S. C. Ferguson und E. A. Allen

Liest du gern im Lexikon? Ich schon. Nicht, dass ich die ganze Zeit darin lese, aber wenn ich darin lese, bin ich jedes Mal fasziniert. Als ich hörte, dass mein Freund Tom die mit X beginnenden Wörter im Lexikon las, warf ich selbst einen Blick hinein und in meinem nächsten Brief an ihn verwendete ich dann neue Wörter wie Xyster und Xanthogene.

Als ich später bei den Vs herumblätterte, stieß ich auf das Wort „Versagen", welches bedeutet „das Geforderte nicht tun ... an etwas scheitern ... enttäuschen ... versäumen, Unterstützung zu geben". Versagen bedeutet auch enttäuschen, und in der folgenden wahren Begebenheit geht es um einen Vater, der alles das getan hat. Er hat versagt und enttäuscht. Doch durch das alles hatte Gott zu ihm gesprochen.

Das Datum ist nicht schwer zu merken, es war der 13. Juli 1979. Meine Frau war bereits zehn Monate schwanger. Es muss wohl Fehler bei der Berechnung des richtigen

Geburtstermines gegeben haben und so waren alle am Rätseln, wann das Kind wohl zur Welt kommen würde. Einen ganzen Monat lang saßen wir zu Hause und warteten. Schließlich hatten wir die Nase voll vom Warten und entschlossen uns, einen Ausflug zu machen. Unser Ziel lag etwa 160 km von der Stadt entfernt, aber das war uns einerlei.

Wir besaßen nur ein älteres Fahrzeug und ein Zelt, darum bestanden meine Schwiegereltern darauf, dass wir stattdessen ihren Pickup und Wohnwagen nahmen. Wir luden alles auf, was wir uns vorstellen konnten und fuhren glücklich in den Urlaub.

Unser Weg schlängelte sich entlang des Flusses Willamette. Bei den Wasserfällen von Salt Creek ging die Straße dann extrem steil hinauf. Unser Motor begann auf einmal seltsame Geräusche von sich zu geben. Wahhuum, wahhuum, wahuum. Sobald es eine Möglichkeit dazu gab, lenkte ich das Fahzeug an den Straßenrand und stellte den Motor ab. Ich wusste nicht, was ich tun sollte.

Ich schaute unter die Motorhaube, kontrollierte ein paar Stecker und schaute nach, ob ich irgendetwas Verdächtiges entdecken konnte. Das war auch schon die Grenze meiner technischen Fähigkeiten. Es half alles nichts. Wir warteten eine halbe Stunde und ließen den Motor abkühlen. Als wir versuchten weiterzufahren, torkelte der Wagen mit denselben gurgelnden Tönen weiter.

Diesmal fanden wir einen großen und geräumigen Parkplatz. Ich stellte den Motor ab und ließ mich in der Entmutigung versinken.

Meine junge Frau hielt unsere 18 Monate alte Tochter auf dem Arm und suchte bei mir nach Hoffnung und Kraft. Doch statt ihre Bedürfnisse zu stillen, stürzte ihr Held in sich zusammen. Ich legte alle Waffen ab und verkündigte die Niederlage: „Ich weiß nicht, was du jetzt machen willst, aber ich gehe schlafen."

Ein Wohnwagen hinterm Auto ist gerade das richtige Teil für einen faulen Angsthasen. Man kann ihn fast überall mitschleppen und wenn es zu brenzlig wird, kann man sich darin zum Schlafen verkriechen. So kann man besser die Augen vor der Wirklichkeit verschließen, wenn diese zu unangenehm wird. Ein solches Vorrecht hatte ich nie zuvor genossen.

Ich ließ meine Frau mit unserem Krabbelkind allein und kletterte in die obere Schlafnische. Versagt! „Das Geforderte nicht tun ... an etwas scheitern ... enttäuschen ... versäumen, Unterstützung zu geben." Das traf alles auf mich zu.

Mein Gewissen ließ mich nicht schlafen. Ich hörte auf, mich über den Wagen zu ärgern und war nun von mir selbst angewidert. Doch ich lag noch immer da und starrte die Decke an.

Ich weiß nicht mehr, wie lange ich so im Selbstmitleid versunken dalag, als ich draußen ein Geräusch hörte, das mich aufspringen ließ. Wahhuum, wahhuum, wahuum. Der Wagen, der gerade neben uns parkte, machte dieselben Geräusche wie unser Motor. Ich sprang aus dem Wohnwagen, und der Fahrer des anderen Fahrzeugs kam aus der Fahrertür nach draußen. Er öffnete die Motorhaube und während wir beide unsere Nasen unter dieselbe steckten, erklärte er: „Das passiert jedes Mal, wenn ich hier hoch komme. Das ist das Luft-Kraftstoff-Gemisch im Vergaser."

Ich schaute ihm zu, wie er einige Schrauben unter dem Luftfilter einstellte. Dann ließ er die Motorhaube herunter, setzte sich in den Wagen und fuhr davon.

Nun war ich an der Reihe. Ich riss die Motorhaube des Fahrzeugs in die Höhe. Es war genau derselbe Motor! Das Bewusstsein der Güte Gottes angesichts meiner Torheit ließ mich erschaudern. Ich fühlte mich ganz klein. Demütig zog ich die Schrauben fest. Wir setzten uns auf unsere Sitze und fuhren ohne Probleme über den Pass. Der Motor machte uns den Rest der Reise keine Probleme mehr.

Mein Verhalten war ganz offensichtlich NICHT die Art und Weise, wie ein weiser Mensch Probleme in Angriff nimmt. Der Trottel in dieser Geschichte hatte versagt, enttäuscht, Frau und Kind vernachlässigt. Er hatte nicht einmal daran gedacht, Gott um Hilfe zu rufen. Meinst du nicht, dass er eine Strafe verdient hätte? Oder zumindest eine ernste Zurechtweisung?

War es das, was Gott ihm gab? Nein. Er schickte ihm einen Mitreisenden, der ein Engel gewesen sein könnte, um dem Versager zu zeigen, wie er seinen Motor wieder richtig einstellen konnte. Statt zu schimpfen und zu tadeln half er ihm, das Problem zu lösen!

Ich weiß, dass du gern weise sein möchtest. Du willst mutig und siegreich durchs Leben gehen, voller Glauben und Zuversicht. Und doch wird es Zeiten geben, da du versagen wirst. In solchen Zeiten musst du wissen, dass, selbst wenn du Gott vergessen hast, er dich doch niemals vergisst.

Gott ist nicht ein fernes Wesen, zu dem wir unseren Weg bahnen müssen. Es sind nicht nur die begabtesten, entschlossensten und selbstdiszipliniertesten Menschen, die sich an ihm erfreuen dürfen. Im Gegenteil, am meisten erfreuen sich diejenigen an Gott, die trotz ihres eigenen Versagens glauben, dass Gott an ihnen interessiert ist und es immer bleiben wird. Natürlich hat unser törichtes Verhalten Folgen für unser Leben, und diese Folgen können sehr ernst und schmerzhaft sein. Dennoch gilt: Christus starb für uns am Kreuz, als wir noch Sünder waren. Während wir noch mitten im Versagen stecken, wie ich damals am Straßenrand, setzt Gott bereits seine Hebel in Bewegung, um unsere Rettung herbeizuführen. Seine Herangehensweise an das Versagen ist anders als die unsere.

Wenn dir in deinem Ärger wütende Worte entglitten sind, wenn du in deinem Zorn etwas Törichtes getan oder deine Pflichten vernachlässigt hast, kannst du dann noch die Tatsache akzeptieren, dass Gott immer noch darauf bedacht ist, für dich etwas Gutes vorzubereiten und es dir in den Weg zu stellen? Wenn du das kannst, so hast du Glauben an die Güte Gottes.

Ich rede nicht von Menschen, die ihr Gewissen versengt haben, die nur für ihren eigenen Genuss leben und denken, dass Gott am Ende alle Menschen annimmt, ganz gleich wie sie gelebt haben. Ich beziehe mich auf Männer wie der Apostel Petrus einer war, der für seinen Herrn sterben wollte und doch kläglich versagte und ihn drei Mal verleugnete, ehe der Hahn krähte. Petrus fühlte die Schwere seines Versagens und weinte bitterlich. Er hatte versagt – was sollte er nun tun? Sein Glaube brachte ihn dazu, bei der ersten Gelegenheit Buße zu tun und umzukehren. Auch nach seinem Versagen glaubte er doch, dass Jesus immer noch an seiner Seite war.

Jesus war nicht schockiert oder enttäuscht, als Petrus ihn verleugnete. Er wusste ja bereits vorher, dass Petrus und auch die anderen Jünger ihn verleugnen würden. Wie ging er mit dieser Gruppe von Versagern um? Nach seinem Tod und nach seiner Auferstehung traf Jesus an seinem Grab Maria und forderte sie auf, zu den Jüngern hinzugehen und sie zu ermutigen. Er wanderte mit zwei von ihnen nach Emmaus und erwärmte ihre Herzen. Er brachte Frieden in einen Raum, in dem zehn von ihnen sich ängstlich zusammendrängten. Er bereitete am Ufer das Frühstück vor und lud sie ein, es mit ihm zu teilen. Jesus gab ihnen Trost, Ermutigung und Nahrung; ihnen, die erst vor wenigen Tagen leugneten, ihn überhaupt zu kennen. Er ist auch heute derselbe; denke nur daran, was er für mich in jener Nacht am Straßenrand getan hat.

Wenn du versagt hast, schaue zu ihm hinauf. Sicherlich ist er bereits auf dem Weg, dir zu helfen. Nur weil du versagt hast, weil du das Geforderte nicht getan hast, weil du an etwas gescheitert bist, brauchst du doch nicht Gott zu beleidigen, indem du von ihm erwartest, dass er sich genauso benimmt wie du. Ehre ihn, indem du darauf vertraust, dass, während wir versagen, er bereits für unsere Rettung sorgt.

> **„Oder verachtest du den Reichtum seiner Güte, Geduld und Langmut, und erkennst nicht, dass dich Gottes Güte zur Buße leitet?"** (Römer 2,4)

FRAGEN:

- Was bedeutet „Versagen"?

- Worin bestand mein Versagen auf jener Reise?

- Was tat Gott, während ich versagte?

- Wie versagte Petrus?

- Wir reagierte Jesus auf das Versagen von Petrus?

- Wie sollten wir reagieren, wenn ein Mensch uns enttäuscht und an uns schuldig wird? Warum?

P.S.: Vielleicht fragst du dich, wie die Geschichte wei-
terging. Wir kamen um elf Uhr abends an unserem Zielort
an. Die Fahrt zu dem zweieinhalb Stunden entfernten Ort
dauerte sechs Stunden, weil ich einmal falsch abgebogen
bin. Am Morgen setzten bei meiner Frau die Wehen ein –
alle fünf Minuten eine. Wir haben es gerade noch rechtzeitig zurück in die Stadt geschafft, wo am 14. Juli 1979 unsere
zweite Tochter geboren wurde.

Kapitel 13: Die fröhlichen Balken

> Was unsere Zeit am dringendsten braucht, ist eine lebendige und freudevolle Gemeinde ... unglückliche Christen sind, um es milde auszudrücken, eine schlechte Werbung für den christlichen Glauben. – Martyn Lloyd-Jones

Bevor ich morgens in den Tag gehe, lese ich liebend gern in der Bibel. Ich suche darin nach einem Stück Weisheit, das ich durch alle Ereignisse des Tages, seien sie vorsehbar oder überraschend, bei mir behalten kann. Oft wird diese morgendliche Lektion zu einer Gabe, mit der ich im Laufe des Tages jemanden ermutigen kann, der mir begegnet. Mein Freund Bill Watkins ist für mich ein großes Vorbild darin. Ganz gleich wo oder wann ich ihn treffe, er hat immer einen Bibelvers oder einen Gedanken parat, um mich während des Gesprächs an geeigneter Stelle zu ermutigen. Er hat etwas zum Geben, weil er biblische Weisheit durch das tägliche Lesen der Bibel und die Erfahrungen mit Gott angesammelt hat.

Das Leben ist ein aufregendes Klassenzimmer, wo Gott mein faszinierender Lehrer ist. Wenn ich morgens in seinem Wort lese, schenkt er mir gewöhnlich eine Einsicht oder einen Gedanken. Im Laufe des Tages stellt er mir dann Umstände in den Weg, um mir beizubringen, was dieser Gedanke mit meinem Leben zu tun hat. Wenn ich aufmerksam gewesen bin, habe ich bis zum Ende des Tages etwas mehr davon verstanden, wie das Leben funktioniert und vor allem eine größere Achtung vor dem Einen, der es geschaffen hat. Einen solchen Tag kann man nicht ohne ein gewisses Glücksgefühl hinter sich bringen.

Häufig dauert eine solche Lektion nicht nur einen Tag, sondern wird auch am nächsten fortgesetzt und erstreckt sich über eine oder zwei Wochen. Der Gedanke weitet sich aus auf neue Gebiete, verwandte Gedanken oder Verse. Um die Lektion zu festigen, versuche ich, sie in einem Tagebuch oder in einem Brief an einen Freund niederzuschreiben. Wenn du damit beginnst, solange du noch jung bist, und es fortsetzt bis du alt wirst, wirst du eine Menge guter Geschichten über die Größe Gottes und seiner Schöpfung zu erzählen haben.

Hier ist die Lektion aus dieser Woche. Am Montagmorgen las ich in Hebräer 3,3-4: „Denn [Jesus Christus] ist größerer Ehre wertgeachtet worden als Mose, wie ja doch der, welcher ein Haus gebaut hat, mehr Ehre hat als das Haus selbst. Denn jedes Haus wird von jemand gebaut; der aber alles gebaut hat, ist Gott."

Da ich gerade damit beschäftigt bin, die Wände eines Hauses zu errichten, wurde ich auf diesen Abschnitt sehr aufmerksam. Ich nahm den Gedanken mit und dachte darüber nach, während wir die Holzkonstruktion der Zwischenwände bauten. An diesem Tag wollte Davey, der achtjährige Sohn des Bauherrn und ein Mitglied meiner Baubrigade, nicht ein glücklicher Arbeiter, sondern lieber der Chef sein. Er hätte das nie gesagt, dass er gern der Chef sein wollte, aber durch sein Verhalten gab er zu verstehen, dass er erst glücklich sein würde, wenn alles nach seiner Nase ginge. Welche Aufgabe ich ihm auch gab, er reagierte immer nur mit viel Gejammer und wenig Bewegung.

Als ich den Jungen so betrachtete, dämmerte es mir: Das war ein lebendiges Bild der Verse, die ich am Morgen gelesen hatte. Ich hielt Ausschau nach der gesamten Lektion.

Beim Hausbau verwenden wir Holzbalken, etwa fünf Zentimeter dick und zehn Zentimeter breit. Diese Balken werden alle auf dieselbe Länge zugeschnitten und dann senkrecht zwischen Fußboden und Decke eingebaut. Der Abstand zwischen diesen Ständern, wie wir sie nennen, beträgt etwa 40 Zentimeter, natürlich außer wenn eine Tür oder ein Fenster dazwischen eingebaut werden sollen. Von außen werden diese Ständer dann mit Sperrholz und von innen mit Gipskartonplatten verkleidet.

Auch Gott baut ein Haus und gebraucht uns als Ständer. Er sucht sich selbst aus, in welche Wand er uns einbauen möchte. Ein Bauteil in Gottes Haus zu sein, wenn auch nur ein kleines, ist ein großes Vorrecht. Dennoch jammern wir oft und beklagen uns, genau wie Davey, weil wir nicht dort stehen, wo wir gern würden.

Die meisten von uns wünschen sich einen wichtigen Platz, zum Beispiel neben der Eingangstür, wo alle unsere Größe bewundern können. Die Mutter von Jakobus und Johannes wollte ihren Söhnen solche Posten im Reich Gottes verschaffen und bat Jesus (Mt. 20,21.23): „Sprich, dass diese meine beiden Söhne einer zu deiner Rechten, der andere zur Linken sitzen sollen in deinem Reich!" Doch der Herr erwiderte ihr: „... das Sitzen zu meiner Rechten und zu meiner Linken zu verleihen, steht nicht mir zu, sondern es wird denen zuteil, denen es von meinem Vater bereitet ist."

Gott hat einen Platz in diesem und in jenem Leben, den er für jeden von uns vorgesehen hat. Er will uns an dem Platz befestigen, wo wir am meisten zu seiner Verherrlichung beitragen können. Wir sollten uns damit abfinden, dass wir nicht der Mittelpunkt des Universums sind. Das Leben dreht sich nun mal nicht um uns. Statt zu versuchen etwas Besonderes und Außergewöhnliches für Gott zu sein, wären wir besser dran, und vor allem viel glücklicher, wenn wir einfach den Platz genießen würden, an den er uns hingestellt hat. Du kennst vielleicht schon dieses Lied: „Christen sollen leuchten in der dunklen Welt, jedes an dem Plätzchen, wohin Gott es stellt!"

Stell dir mal vor, du kommst in ein riesiges Haus mit zwei Millionen Ständern. Angenommen, diese Balken könnten reden und alle, bis auf zwei oder drei, würden sich andauernd beschweren über den Platz, an den Gott sie hingestellt hat. „Ich mag es hier nicht! Ich würde lieber am Fenster stehen! Ich möchte lieber näher bei ihm sein! Stell mich doch nicht hierher! Das ist ungerecht; das Zedernbrett darf über dem Kamin hängen..." Was wäre das für ein widerlicher Lärm! Wenn du der Hausbauer wärst, würdest du es lieber einreißen und von Neuem beginnen wollen.

Etwa so ging es Gott, als er das Volk Israel aus der Sklaverei in Ägypten in das verheißene Land führte. Fast jeder in diesem etwa zwei Millionen Menschen zählenden Volk klagte und beschwerte sich über das, was Gott tat und über die Orte, an die er sie führte.

Was tat Gott dann? Er öffnete die Erde und ließ einige Tausend darin verschwinden. Er sandte Schlangen unter sie, die sie bissen und strafte Mirjam mit Aussatz. Er ließ sie umherwandern, bis die Meckerer ausstarben. Die wenigen, die nicht murrten, rettete er für sein zukünftiges Haus, in dem es kein Klagen geben sollte.

Doch das Volk Gottes hat seit den Tagen Moses nicht

aufgehört zu klagen. William Law schrieb im Jahr 1730 über die Christenheit seiner Zeit: „Muss ein Mensch, um seine Seele für die Gnade Gottes unempfänglich zu machen, mehr tun, als habsüchtig und ehrgeizig sein? Doch wie kann ein Mensch dieser Gemütsart entsagen, ohne dem Geist und der Gemütsart der [christlichen] Welt zu entsagen, in der wir heute leben?"[1]

Wer Ehre für sich haben möchte, muss sie bei Gott stehlen. Du erinnerst dich sicher noch an den Vers: „... wie ja doch der, welcher ein Haus gebaut hat, mehr Ehre hat als das Haus selbst." Es wäre töricht von den Holzbalken, wenn sie schreien würden: „Gib mir die Ehre! Ehre mich! Ich bin wichtiger als der Erbauer dieses Hauses!" Ebenso ist es auch töricht von uns, in Gottes Haus nach Ehre zu streben.

Wie würde es sein, wenn du in ein Haus kommst, in dem es Millionen von Ständern gibt, die alle froh und zufrieden an ihrem Platz stehen. Wenn sie reden könnten, würdest du etwa folgende Worte hören: „Danke, Herr, dass du mich an diesem Platz festgenagelt hast! Du bist der beste Baumeister! Danke, dass ich ein Teil deines großen Projekts sein darf!" Würdest du nicht gern in einem solchen Haus leben wollen? Das ist der Weg, um einen guten Baumeister zu ehren.

Nach einigen Gesprächen begriff Davey die Botschaft von Hebräer 3,3-4, die lautete: Sei ein fröhlicher Balken im Haus Gottes, wo auch immer er dich festgenagelt hat. Er ging nun von Zimmer zu Zimmer und malte mit seinem Zimmermannsbleistift auf jeden Balken und jedes Brett ein fröhliches Gesicht. Er gehorchte meinen Anweisungen und die ganze Baubrigade war froh darüber.

Das Leben bietet *dem* Menschen Freude, der zufrieden an dem Platz bleibt, an den Gott ihn festgenagelt hat. Er hat für dich einen Zeitraum in der Geschichte ausgesucht, ebenso deinen Geburtsort, deine Eltern, deine Geschwis-

---

1   William Law, *Wholly for God*, edited by Andrew Murray (Minneapolis: Bethany House Publishers, 1976)

ter, dein Geschlecht und sogar den Tag deines Todes. Wenn du darüber klagst und dich weigerst, Gott für diese unwiderruflichen Bestandteile deines Lebens zu danken, bist du wie der jammernde Holzbalken, der meint, er wäre klüger als der Baumeister des Hauses. Du bist nicht nur töricht, du rebellierst!

Gott baut sich ein fröhliches Haus, in dem es keine Meckerer geben wird. Dein Platz heute ist gerade dort, wo Gott dich hingestellt hat. Wenn du an diesem Platz nicht glücklich sein kannst, wirst du auch an einem anderen Ort nicht glücklich werden. Echte Zufriedenheit kommt von innen her und nicht aus deinen Umständen heraus. Gib dich zufrieden mit deinem Platz, höre auf zu klagen und bleibe fröhlich an dem Platz und an der Aufgabe, die Gott dir in seinem Haus bereits gegeben hat.

Das war die heutige Lektion. Ich bin schon gespannt, welche Lektion mir der Bibelvers von morgen vermitteln wird und durch welche Erfahrungen Gott ihn mir lebendig werden lässt.

> **„Christus aber war treu als Sohn über sein eigenes Haus; und sein Haus sind wir, wenn wir die Zuversicht und das Rühmen der Hoffnung bis zum Ende standhaft festhalten."**
> (Hebräer 3,6)

FRAGEN:

- Was mag ich besonders an Bill Watkins?

- Was war Daveys Problem?

- Wodurch wurde sichtbar, dass er das Problem überwunden hatte?

- Nenne einige unveränderliche Bestandteile deines Lebens.

- Wenn du Ehre für dich selbst suchst, von wem muss du sie dann stehlen? Warum?

Kapitel 14: Eichhörnchen-Glück

> Bewunderst du Aquila und Priscilla, Paulus' „Helfer in Christus", die so gut mit der Heiligen Schrift vertraut waren, dass sie den jungen Diener Apollos im Weg Gottes „genauer" unterweisen konnten? Du wirst feststellen, dass einer der Gründe dafür, dass sie mit der Schrift so vertraut waren, darin liegt, dass sie eine „Gemeinde in ihrem Hause" hatten. Es gilt zweifellos für geistliche wie für materielle Dinge, dass wer „für die Seinen, besonders für seine Hausgenossen, nicht sorgt, so hat er den Glauben verleugnet und ist schlimmer als ein Ungläubiger." – J. W. Alexander, *Thoughts on Family Worship*

Hast du dich schon mal wie ein Eichhörnchen gefühlt? So nennen wir es, wenn wir von der Freude sprechen, die wir empfinden, wenn die Früchte unseres Gartens geerntet und in Konservengläsern, in der Kühltruhe oder in den Holzregalen verstaut sind. Wenn ein Mensch die Gaben einer bestimmten Jahreszeit gut genutzt und sich Vorräte gesammelt hat, die ihm das Leben in der nächsten Jahreszeit angenehmer machen werden, erlebt er das Gefühl eines „glücklichen Eichhörnchens".

Das Gefühl stellt sich ein, wenn das letzte Huhn geschlachtet, entfedert und ausgenommen in einem Gefrierbeutel in der Kühltruhe verschwindet und der Deckel der Kühltruhe zuknallt. Dein Körper ist müde. Du bist froh, die Arbeit hinter dir zu haben. Du empfindest ein Gefühl des Sieges, du bist der Überwinder, du hast die Herausforderung bewältigt. Und was noch mehr zählt – im Geiste siehst du schon ein gebackenes Huhn an einem regnerischen Novemberabend.

Dieses Eichhörnchen-Glück empfinde ich, wenn ich den Obstgarten abgeerntet habe, wenn die Zwiebeln verflochten und zum Trocknen aufgehängt sind, oder wenn ich von einem Vorratseinkauf nach Hause komme. Aber den Gipfel dieses Gefühls erreiche ich, wenn ich mit meinem Freund Will von der Tagesreise zu den Klamath Fällen zurückkomme und eine Ladung Kartoffeln nach

Hause bringe, die für meine Familie ein ganzes Jahr lang reicht.

Solche Ernteglücksgefühle haben ihren Preis. Taube Finger vom Hantieren mit gefrorenen Fischen und penetranter Geruch aus dem Schnellkochtopf gehören nun mal zum Einkochen von Thunfischkonserven dazu. Das Pflücken von Brombeeren ist meistens eine heiße und stachelige Angelegenheit. Wer Einlegegurken oder Tomaten pflückt, kann davon Muskelkater im Rücken bekommen. Und dennoch, wenn der Tag vorbei ist, weiß man: Es hat sich gelohnt! Dieses Eichhörnchen-Glücksgefühl bringt dich zum Lächeln.

Viele Menschen kennen nicht das Vorrecht, sich wie ein Eichhörnchen zu fühlen, das genug Nüsse für den Winter gesammelt hat. Viele arbeiten, verdienen Geld und kaufen gerade so viel, wie sie für einen Tag oder für eine Woche brauchen. Ihnen fehlt das Gefühl für die jahreszeitbedingte Vorratshaltung. Konserven werden in der Fabrik für sie hergestellt und im Laden verkauft. Das Fischen erledigt eine Fischereigesellschaft und bringt die Fische an die Theke. Die Lebenserfahrung wird oft reduziert auf die 40-Stunden-Woche, die Auszahlung des Gehalts und das Ausgeben des Geldes an andere, die für einen selbst die Vorräte sammeln.

Wenn das ganze Geld, das du verdienst, am Ende draufgeht für etwas, was du im letzten Jahr auf Kredit gekauft hast, schwindet die Freude an der Arbeit beträchtlich. Es ist ein großer Unterschied, ob man arbeitet, um eine Schuld aus der Vergangenheit abzubezahlen, oder ob man für ein Ziel in der Zukunft spart. Im ersten Fall bist du ein Sklave, denn du bist gezwungen zu arbeiten. Im zweiten Fall bist du ein freier Mann, der sich entschieden hat zu arbeiten, um sich auf etwas vorzubereiten.

Mit der richtigen Perspektive kann also sogar ein alltäglicher Job in einer Fabrik zu einer Eichhörnchen-Glückserfahrung führen, wenn man gezielt für die Zukunft sammelt. Harte Arbeit und Sparsamkeit ermöglichen einem Menschen, für bevorstehende Bedürfnisse Vorsorge zu treffen.

Larry ist ein gewöhnlicher Arbeiter, doch er nimmt sich Zeit für große Eichhörnchen-Abenteuer. Im Urlaub fuhr Larry mit einigen Verwandten an die Pazifikküste des Oregon, um dort zu zelten und zu fischen. Nachdem sie ihren Fang eingebracht hatten, stellten sie die Schnellkochtöpfe über das Feuer der Propangas-Brenner und konservierten die Fische noch an Ort und Stelle. Sie hatten nicht nur ihren Urlaub an einer wunderschönen Küste zugebracht, sie kamen mit einem Jahresvorrat an Fischkonserven nach Hause.

Als unsere Nachbarin Mrs. Nelson noch ein junges Mädchen war, fuhr sie jeden Herbst mit ihrer Familie mit einem Pferdewagen zum Fluss McKenzie. Sie zelteten eine Woche am Fluss, sammelten Beeren und machten Marmelade, Gelee und Tortenguss über dem offenen Feuer.

Heutzutage verbringt man seinen Urlaub meistens lieber mit Wasserski-Laufen oder man fährt mit einem Quad über die Dünen am Meer. Doch wenn du echten Lebensgenuss erleben willst, probier es mit einem Eichhörnchen-Trip, sammle Vorräte. Wenn du dann nach einem solchen Wochenende nach Hause kommst, hast du nicht nur eine schöne Zeit in der Natur mit deinen Lieben verbracht, sondern hast dazu auch noch nützliche Vorräte für den nächsten Winter heimgebracht.

Der Sinn der Vorratshaltung besteht nicht darin, sich viele Vorräte anzuhäufen. Das Ziel ist, sich in einer Zeit, in der es möglich ist, genügend Vorräte an die Seite zu legen für die Zeit, in der diese Dinge nicht mehr verfügbar sein werden. Und nicht nur genug für sich selbst, sondern auch genug, um anderen etwas davon abzugeben. Paulus schreibt an die Christen in Ephesus (Epheser 4,28): „Wer gestohlen hat, der stehle nicht mehr, sondern bemühe sich vielmehr, mit den Händen etwas Gutes zu erarbeiten, damit er dem Bedürftigen etwas zu geben habe." Und auch wenn wir noch nie gestohlen haben, ist es dennoch gut, sich „mit den Händen" etwas zu erarbeiten, um „dem Bedürftigen etwas zu geben" zu haben.

Als unsere Mädchen noch klein waren, fanden wir einen verlassenen Garten mit italienischen Pflaumen. Nachdem wir die Erlaubnis dazu eingeholt hatten, sammelten wir fast 200 Liter Pflaumen. Wir hatten genug um sie einzukochen, zu trocknen, sie frisch zu essen und zu verschenken. Monate später hatten wir noch taschenweise Pflaumen, um sie zu Ausflügen mitzunehmen und mit Freunden zu teilen. Diese Familienausflüge zur Pflaumenernte und das Eichhörnchen-Glücksgefühl sind großartige gemeinsame Erinnerungen.

Als junger Mensch hast du vielleicht nicht so viel Geld, dass du zu Hause helfen könntest und vielleicht hast du im Sommer Langeweile. Das ist die beste Zeit, sich nach Möglichkeiten umzusehen. Gibt es einen Apfelbaum, den niemand abernten möchte? Wachsen irgendwo Beeren am Straßenrand, die niemandem gehören? Vielleicht hat jemand zu viel Gemüse im Garten und die grünen Bohnen kommen ihrem Besitzer aus den Ohren? All das sind Gottes Geschenke an dich, ebenso wie die Nüsse für fleißige Eichhörnchen. Es sind Möglichkeiten, die Ernte zu sammeln und einzulagern. Konservieren, Einfrieren, Trocknen und Räuchern sind faszinierende Fertigkeiten, die viele Menschen nie erlernt haben.

Weißt du, wie man Nahrung erntet, kocht, haltbar macht? Ich rede nicht davon, wie man Nahrung im Supermarkt kauft und in die Mikrowelle schiebt. Zu den schönsten Lebenserinnerungen gehören Momente, in denen man gemeinsam mit Familie oder Freunden Nahrung geerntet, zubereitet und gegessen hat. Ein Mensch, der diese Fertigkeiten beherrscht, ist eine große Bereicherung für jede Gruppe. Seine Mühe macht viele Menschen froh, nicht zuletzt ihn selbst.

Gott hat den Menschen so geschaffen, dass er Zufriedenheit empfindet, wenn er für die elementaren Lebensbedürfnisse, wie die Versorgung mit Nahrung, arbeitet. Ein Mensch, der das Sammeln der Vorräte als Vorrecht betrachtet statt als eine Last, wird dieses Eichhörnchen-Glücksgefühl erleben, während er die Gaben Gottes für seine Familie, und um anderen etwas schenken zu können, einsammelt.

> „Der Herr aber sprach: Wer ist wohl der treue und kluge Haushalter, den der Herr über seine Dienerschaft setzen wird, damit er ihnen zur rechten Zeit die verordnete Speise gibt? Glückselig ist jener Knecht, den sein Herr, wenn er kommt, bei solchem Tun finden wird! Wahrlich, ich sage euch: Er wird ihn über alle seine Güter setzen."
> (Lukas 12,42-44)

FRAGEN:

- Warum sammeln Eichhörnchen Nüsse und legen sich Vorräte an?

- Wovon legen sich Menschen Vorräte an?

- Sollten Menschen nur so viele Vorräte anlegen, dass es für sie selbst reicht?

- Warum fühlt ein Mann sich glücklich, wenn er seinen Holzschuppen mit Brennholz aufgefüllt hat?

P.S. Heute Abend habe ich eine Verabredung mit meiner Frau: Wir gehen zum Brombeerenpflücken zum Stausee.

Kapitel 15: Schon wieder ein Test?

Ein Einstellungstest ist wie ein Arztbesuch. Er macht dich total verrückt, aber wenn du ihn hinter dir hast, war er gar nicht so schlimm, und am Ende diente er nur zum Besten.

Nach einem Jahr des Studiums steht meine Tochter heute vor dem nationalen Prüfungsausschuss für Rechtsanwälte. „Bist du nervös?", fragte ich sie.

„Ich bin nicht nervös", sagte sie. „Ich bin aufgeregt."

„Magst du Prüfungen?"

Sie lächelte und nickte.

Seitdem sie sieben waren, legten unsere Kinder bis zum Ende der Schulzeit jedes Jahr einen schulischen Leistungstest ab. Vor jeder Prüfung munterte ich sie auf: „Es macht mir nichts, wenn du beim Test durchfällst. Das wichtigste ist, dass du eine gute Zeit hast. Geh und genieße es."

Ein korrekter Test offenbart die Wahrheit. Ich hatte keine Angst vor der Wahrheit, die der schulische Leistungstest über unsere Töchter aufdecken würde. Auch wollte ich nicht, dass sie Angst hatten. Ein niedriger Punktestand bedeutete, dass sie entweder in einem bestimmten Fach mehr lernen mussten, oder dass sie lernen mussten, wie man eine Prüfung schreibt. Die Ergebnisse waren nicht wichtig, wichtig war mir, dass sie mit Freude an die Sache herangingen. Das Leben bringt uns eine Prüfung nach der anderen; wer keine Prüfungen mag, wird auch das Leben nicht genießen können.

Machen wir mal ein kleines Mathe-Quiz. Rechne die folgenden Aufgaben im Kopf: Multipliziere 40 mit 25, teile 36 durch 4, addiere 3/16 zu 7/8. Hat das Wort „Quiz" dich nervös gemacht? Bist du verlegen wegen deiner mathematischen Fähigkeiten? Oder kennst du die Antwort, sobald du die Frage hörst? Wenn du ein solches Quiz mitmachst, entdeckst du, wenn du es nicht bereits vorher wusstest, wie gut du rechnen kannst und welche Haltung du zu Prüfungen einnimmst. Der Test offenbart die Wahrheit über dich.

Christen behaupten, die Wahrheit zu lieben. Es ist nicht schwer, die Wahrheit über die eigenen mathematischen Fähigkeiten zu lieben, wenn man Aufgaben wie diese in Sekundenschnelle lösen kann. Aber wenn nicht? Wie fühlst du dich dann? Wie kannst du die Wahrheit lieben, wie kannst du Prüfungen lieben, die deine Unwissenheit oder deine Fehler ans Licht bringen? Die Antwort auf diese Frage würde dir Stunden der Sorge ersparen und helfen, jede Prüfung als eine Herausforderung freudig und gekonnt anzugehen.

Wie kannst du Prüfungen lieben, die deine Schwächen ans Licht bringen? Die Antwort ist einfach: Lerne, die Wahrheit zu lieben. Liebe die Wahrheit, ganz gleich, wie sie dich dastehen lässt. Liebe sie unabhängig davon, welche Folgen sie für dich hat. Du wirst Befreiung erleben, wenn du lernst, die Wahrheit zu lieben.

Ein Freund von mir besitzt ein Segelboot. Vor Jahren fürchtete er sich davor, dass sein Boot umkippen könnte und fragte sich, ob er in der Lage sein würde, es wieder aufzurichten. Ein stürmischer Tag stellte seine Fähigkeiten auf die Probe. Der Wind warf sein Boot fünfzehn Mal um! Durch diese demütigende Erfahrung weiß er nun: Es ist nicht schwer, das Boot wieder aufzurichten. Er hat keine Angst mehr davor. Die Prüfung zeigte ihm die Wahrheit und die Wahrheit befreite ihn von der Angst.

Danny legt morgen seine Führerscheinprüfung ab. Wenn er durchfällt, so zeigt es, dass er nicht fahren kann. Wenn er nicht fahren kann, wird er die Arbeitsstelle nicht bekommen, die er gern haben möchte. Diese Zukunftsaussichten auf ein mögliches Versagen während der Prüfung machen ihn nervös. Wenn wir uns mehr Gedanken über unsere Pläne und Umstände machen als über die Wahrheit, werden wir schnell ängstlich und gestresst. Wenn Danny die Wahrheit lieben würde, würde er sich auf die Prüfung morgen freuen. Nach der Prüfung wird er wissen, ob er noch mehr Übung braucht, oder ob er schon allein mit dem Auto auf die Straße darf.

Ein Liebhaber der Wahrheit heißt Prüfungen willkommen und akzeptiert die Ergebnisse. Der Stolz versucht beides zu vermeiden, die Prüfungen und die Wahrheit. Der Stolz wird lieber lügen, um besonders gut dazustehen als der Wirklichkeit zu begegnen und seine Durchschnittlichkeit oder Wissenslücke einzugestehen. Wenn die Liebe zur Wahrheit dich befreit, freust du dich auf Prüfungen, auch wenn sie deine Wissenslücken offenbaren. Offene Unwissenheit ist besser, als verborgene Unwissenheit, denn die offene Unwissenheit lässt sich leicht beseitigen, die verborgene aber lässt sich nicht ausräumen.

Lass mich das einmal erklären. Letzte Woche auf der Baustelle kam ein Arbeiter an und sagte: „Ich habe so etwas noch nie gemacht." Sofort erklärte ich ihm alles, was ich über die Aufgabe wusste, die er zu verrichten hatte. Ein anderer Arbeiter kam an und sagte, er wüsste, wie das geht. Mit dem schlechten Gefühl in meinem Inneren, dass er in Wirklichkeit keine Ahnung hatte, zog ich mich von ihm zurück, behielt meinen Rat für mich und wartete ab, bis die Prüfung der Arbeit die Wahrheit ans Licht bringen würde. Diese Prüfung ergab im Laufe des Tages, dass er zwar ein wenig von der Sache wusste, aber dass ihm mehr Wissen fehlte als er dachte. Am Nachmittag begann er seine Wissenslücken zuzugeben und bat um Hilfe. Sofort begann ich, ihn in die Arbeit einzuweisen.

Habe keine Angst davor, dass die Prüfungen des Lebens deine Unwissenheit aufdecken. Je früher du die Wahrheit erkennst und akzeptierst, desto früher wirst du an Wissen und Weisheit dazugewinnen.

Auch wenn die Prüfungen alle möglichen Arten der Wahrheit ans Licht bringen, sind die zwei wichtigsten Wahrheiten aller Lebensprüfungen folgende: Erstens, du brauchst Gott. Zweitens, Gott ist gerne bereit, für alle deine Bedürfnisse zu sorgen. Jede Prüfung, jeder Test, jede Schwierigkeit im Leben ist ein Freund, der dir die Wahrheit verkündet über dich und über Gott, über deine Nöte und über seine Kraft, ihnen Abhilfe zu schaffen.

Ich habe keine Angst davor, dass mir jemand etwas stehlen könnte, weil ich bereits einmal mein gesamtes Zimmermanns-Werkzeug durch Diebstahl verloren habe. In der Folgezeit durfte ich erleben, wie Gott das, was ein schlimmes Unglück zu sein schien, in zwei der glücklichsten Monate meines Lebens verwandelte. Ich arbeitete als Holzfäller, bis ich mir leisten konnte, neues Werkzeug zu kaufen.

Im Urlaub haben wir erlebt, wie Gott unser gestohlenes Auto auf wunderbare Weise wieder auftauchen ließ. Diebe hatten es vom Parkplatz unseres Motels gestohlen und die Polizei sagte, wir würden den Wagen nie wieder sehen. Doch wir bekamen ihn wieder, ehe wir ihn brauchten.

Ich mache mir keine Sorgen, dass mir die Nahrungsmittel ausgehen. Ich stand schon mal in der Küche und fand nicht einen Krümel zu essen. Nach einem erstaunlich genauen Zeitplan stillte Gott meine Not reichlich. Die Prüfung hatte ergeben, dass ich Nahrungsmittel benötigte und dass Gott mich damit versorgte.

Wenn du wüsstest, dass du durch den Verlust deines Werkzeugs oder deines Fahrzeugs, und dadurch, dass die Nahrungsmittel ausgehen, unvergessliche Erfahrungen der Fürsorge Gottes machen wirst und dass dein Gottvertrauen dadurch wächst, würdest du dir so etwas nicht sogar wünschen? Heute wirst du vielleicht ehrlich antworten: „Nein, ich würde mir so etwas trotzdem nicht wünschen." Dennoch hoffe ich, dass der Tag kommt, an dem dein Gottvertrauen und deine tiefe Sehnsucht, ihn zu erfahren, dir ermöglichen wird, dich schon zu Beginn solcher Prüfungen und auch mittendrin zu freuen.

Als Jakobus, der Bruder des Herrn Jesus, den Christen seiner Zeit ermutigende Worte schreiben wollte, war sein erster Rat (Jak. 1,2-3): „Meine Brüder, achtet es für lauter Freude, wenn ihr in mancherlei Anfechtungen (oder Prüfungen) geratet, da ihr ja wisst, dass die Bewährung eures Glaubens standhaftes Ausharren bewirkt." Er sagte nicht, dass sie sich verbissen durch die Prüfungen hindurch kämpfen mussten, um erst danach eine große Freude zu erleben. Sein Ratschlag war, sich zu freuen, während man noch mitten in der Anfechtung steckt. Noch bevor man etwas Gutes daran erkennen kann.

Solange du noch nicht gelernt hast, Anfechtungen als den Pfad zu höherer Erkenntnis Gottes und zu stärkerem Gottvertrauen zu erkennen, wirst du im Leben nur Ärger haben und nie zufrieden sein. Du wirst dich in die Klagen über Prüfungen verwickeln und nicht in der Lage sein, die Möglichkeit zu erkennen, die Wahrheit kennen zu lernen. Das Gejammer über Prüfungen bestätigt nur, dass du ganz von dir selbst eingenommen bist, und nicht von der Wahrheit.

Stell dir mal vor, du stehst in der Küche und siehst vor dir eine Dose mit schokoladenüberzogenen Mandeln. Du würdest gern etwas davon essen. Doch deine Mutter sagte dir: „Iss nicht vor dem Mittag davon, das ist für die Nachspeise." Es entsteht eine Spannung in deinem Inneren – du möchtest gern davon kosten, aber du sollst es nicht. Das ist ein Test, eine Prüfung. Die nächsten Momente werden die Wahrheit über dich ans Licht bringen. Bist du gehorsam und hältst du deine Begierden durch Gottes Gnade unter Kontrolle? Oder bist du ein Sklave verschiedener Lüste, süchtig nach Genuss? Die Frage ist nicht, ob du Schokomandeln isst oder nicht, sie sind nur ein Test. Die eigentliche Frage ist, wie dein Herz beschaffen ist.

Schokomandeln mögen für manche eine Herausforderung darstellen, doch verglichen mit den Versuchungen, die vielen Menschen heute begegnen, sind sie banal. Die Liste der Prüfungen scheint endlos zu sein: Böse Nachbarn, schlimme Verletzungen, das Angebot eine mitzurauchen, ein Todesfall in der Familie oder im Freundeskreis, Gelegenheit zum Diebstahl oder provozierende Geschwister. Alle diese verschiedenen Prüfungen sollen wir, wie Jakobus es sagt, für „lauter Freude" erachten, wenn sie uns begegnen. Der Test an sich ist nicht wichtig, wichtig ist, was der Test über dich und über Gott offenbart.

Während Gott uns prüft, mag er auch von uns auf die Probe gestellt werden. In Maleachi 3,10 fordert er das Volk Israel heraus, ihn auf die Probe zu stellen, damit die Wahrheit ans Licht kommt: „Bringt den Zehnten ganz in das Vorratshaus, damit Speise in meinem Haus sei, und prüft mich doch dadurch, spricht der HERR der Heerscharen, ob ich euch nicht die Fenster des Himmels öffnen und euch Segen in überreicher Fülle herabschütten werde!"

Der König David fordert uns in Psalm 34,9 heraus: „Schmeckt und seht, wie freundlich der HERR ist; wohl dem, der auf ihn traut!" Du musst dich nicht auf den Bericht Davids verlassen, nein, du sollst Gottes Freundlichkeit selber schmecken und sehen. Du kannst Gott auf die Probe stellen, er hat keine Angst vor der Wahrheit.

Jedes Mal, wenn du in der Bibel etwas lernst und beschließt, danach zu leben, stellst du Gott auf die Probe. Zum Beispiel lesen wir in Sprüche 22,29: „Siehst du jemand tüchtig in seinem Geschäft — bei Königen wird er im Dienst stehen; er wird nicht bei unbedeutenden Leuten dienen." Wenn du dich bemühst, in deinem Beruf die bestmögliche Arbeit zu leisten, wird dein Leben ein Test sein und die Wahrheit dieses Verses beweisen. Verlasse dich nicht auf die Erfahrungen irgendwelcher berühmten Gottesmänner, wenn es darum geht, Gott persönlich zu kennen und im Leben zu erfahren. Mache deine eigenen Erfahrungen „aus erster Hand". Teste sein Wort, indem du danach lebst.

Du kannst Gott nicht lieben, ohne ihn zu kennen. Du kannst ihn nicht kennen, ohne Erfahrungen mit ihm zu machen. Du kannst keine Erfahrungen mit ihm machen, wenn du dich auf keine Prüfung einlässt. Darum betrachte alle Prüfungen, die sich in deinem Leben einstellen, nicht als Feinde, sondern grüße sie als Freunde.

Welche Prüfung sich dir heute auch stellt, sei es in der Schule, im Beruf oder in den Abenteuern des Lebens, freue dich darüber um der Liebe zur Wahrheit willen.

> „Aber nicht nur das, sondern wir rühmen uns auch in den Bedrängnissen, weil wir wissen, dass die Bedrängnis standhaftes Ausharren bewirkt, das standhafte Ausharren aber Bewährung, die Bewährung aber Hoffnung; die Hoffnung aber lässt nicht zu Schanden werden; denn die Liebe Gottes ist ausgegossen in unsere Herzen durch den Heiligen Geist, der uns gegeben worden ist." (Römer 5,3-5)

FRAGEN:

- Was offenbart ein gründlicher und ehrlicher Test?

- Warum mögen viele Menschen keine Prüfungen?

- Warum liebt Gott Prüfungen und Tests?

- Warum versucht unser Stolz, Prüfungen zu umgehen?

- Welche Haltung solltest du einnehmen, wenn du in eine Prüfung gerätst? Warum?

Kapitel 16: Falsch beurteilt?

> Beurteile Gott nicht nach deinem fehlbaren Gefühl,
> sondern vertraue auf seine Gnade;
> Hinter einer finster aussehenden Vorsehung
> verbirgt sich sein freundlich lächelndes Angesicht.
> – William Cowper

Wenn du in der inneren Ruhe und Freude leben möchtest, musst du glauben, dass Gott alle Urteile, die andere Menschen über dich fällen, in seiner Hand hat. Ob sie dich loben oder fluchen, nimm den Urteilsspruch als das Beste an, was Gott dir gerade zu bieten hat. Nicht nur, dass Gott den Menschen erlaubt, dich zu loben oder zu fluchen, oft gibt er ihnen den Anlass dazu. Kannst du glauben, dass Gott dir absichtlich böse, gemeine und hartherzige Menschen in den Weg stellt und ihnen zuweilen sogar gewisse Macht oder Autorität über dich verleiht? Wenn du das glaubst, hast du das Geheimnis eines glücklichen Lebens begriffen.

Ein Mensch, der nicht glauben will, dass Gott es in der Hand hat, wie er von anderen Menschen beurteilt wird, lebt oft unter einer schweren dunklen Wolke. Sein Kopf ist voll von ärgerlichen Gedanken über diejenigen, die ihn, wie er meint, ungerecht behandeln. Wenn jemand ihn missversteht oder etwas Nachteiliges über ihn sagt, betrachtet er diese Person als ein Problem oder als einen Feind, statt in ihm einen von Gott gesandten Diener und Botschafter zu sehen. Während er sich auf das konzentriert, was ihm böse erscheint, verliert er den Blick für das Gute. Während er sich an dem Besten, was Gott für ihn vorgesehen hat, erfreuen und darin ruhen sollte, lehnt er sich dagegen auf.

Meine Tochter nahm einmal mit einem ihrer Bilder an einer Kunstausstellung teil. Als sie das Haus verließ um zu der Veranstaltung zu gehen, bei der die Kunstwerke beurteilt werden, erinnerte ich sie an die Worte aus Sprüche 29,26: „Viele suchen das Angesicht eines Fürsten; aber eines jeglichen Gericht kommt vom HERRN." Dann sagte ich: „Akzeptiere, was die Richter sagen, als Gottes Urteilsspruch über dich." Sie lächelte und sagte, sie würde es tun.

Die Entscheidungen eines Kunstrichters sind schwer vorherzusehen. Ein schlecht gemaltes Porträt einer langhalsigen, grotesken Frau gewann den ersten Preis in ihrem Bereich. Der zweite und dritte Preis ging ebenfalls an zweifelhafte Werke. Einem talentierten Künstler wurde Lob zugesprochen. Die Kunstrichter suchten nach moderner und nicht nach traditioneller Kunst, also würdigten sie das Werk meiner Tochter nicht im Geringsten. Ein Richter hat nun mal das Recht, herauszusuchen, was ihm am besten gefällt. Da meine Tochter das Urteil im Herzen als vom Herrn angenommen hat, dankte sie ihm dafür.

Eine Kunstförderanstalt in Wisconsin beurteilte dasselbe Bild ganz anders. Dort bekam sie eine Ehrenauszeichnung und einen Kunstwarengutschein im Wert von 150 Dollar. Von der veranstaltenden Kunst-Innung bekam sie einen Mitgliedspreis in Höhe von 25 Dollar und von zehn weiteren Galeriebesuchern gab es weitere Geldgeschenke. Meine Tochter kehrte mit der fröhlichen Gewissheit nach Hause, dass alle ihre Urteile vom Herrn kamen, sowohl die Verwerfung ihres Bildes als auch die vielen anerkennenden Geschenke.

Als ich ein Kind war, brachte mein Vater mir bei, Baseball zu spielen, und zwar als Verteidiger der ersten Station. Ich spielte sehr gerne, vor allem seit er mir die Fähigkeiten vermittelt hatte, gut zu spielen. Als ich älter wurde und in der Oberstufe Baseball spielen wollte, sagte mir der Trainer: „Wir brauchen auf der ersten Station keine Rechtshänder. Da setzen wir nur Linkshänder ein." Damals habe ich keinen Sinn darin gesehen. Doch der Urteilsspruch des Trainers brachte mich vom Sport ab und lenkte meine Interessen auf nützlichere Dinge um.

Die Bibel steckt voller Beispiele für das Prinzip, dass Gott die Urteile, die wir von anderen bekommen, unter seiner Kontrolle hat. Diejenigen, die über uns Autorität haben, mögen Fehler machen, im Ärger reagieren oder sonst etwas wirklich Törichtes tun, dennoch benutzt Gott das alles zu unserem Besten.

Als der König David auf der Flucht vor seinem rebellischen Sohn Jerusalem verließ, gesellte sich ein Mann namens Simei zu ihm. Er ging in einiger Entfernung neben David, bewarf ihn mit Steinen und verfluchte ihn. Davids Männer baten um Erlaubnis, diesem Mann den Kopf abzuhauen. Doch David wies sie zurück mit den Worten (2.Sam. 16,11-12): „Siehe, mein Sohn, der von meinem Leib gekommen ist, trachtet mir nach dem Leben; warum nicht jetzt auch dieser Benjaminiter? Lasst ihn fluchen; denn der HERR hat es ihm geboten! Vielleicht wird der HERR mein Elend ansehen, und der HERR wird mir sein heutiges Fluchen mit Gutem vergelten!"

Niemand hätte David Schuld vorgeworfen, wenn er den fluchenden Simei mit dem Tode bestraft hätte. Doch David vertraute Gott. Entweder der Fluch würde eintreffen, oder Gott würde ihn für etwas Gutes in der Zukunft gebrauchen.

Der Pharao war ein gottloser Herrscher. Er legte den Hebräern beinahe unmögliche Arbeitslasten auf, änderte ständig seine Meinung und hielt seine Versprechen nicht. Als er das Volk dann endlich ziehen ließ, führte Gott die Israeliten direkt zum Ufer des Roten Meeres, wo die Ägypter sie leicht in die Enge treiben konnten. Dann verstockte Gott das Herz des Pharao (siehe 2.Mo. 14), sodass dieser ihnen nachjagte. Am Ende rettete Gott die Israeliten, indem er sie durchs Meer hindurchgehen ließ, die Ägypter kamen um, und jeder wusste: Der HERR ist Gott.

Durch die Geschichte des Alten Testments hindurch hat Gott immer wieder die Entscheidungen der Mächtigen dieser Welt gelenkt, um auf diese Weise sein Volk zu führen und zu lehren. Manchmal wies er fremde Könige zurecht und ließ es nicht zu, dass sie Israel Schaden zufügten. Zu anderen Zeiten veranlasste er dieselben Könige, sein Volk zu hassen und niederträchtig zu behandeln. Wenn das Volk Israel Gott ungehorsam war, gab er sie in die Hände der Heiden. Wenn sie ihre Sünde bereuten, ließ Gott ihre Unterdrücker Milde walten.

Genau wie damals hat Gott auch die heutigen Regenten in seiner Hand, er ist der Gott der heutigen Ereignisse. Das Herz eines Kanzlers oder Präsidenten ist in Gottes Hand, er ändert es wie es ihm beliebt. Gottes Herrschaft erstreckt sich auch über Nordkorea, Irak und USA. Er lenkt die Geschicke der Welt mit der einen Absicht: Dass alle erkennen, dass er der Herr ist.

Als der Teufel in Judas' Herz eindrang und ihn verleitete, seinen Meister auszuliefern, da hatte Gott nicht seine Hände gewrungen und nicht ängstlich überlegt: „Was mache ich jetzt? Was soll ich nur tun?" Gott ist kein Schwächling. Selbstsüchtige und böse Pläne von Menschen und Engeln können seine Pläne nicht zerstören. Als die Obersten der Juden und Pilatus ihn zum Tode verurteilten, empfing unser Herr das Urteil als von seinem Vater, nicht als eine Laune böser Menschen. Wenn der Teufel und seine Fürsten gewusst hätten, was da passiert, hätten sie den Herrn der Herrlichkeit niemals gekreuzigt (vgl. 1.Kor. 2,8). Sie hatten Böses im Sinn, aber Gott benutzte ihre Bosheit, um auf Erden den größten Liebesbeweis aller Zeiten aufzurichten. Dabei benutzte er böse, hasserfüllte und sogar dämonische Führer, um sein Ziel zu verwirklichen.

Wenn Gott nun böse Menschen benutzt hat, um das größte Ereignis aller Zeiten zu verwirklichen, kannst du ihm nicht vertrauen, dass er auch für dich durch Urteile, die du sogar von törichten oder niederträchtigen Autoritätspersonen bekommst, das Beste im Sinn hat?

Wenn dein Chef wütend ist und dir deswegen eine harte Aufgabe überträgt, akzeptiere sie als das Beste, das Gott dir gerade geben möchte. Widme dich von ganzem Herzen dieser Aufgabe. Wenn ein überarbeiteter Polizist dir einen Strafzettel verpasst und sein Umgangston nicht gerade freundlich dabei ist, dann beschwer dich nicht über seine Unhöflichkeit. Empfange die Zurechtweisung aus

Gottes Hand. Akzeptiere das Urteil und bezahle, was dir auferlegt wurde.

Die Urteile, die über uns gefällt werden, entspringen nicht den zufälligen Einfällen der Menschen. Unser guter Ruf kommt nicht vom Osten oder Westen oder Süden. Gott ist der Richter, vor dem wir stehen. Wenn du nun die Urteile der Menschen als Gottes guten Plan für dein Leben akzeptierst, bist du frei, glücklich und zufrieden. Dankbarkeit und Lobpreis werden das Meckern und Jammern aus deinem Denken herausspülen. Das ist eines der Geheimnisse, welches nur wenige Menschen gelernt haben zu genießen.

Mögest du einer dieser wenigen Menschen sein, die in innerer Ruhe und Zufriedenheit leben, einfach weil du glaubst, dass Gott die Urteile deiner Mitmenschen über dich in seiner Hand hält.

> **„Viele suchen das Angesicht eines Fürsten; aber eines jeglichen Gericht kommt vom HERRN."** (Sprüche 29,26)

FRAGEN:

- Verhärtet Gott manchmal Herzen der Menschen, sodass sie etwas tun, was uns eine niederträchtige Sache zu sein scheint?

- Warum tut Gott so etwas?

- Glaubst du, dass Gott die Entscheidungen der Mächtigen der heutigen Welt unter Kontrolle hat?

- Wenn ein Mensch befördert wird, von wem erhält er die Beförderung?

- Wenn ein Mensch degradiert oder von seinem Posten abgesetzt wird, von wem kommt das?

- Was ist der Grund dafür, dass nur wenige Menschen froh und zufrieden leben?

Kapitel 17: Zeit zum Verschenken

Wer anderen Sonnenschein schenkt, kann sich selbst davor nicht schützen. – James M. Barrie

Wenn du mal nach Springfield in Oregon kommst und einen echten Männerladen erleben willst, besuche *Roberts Supply*. Der Laden ist nicht weit von der Eisenbahnlinie entfernt, an der Ecke zwischen der *Main Street* und der *28th Street*. Du findest darin alles, was Männer für die Arbeit im Freien brauchen können: Arbeitskleidung, Stiefel, Regenjacken, Sicherheitsausrüstung, Äxte, Baumkletterhaken und diverses Zubehör für Holzfäller. Auch wenn du nicht vorhast, etwas zu kaufen, der Laden ist einen Besuch wert.

Manchmal, an heißen Tagen, wurden in diesem Geschäft eisgekühlte Getränke angeboten. Jeder Besucher konnte sich kostenlos eine Dose Mineralwasser oder Limonade mitnehmen. Das war sehr großzügig von den Ladeninhabern.

Ein kaltes Getränk zu verschenken ist eine Kleinigkeit. Und doch erinnere ich mich immer noch an einen besonders heißen Tag, an dem ich nach zehnstündiger Jagd hinter dem Bulldozer zu Roberts kam und diese kalten Getränke in der Eiskiste liegen sah, wie sie dort auf mich warteten. Die Getränkedose hat die Ladenbesitzer vielleicht keine 50 Cent gekostet, und doch sind sie mir durch dieses kleine Geschenk für den Rest meines Lebens in Erinnerung geblieben.

Freigebige Menschen müssen nicht viel geben, um das Leben anderer zu bereichern, nur ein wenig mehr als das, was von ihnen erwartet wird.

Freigebigkeit macht einen Menschen glücklich und ist eine bemerkenswerte Eigenschaft, weil sie dem Wesen Gottes entspringt. Tief in unserem Inneren sehnen wir uns alle nach seinen Charakterzügen. Wenn wir ihn nicht bereits komplett aus unserem Leben verstoßen haben und nicht aus irgendeinem Grund alles hassen, was von ihm kommt, werden wir uns jedes Mal darüber freuen, wenn wir irgendwo eine großzügige Tat sehen, denn die Großzügigkeit ist ein Ausdruck dessen, nach dem unser Herz sich sehnt.

· Gott besitzt alles, was er braucht. Er freut sich daran, Menschen mehr zu geben als sie nötig haben. Er ist niemals knauserig. Wenn es um Zeit geht, so kannst du davon ausgehen, dass er dir völlig ausreichend Zeit gegeben hat, um alles zu schaffen, was er von dir erwartet, und noch etwas dazu. Viele Menschen beschweren sich laufend darüber, dass sie zu wenig Zeit haben und begreifen nicht, dass sie damit gegen Gott murren, denn er ist ja derjenige, der uns die Zeit gegeben hat. Das ist genauso wie wenn die Menschen gegen das Wetter murren – da Gott das Wetter bestimmt, richtet sich jede Klage gegen ihn. Die Wahrheit ist: Er hat uns mehr als genug Zeit gegeben, um alles zu schaffen, was wir in unserem Leben schaffen sollen.

Da Gott uns die Zeit großzügig gegeben hat und da wir in seinem Bild geschaffen sind, sollen auch wir freigebig sein mit der Zeit, die er uns gegeben hat. Das bedeutet nicht, dass wir alles verschenken können, was wir haben. Wenn die Leute von *Roberts Supply* anfangen würden, nicht nur Getränkedosen zu verschenken, sondern alles, was sie in den Regalen haben, dann hätten sie bald nichts mehr zum Verkauf! Sie entschlossen sich dazu, einen realistischen Anteil ihrer Ware zu verschenken, um ihren Kunden wie mir eine Freude zu bereiten.

Ebenso hast auch du einen kleinen Überfluss an Zeit zu investieren. Deine Investitionen werden dein Leben fröhlicher machen, genau wie das Leben derer, die Gott in die „Geschäftsräume" deines Lebens bringt. Anders als beim Geld und bei den Gaben hat jeder Mensch jeden Tag dieselbe Menge an Zeit. Der Premierminister von Neuseeland hat 24 Stunden an einem Tag, genauso viele wie der Erstklässler in Malaysia. Jeder von uns hat ein wenig mehr als er braucht und hat somit das Vorrecht, diesen Überfluss in die Menschen um ihn herum zu investieren. Mit dem kleinen Überfluss ist es möglich, öde Landschaften in wunderschöne und ertragreiche Gärten zu verwandeln.

Wie geht das praktisch? Hier einige Beispiele. Du hast die Aufgabe bekommen, zwanzig Minuten am Tag Mathe-Aufgaben zu üben. Probiere es mit Großzügigkeit und übe 22 Minuten. Finde heraus, wie viel du in diesen zwei zusäzlichen Minuten schaffen kannst. Mache das nicht, weil du es musst, sondern weil du dich selbst dazu entschieden hast, ein Zeitgeschenk in das Lernen zu investieren.

Wenn deine Mutter dich bittet, in der Küche Staub zu saugen, dann erledige die Aufgabe treu und gründlich. Und wenn du anschließend fertig bist, alle Stühle wieder zurechtgeschoben und den Staubsauger im Schrank verstaut hast, nimm dir noch 60 Sekunden zusätzliche Zeit. Schau dich in der Küche um und suche, wo du noch ein wenig helfen kannst. Ist der Müllbeutel nicht gerade voll? Trag ihn raus in die Mülltonne und stecke einen neuen, leeren Beutel in den Eimer. Diese eine Minute an freiwilliger Zeitinvestition wirst du nicht vermissen, im Gegenteil, deine eigene Laune wird sich verbessern und deiner Mutter den Tag verschönern.

Wenn du bereits Auto fahren darfst und du musst 15 Minuten fahren, um zur Arbeit, zum Arzt oder zu einer Verabredung zu kommen, so nimm dir dafür 20 Minuten. Mit diesen fünf Extra-Minuten hast du Zeit zum Verschenken. Da triffst du gerade einen Nachbarn und kannst kurz anhalten, um Hallo zu sagen. Ein anderes Mal siehst du ein liegen gebliebenes Fahrzeug und kannst dem Fahrer helfen, sein Auto an den Straßenrand zu schieben. Du wirst wohl nicht die Zeit haben, ihm bei der Reparatur zu helfen und vielleicht auch nicht, ihn nach Hause zu schleppen, weil du einen dringenden Termin hast. Aber mit diesen wenigen Minuten, in denen du ihm geholfen hast, sich in Sicherheit zu bringen, hast du seine Not für den Augenblick bereits gemildert.

Und wenn du unterwegs keine Gelegenheit zur Großzügigkeit hattest, so kommst du doch fünf Minuten früher an und hast dadurch verschiedene Möglichkeiten. Du kannst jemanden warm begrüßen, mit mehr als nur einem flüchtigen Hallo. Oder du kannst behilflich sein, den Raum für die Veranstaltung herzurichten, oder sonst irgendwie helfen, bevor du zur Tagesordnung übergehst.

Menschen, die hier und da wertvolle Minuten in alltägliche Ereignisse investieren, lernen neue Leute kennen, erfreuen ihre Mitmenschen, räumen Hindernisse aus und verwandeln Routinearbeit in Momente, an die man sich gern erinnert. Es sind diese Extra-Minuten, über die man vielleicht noch Jahre später redet. Sie verwandeln dich von einem Bettler, der immer zu spät kommt und anderen Leuten die Zeit stiehlt, in einen reichen Mann, der wertvolle Momente auszuteilen hat.

Wenn wir abends als Familie am Abendbrottisch sitzen und uns über die Ereignisse des Tages austauschen, so gehören zu den schönsten Erinnerungen fast immer diese Extra-Minuten, die wir in das Leben anderer, oder die andere in uns investiert haben. Ich bin sicher, dass das bei dir nicht anders sein wird, wenn du darüber nachdenkst.

Für viele Menschen wird das Leben von Tag zu Tag schneller. Die Abende sind voll verplant mit vielen Aktivitäten. Aus dem Acht-Stunden-Tag wird durch Überstunden schnell ein Zwölf-Stunden-Tag. Das Wochenende füllt sich mit so vielen Verpflichtungen, dass in ihren Seelen wie in ausgebuchten Hotels ein rotes Schild aufleuchtet: LEIDER KEIN PLATZ MEHR FREI.

Als Gott uns die Stunden des Tages gab, war es nicht in seinem Sinne, dass wir sie komplett für unsere Nöte oder für unser Vergnügen verbrauchen. Er schenkte uns ein überfließendes Leben und bietet es uns immer noch an. Wir haben genug Zeit, um unseren Pflichten nachzukommen und um etwas davon zu verschenken.

Wenn du also ein volles, großzügiges Leben führen möchtest, richte deinen Tagesablauf so ein, dass du jeder Aufgabe genügend Zeit widmest, und dann noch ein wenig dazu. Deine Taten werden Momente erzeugen, an die du selbst und andere sich noch Jahrzehnte später erinnern werden. So wie ich noch heute an die geschenkte Mineralwasserdose denke, die ich an jenem heißen Tag bei *Roberts Supply* geschenkt bakommen habe.

Hör mal, was Salomo über die Zeit zu sagen hatte (Prediger 3,1-8): „Alles hat seine bestimmte Stunde, und jedes Vorhaben unter dem Himmel hat seine Zeit: Geborenwerden hat seine Zeit, und Sterben hat seine Zeit; Pflanzen hat seine Zeit, und das Gepflanzte ausreißen hat seine Zeit; Töten hat seine Zeit, und Heilen hat seine Zeit; Zerstören hat seine Zeit, und Bauen hat seine Zeit; Weinen hat seine Zeit, und Lachen hat seine Zeit; Klagen hat seine Zeit, und Tanzen hat seine Zeit; Steineschleudern hat seine Zeit, und Steinesammeln hat seine Zeit; Umarmen hat seine Zeit, und sich der Umarmung enthalten hat auch seine Zeit; Suchen hat seine Zeit, und Verlieren hat seine Zeit; Aufbewahren hat seine Zeit, und Wegwerfen hat seine Zeit; Zerreißen hat seine Zeit, und Flicken hat seine Zeit; Schweigen hat seine Zeit, und Reden hat seine Zeit; Lieben hat seine Zeit, und Hassen hat seine Zeit; Krieg hat seine Zeit, und Frieden hat seine Zeit." Bedeutet das nicht, dass Gott einem Menschen genug Zeit gegeben hat, um alles zu erfüllen, was Gott für sein Leben vorgesehen hat?

Mögest du mit deiner Zeit so weise umgehen, dass du jeder Aufgabe im Leben genügend Zeit widmest und auch großzügig Zeit für das Leben dazwischen erübrigen kannst. Das entspricht dem Wesen Gottes und dem Verlangen deiner Seele.

> „Das aber bedenkt: Wer kärglich sät, der wird auch kärglich ernten; und wer im Segen sät, der wird auch im Segen ernten. Jeder, wie er es sich im Herzen vornimmt; nicht widerwillig oder gezwungen, denn einen fröhlichen Geber hat Gott lieb!" (2. Korinther 9,6-7)

FRAGEN:

- Was wurde im Laden *Roberts Supply* verschenkt?

- Warum hatte ein so kleines Geschenk einen so großen Erinnerungswert?

- Warum erzeugen kleine Momente geschenkter Zeit oft die größten Ereignisse des Tages?

- Wenn Gott uns so viel Zeit geschenkt hat wie wir brauchen, und wir uns immer so fühlen, als hätten wir zu wenig Zeit, was machen wir dann falsch? Wie können wir das ändern?

Kapitel 18: Das Licht nach Hause tragen

Ein Werkzeug entscheidet nicht, wo es arbeitet. Der Meister bestimmt, wo es gebraucht wird. Wir alle sind berufen, dort das Licht der Welt zu sein, wo Gott uns hinstellt.
– Corrie ten Boom

Hast du dich schon mal in einer dunklen Garage vorwärts getastet oder bist du schon mal um Mitternacht allein durch einen Wald gewandert? Am Tage mögen es vertraute Orte gewesen sein, wo du manche frohe Stunde verbracht hast. Doch ohne Licht und Sonnenschein verwandelt sich die gesamte Atmosphäre.

Was war das für ein Geräusch? Woher kommt das Knurren? Wenn man die Quelle des Knurrens nicht sehen kann, kommen einem die schlimmsten Vorstellungen hoch. Die Augen werden groß wie Tennisbälle und die Haare stehen zu Berge wie beim Stachelschwein. Manchmal meinen wir sogar, das Ende sei gekommen.

Dann betätigst du den Schalter und machst das Licht an. Da ist der Kater, der sich in der Ecke an einer Schaufel reibt. „Ach, du bist es, Moritz", sagst du erleichtert.

Mit der aufgehenden Sonne nimmt die unheimliche Wildnis Gestalt an, und die Geräusche werden hoffnungsvoller. „Herr, was für einen schönen Wald hast du erschaffen!"

Was verwandelt das ängstliche Bangen in ein Lachen über eine Katze und ein ängstliches Schleichen durch den Wald in einen entspannten Spaziergang voller Lobpreis? Es ist das Licht. Licht bringt Erkenntnis, und wer Erkenntnis besitzt, ist ein weiser Mann (vgl. Spr. 17,27). Seine Ängste weichen und er ist frei, fröhlich seiner Arbeit nachzugehen.

Für viele Menschen ist die Welt ein dunkler Ort voller Unsicherheit und Fragen: Warum gibt es Kriege? Wird jemand meine Güter stehlen? Werde ich genug Geld haben, um mir etwas zum Essen zu kaufen? Werde ich eine Arbeit haben, wenn ich älter geworden bin? Woher kommen die ganzen Schreckensmeldungen in der Zeitung? Warum ist meine Schwester krank? Was hat das Leben überhaupt für einen Sinn?

Mitten in diese Welt der Dunkelheit hinein wurde Jesus als ein Kind geboren, wuchs zum Mann heran und verkündete (Joh. 8,12): „Ich bin das Licht der Welt!" Er schaltete in der dunklen Welt das Licht an, sodass wir sehen können, woher die Geräusche kommen, die uns im Finsteren Angst bereiteten. Er hat Licht für unsere Herzen gebracht, Licht, das uns Mut und Hoffnung gibt, Erkenntnis und Weisheit, damit wir mit Freuden leben können.

Natürlich – viele Menschen haben ihn abgelehnt. Sie wollen kein Licht, das ihre bösen Taten aufdeckt, die sie im Finsteren vollbringen. Sie wollen es auch dann nicht, wenn es von manchen Ängsten befreit. Doch wie viele sein Licht annehmen, die werden Gottes Kinder. Zu diesen sagt der Herr (Mt. 5,14): „Ihr seid das Licht der Welt!" Er vergleicht sie mit Städten auf Berggipfeln, die ihr Licht den Reisenden kilometerweit spenden. Durch seine Leute will Gott den anderen, die immer noch im Dunkeln sitzen oder sich durch die Nacht schleichen, Richtung zeigen, Hoffnung schenken und Freude bringen.

Wenn das Licht Christi in dir wohnt, scheint es zuerst in deinem Hause, ob es nun eine Burg ist oder ein Zelt. Wenn du eines Tages deine eigene Familie gründest, hast du die Gelegenheit, das Licht dieses Hauses zu sein, so wie Gott das Licht des Himmels ist. Wenn Gott dein Herz, deinen Verstand und dein Handeln regiert, dann strahlst du sein Licht aus. Solltest du sein Licht in Gedanken und Taten ablehnen, senken sich Schatten auf dich und deine Familie. Aber auch wenn du noch zu Hause bei deinen Eltern wohnst, hast du schon genug Gelegenheiten, dein Licht in deiner Familie leuchten zu lassen.

Stelle dich einer einfachen Frage: Sind dein Herz und dein Haus hell und fröhlich, oder düster und traurig? Die Antwort zeigt dir, ob du ein echtes Christenleben lebst, oder nur eine schlechte Nachahmung desselben. Du hast vielleicht kapitelweise Bibelverse gelernt, du besuchst Gemeindeveranstaltungen und lebst so, wie es sich für einen Christen gehört. Dennoch ist einer der sichersten Tests für die Echtheit deines Glaubens die Frage: Kennst du die innere Freude, die nach außen hinausstrahlt? Das Haus eines gerechten Menschen ist hell und wird immer heller, während er durchs Leben geht. Das Haus eines gottlosen Menschen ist dunkel wie bei einem Stromausfall, wenn jeder ängstlich im Dunkel umhertappt.

Wenn du dich Christ nennst und dein Leben als dunkel und trübe empfindest, dann hast du irgendwo auf deinem Weg die Kurve nicht gekriegt und mühst dich in weglosem Gelände, und in eine verkehrte Richtung. Der Gott, der unser Universum erschuf, ist voller Licht und Freude und Gesang. Wenn du ständig eine düstere Wolke um deinen Kopf schweben hast, dann versuche nicht, dich selbst zu betrügen. Es ist nicht Gottes Weg, auf dem du gehst.

Wenn du dich in solch erdrückender Lage befindest, dann bekenne es. Rufe mit Asaph aus (Ps. 80,4): „O Gott, stelle uns wieder her, und lass dein Angesicht leuchten, so werden wir gerettet!" Gott ist immer gern bereit einen Menschen zu erhellen, der in der Finsternis sitzt und sich aufrichtig nach Licht sehnt.

Auch wenn du nur ein kleines Licht besitzt, kannst du doch damit deine Welt erhellen. Jedes Mal, wenn du die Wahrheit kennst und sie anderen weitergibst, verbreitest du Licht. „Wer hat meine Haarbürste genommen?", schreit deine Schwester verzweifelt, kurz bevor sie aus dem Haus muss. „Ich habe sie auf dem Regal im Flur gesehen", sagst du schnell. Du hast Licht gespendet, einfach nur indem du gesagt hast, wo die Haarbürste liegt. Du hast ihr die Angst genommen, wie eine Vogelscheuche in die Stadt fahren zu müssen.

Ein Lichtbringer spricht dem entmutigten Menschen ermutigende Worte zu. Einem verärgerten und wütenden Menschen zeigt er Gründe zur Vergebung auf. Wo auch immer er Finsternis antrifft, vertreibt er diese durch sein strahlendes Licht, indem er die Wahrheit redet und in der Wahrheit lebt.

Einem geplagten Freund, der sich fragt, was nach dem Tod mit ihm geschehen wird, die Wahrheit des Evangeliums von Jesus Christus deutlich zu erklären, ist natürlich das hellste Licht, das du überhaupt weitergeben kannst. Und wenn er das Evangelium annimmt, wird sein Herz so hell erleuchtet wie Schnee in der Mittagssonne.

Wenn du einen Stein oder ein verfaultes Holzstück von der Erde aufhebst, entdeckst du darunter häufig Insekten, die sich winden und sich vor dem Licht in den Erdlöchern zu verbergen suchen. Wenn in der Vorratskammer die Lampe eingeschaltet wird, flüchten die Küchenschaben in alle Richtungen und verstecken sich vor dem Licht wie auf frischer Tat ertappte Diebe. Genauso flüchten böse Menschen vor dem Licht. Wenn du das Licht Gottes in dir wohnen lässt, werden sich Menschen, die die Finsternis mehr lieben als das Licht, von dir fern halten. Du wirst nicht so schnell in schlechte Gesellschaft geraten und auch deine Geschwister nicht mit zwielichtigen Freunden gefährden.

Wie die Motten auf der Veranda sich um die Lampe sammeln, wirst auch du gute Freunde gewinnen, wenn du selbst die Wahrheit sprichst, Regeln befolgst und fleißig arbeitest. Deine Freunde werden eine Bereicherung für deine Familie sein.

Ich liebe das praktische Christenleben. Das ist nicht bloß eine Ansammlung von Ideen, über die man diskutieren kann, es sind tägliche Taten. Wenn du darüber nachdenkst, wie du Licht in dein Haus bringen kannst, dann übersieh die kleinen Dinge nicht. Tausche verbrannte Glühlampen aus. Wasche die Fensterscheiben, bevor man da nicht mehr hindurchsehen kann. Repariere die Innenraumbeleuchtung des Familienautos. Wenn du von dem Verlangen motiviert bist, in deine Familie Licht zu bringen, werden aus Reparaturarbeiten Liebeswerke, nicht bloß lästige Pflichten.

Sogar etwas so Einfaches wie eine Vase mit frisch gepflückten Blumen auffüllen und sie auf den Tisch stellen, erhellt bereits den Raum. Die Blumen könnten genau das Richtige sein, um deiner Mutter oder deiner Frau den schwierigen Tag zu verschönern und neuen Mut zu geben.

Das Leben ist voll von kleinen Dingen, mit denen man Menschen erfreuen und ihre Herzen erhellen kann. Darum, während du die Wahrheit der Bibel in deinem Haus auslebst, bringe das Lachen, das Singen und die aufrichtige Freude an der Gegenwart Gottes mit hinein. Das ist dein Vorrecht.

Mit Licht muss man allerdings auch sehr sorgfältig umgehen. Wenn du in der Nacht spazieren gehst, wirst du es sicher nicht mögen, wenn dir jemand aus einem halben Meter Entfernung mit der Taschenlampe in die Augen leuchtet! Manchmal tut das Licht sogar weh. Ebenso solltest du auch nicht derartig blenden, dass die Leute nach ihren Sonnenbrillen greifen. Mit extrem gebündeltem Licht, mit einem Laserstrahl, kann man zwar Operationen durchführen, doch meistens ist das nützliche Licht eher sanft und freundlich. Ein kleines Nachtlicht im Flur vertreibt die Angst und erleuchtet mitten in der Nacht den Weg zum Badezimmer. Wenn du das Leben anderer Menschen erleuchten möchtest, sei sensibel. Manchmal musst du dein Licht etwas dimmen, wenn es notwendig ist. Gib so viel Licht und Wahrheit weiter, wie es nützlich ist, nicht so viel, dass es blendet und abschreckt.

Viele Menschen lehnen das wahre Licht ab und erschaffen dadurch finstere Plätze in der Welt. Du darfst nicht einer von diesen sein. Nimm das Angebot Gottes an, dein Leben mit seinem Licht zu erhellen. Dann verbreite dieses Licht weiter, ganz praktisch! Fang in deiner Familie an und lass es bis an die Enden der Erde leuchten.

> „Und die Verständigen werden leuchten wie der Glanz der Himmelsausdehnung, und die, welche die Vielen zur Gerechtigkeit weisen, wie die Sterne immer und ewiglich."
> (Daniel 12,3)

FRAGEN:

- Was ist eine häufige Ursache für Angst?

- Wie beseitigt einfaches Licht die Angst?

- Nenne einige Möglichkeiten, Licht in das Leben anderer Menschen zu bringen.

- Wie bekommt ein Mensch die Fähigkeit, in dunkle Orte Licht zu bringen?

Kapitel 19: Genug von Familienandachten?

Keine Verpflichtung wird so sehr unterschätzt wie die Pflicht, glücklich zu sein. Indem wir glücklich sind, verbreiten wir anonyme Segnungen in die Welt. – Robert Louis Stevenson

Es ist schon Jahre her, doch solche Ereignisse sind für einen Mann unvergesslich. Wir haben gerade unsere morgendliche Familienandacht hinter uns gebracht. Die Kinder waren wieder in ihrem Schlafzimmer verschwunden, um dort irgendetwas zu erledigen, so blieb ich mit meiner Frau allein im Wohnzimmer. Ich schaute in ihre Augen und sagte: „Ich höre auf damit. Ich bin fertig. Ich habe die Nase voll von Familienandachten. Ich werde es nicht einmal mehr versuchen."

Ich nannte meine Gründe. Jeder tat so als wäre Schlafenszeit. Lautes Gähnen und vorsichtige Blicke auf die Uhr begleiteten die gelangweilten Blicke. Unsere Kinder zeigten nicht das geringste Interesse. Mit ihrer Körpersprache beschwerten sie sich darüber, dass sie auf dem Sofa sitzen und sich langweilige Bibeltexte anhören mussten. Wenn aber draußen etwas geschah, waren sie sofort hellwach und zeigten voller Aufregung aus dem Fenster: „Da ist Alphy, der Hund unserer Nachbarn!" oder „Es regnet wieder." Ich hätte den ganzen Morgen lang meine Argumente aufzählen können, um meinen Ärger zu rechtfertigen. Meine Schlussfolgerung war: „Wir sind fertig damit."

Nur die wahren Gründe nannte ich nicht. Die kannte sie schon. Ich hatte schlechte Laune, in der ich um mich schlug und alle beschuldigte, nur den eigentlichen Verbrecher nicht: mich selbst. Ich war müde von den langweiligen Andachten. Im Herzen wusste ich, dass die Bibel ein lebendiges Buch ist, doch war ich nicht in der Lage, ihre Gedanken in einer interessanten Weise zu vermitteln, wenn ich mit meiner Familie allein gelassen war. Ich wusste nicht, wie ich das ändern sollte. Konnten solche Andachten meinen Kindern überhaupt Segen bringen?

Brachte ich ihnen nicht mehr Schaden als Nutzen damit? Ich kochte in meinem Inneren, während ich erfolglos versuchte, meinen Frust zu verbergen.

Hat ein Vater nicht das Recht, von seiner Familie zu erwarten, dass alle still sitzen und aufmerksam zuhören, was er ihnen zu sagen hat? Sollten sie nicht begeistert Antworten auf seine unverständlichen Fragen geben und reges Interesse an Texten zeigen, die er selbst nicht erklären konnte? Ich war nicht vorbereitet, und alle wussten das. In einem Moment gab ich meiner Familie die Schuld, im nächsten mir selber. Ich erwartete von ihnen, dass ihre Herzen glücklich waren, angenehm und geistlich wachsam, während mein eigenes vor unerfüllten Erwartungen tobte. Ich sah keinen anderen Ausweg, als ganz damit aufzuhören. Und für eine Weile tat ich das auch.

Wie du sehen kannst, war nicht meine Familie das Problem. Das Problem war ich. Eine Aussage in Psalm 62,6 beschreibt, welche Herzenshaltung ich hätte haben sollen: „Nur auf Gott wartet still meine Seele; denn von ihm kommt meine Hoffnung." Ich erwartete von meiner Familie etwas, was ich selbst nicht hatte. Ich hätte auf IHN sehen und hoffen sollen – und nicht auf meine Familie.

Vielleicht bist du noch nicht in der Situation, eine Familie leiten zu müssen. Dennoch solltest du nicht meinen, dieses Kapitel würde dich nicht betreffen. Das stimmt nicht. Lerne so viel wie möglich darüber, wie man eine Familie leitet, bevor du eine eigene Familie gründest. Wenn das Familienleben erst einmal losgeht, überschlagen sich die Ereignisse so schnell, dass du über alles froh sein wirst, was du vorher gelernt hast.

Das Geheimnis, die Familie in eine Zeit mit Gott zu leiten und diese Andacht zu genießen, liegt darin: Sei ein fröhlicher Mann, der allein auf Gott sieht und nur von ihm etwas erwartet, und dann lade deine Familie einfach ein, sich dir anzuschließen. Lass mich dir ein Beispiel erzählen.

Mein Freund Paul kam morgens ins Wohnzimmer, um dort zuallererst in der Bibel zu lesen, bevor er etwas anderes am Morgen tat. Zwei Kinder gesellten sich zu ihm, das dritte wälzte sich auf dem Boden herum. Er begann, einen Bibelabschnitt laut zu lesen. Eins nach dem anderen trafen seine anderen sechs Kinder ein und nahmen hier und da Platz. Am Ende des Abschnitts stellte Paul Fragen, um zu prüfen, ob seine Zuhörer die Hauptbotschaft des Textes erfasst hatten. Der scheinbar unaufmerksame Bodenwischer antwortete schnell und richtig. Auch die anderen Kinder gaben ihre Erkenntnisse preis.

Pünktlichkeit hat ihren Platz. Es gibt sehr wohl Zeiten, da man still sitzen muss, ohne sich zu rühren. Ordnung ist eine sehr wichtige Tugend. Und dennoch sollte ein Vater niemals mehr an dem Verhalten und an der Reaktion seiner Familie interessiert sein, als an der Gegenwart seines

Gottes. Seine eigene innige Verbundenheit mit Gott sollte ihm immer wichtiger sein, als das ordentliche Benehmen seiner Kinder. Ein glücklicher Vater, der ganz mit der Person Gottes beschäftigt ist, wird seine Familie in eine tiefere Beziehung zu Gott führen, als ein strenger Tyrann, der von seinen Kindern perfektes Benehmen erwartet.

Diese Lektion ist nicht nur auf Väter begrenzt. Manchmal konzentriert sich ein Pastor oder Gemeindeleiter auf diejenigen, die seiner Fürsorge anvertraut sind. Wenn er sich nicht auf persönliche Gotteserkenntnis konzentriert, sondern sich nur darüber Gedanken macht, wie er die anderen verändern kann, wird er seine Laufbahn frustriert und verbittert beenden.

Merkst du, wie diese einfache Lektion sich in alle Lebensbereiche erstreckt? Wenn du als ein junger Mann lernst, fröhlich nach Gottes Gegenwart zu suchen und zu gehen, wohin er dich schickt, wirst du eine Führungspersönlichkeit werden. Wer voller Freude das Richtige tut, steckt gewöhnlich andere zum Mitmachen an. Das ist das Geheimnis, wie man ein guter Vater wird, wenn die Zeit dazu gekommen ist. Das ist auch die Eigenschaft, die einen Chef zu einem Mann macht, für den jeder gern arbeiten möchte. Hoffentlich wirst du dadurch vor der Falle bewahrt bleiben, in die ich getappt bin.

Ein Mann kann nicht erfolgreich führen, wenn er mehr Zeit damit zubringt, seine Nachfolger kritisch zu betrachten als fröhlich auf das vorgesteckte Ziel zu sehen.

„Nur auf Gott wartet still meine Seele; denn von ihm kommt meine Hoffnung." (Psalm 62,6)

FRAGEN:

- Warum war ich so frustriert über unsere Familienandachten?

- Worin lag das Problem wirklich?

- Wie werden andere reagieren, wenn du voller Begeisterung einen guten Kurs einschlägst?

- Wann und wo kannst du diese Lektion anwenden?

Kapitel 20: Im Gefängnis

Ich bin ein kleiner Vogel,
der hinter Gittern sitzt,
ich sitze hier und singe
dem, der hierhin mich gesteckt.
Bin wohl vergnügt, Gefangener zu sein,
denn, mein Gott, es ist der Wille dein.
– Jeanne Guyon

Squooook, SQUOOOOK! SQUOOOO...k. Das ist Hühner-
sprache und bedeutet: „Hilfe! Ich sterbe!" Ich lief schnell
zum Gehege. Dort angekommen sah ich die Hühner stehen und mich anstarren. Keines sagte ein Wort. Nachdem
ich die Schnäbel mehrmals durchgezählt hatte, kam ich
zu dem Schluss, dass einem Huhn etwas zugestoßen sein
musste.

Ich untersuchte den Fall. Im Stall befand sich kein
Huhn, auch die Nester waren nicht besetzt. Auch auf dem
Hof gab es keine Hinweise. In der näheren eingezäunten
Umgebung fand ich schließlich weißen Hühnerflaum, der
verdächtig im braunen Schlamm steckte. Beim nächsten
Zaunpfosten lag eine weitere Feder, und die nächste ent-
deckte ich oben auf dem Zaun. Weitere Federn zogen ihre
Spur zum Bach und dann in den Wald. Mir wurde klar:
Mutter Rotluchs hatte wieder zugeschlagen.

Der Luchs hatte bereits 16 Hühner aus Glendas Herde
gestohlen, die preisgekrönte Gans von Jonathan und das
Kaninchen meiner Frau. Es war ein schlaues Tier. Wenn
wir dachten, die Gefahren der Nacht seien vorüber, ließen
wir die Tiere aus ihren Käfigen. Im vollen Morgenlicht
griff Mutter Rotluchs dann an.

Um ihrer eigenen Sicherheit willen sperrte ich meine
Hühner nun in das innere Gehege ein, das bis oben hin
eingezäunt und unten mit schweren Steinen gesichert war.
Ich setzte sie in Haft – nicht weil sie etwas verbrochen hatten, sondern um sie zu beschützen. Sie verstanden mich
wohl nicht, und waren auch nicht gerade froh über diese
Freiheitsberaubung. Und doch war es gut für sie.

Noah Webster schrieb im Jahr 1812: „Ursprünglich war das Gefängnis lediglich zur Sicherheitsverwahrung bestimmt, doch jetzt wird es als Strafanstalt benutzt." Die meisten Menschen betrachten Gefängnishaft als eine Strafe, Gott sieht es gewöhnlich nicht so (vgl. Mt. 25,36ff). Gott gebraucht Gefängnisse als Werkzeuge und Aufseher als Diener, um seine guten Absichten zu erreichen, ganz gleich wie grausam die Wächter auch erscheinen mögen. Meine Hühner mögen mich auch als grausamen Sklavenhalter betrachtet haben, als ich in Wirklichkeit dabei war, ihnen das Leben zu retten.

Ich hoffe, dass du nicht gerade in einem staatlichen Gefängnis sitzt und es auch nie müssen wirst. Dennoch schreibe ich so, als wärst du in Haft, denn wir erleben die unterschiedlichsten Arten von Gefängnissen und der Weg in die Freiheit ist stets derselbe.

Es gibt zwei Arten von Gefängnisinsassen. Die einen sind gezwungen worden, im Knast zu sitzen. Ein Stärkerer hat sie überwältigt und gegen ihren Willen hinter Gitter gesperrt. Sie sind dazu verurteilt worden, ihre Freiheit beiseite zu legen und der Autorität eines anderen zu gehorchen. Wenn du im Gefängnis sitzt, dann wahrscheinlich weil du ein Gesetz übertreten hast. Es gab einen Haftbefehl, eine Festnahme, einen Gerichtsprozess und schließlich wurdest du hierher gebracht und für eine bestimmte Zeit eingesperrt. Deine Freiheit ist eingeschränkt worden und die Wachen sorgen dafür, dass du ihren Regeln folgst und nicht deinen eigenen.

Die zweite Art von Gefangenen sind diejenigen, die von einer Schönheit verzaubert sind. Sie lassen sich freiwillig von etwas gefangen nehmen, das ihnen gefällt. Du hast vielleicht schon mal einen Jungen gesehen, der total gefangen von der Schönheit eines Mädchens war. Alles, woran er noch denken kann, ist das Fräulein seines Herzens. Er redet die ganze Zeit nur von ihr, er wacht mit dem Gedanken an sie auf, denkt an sie beim Essen und kann sich auf nichts anderes mehr konzentrieren. Er hat sich in seinen Gedanken freiwillig von ihr fesseln und gefangen nehmen lassen.

Auch wenn Männer sich von Mädchen oder Frauen gefangen nehmen lassen, oder auch von vielen Dingen wie von der Jagd, von Autos, Motorrädern und vielem anderen, sind wir doch dazu geschaffen, von der Schönheit und Pracht des Einen überwältigt zu sein, der uns erschaffen hat.

Gott lässt in deinem Leben verschiedene Ereignisse zu, er nimmt dir Dinge und Menschen weg, er lässt dich Abenteuer erleben, damit du ihn anerkennst und von seiner Liebe überwältigt wirst. Er hat dich so geschaffen, dass du immer ein Gefangener sein musst. Du hast nur die Wahl, welche Art Gefangener du sein willst. Entweder du bist freiwillig gefangen von seiner Schönheit und Herrlichkeit, oder du bist ein Gefangener gegen deinen Willen, gefangen gehalten von Umständen und Agenten, im Auftrag Gottes.

Was bedeutet es nun, von Gottes Schönheit gefangen zu sein und wieso befreit diese Art der Gefangenschaft aus allen anderen Gefängnissen?

Der König David schrieb in Psalm 27,4: „Eines erbitte ich von dem HERRN, nach diesem will ich trachten: dass ich bleiben darf im Haus des HERRN mein ganzes Leben lang, um die Lieblichkeit des HERRN zu schauen und ihn zu suchen in seinem Tempel." Die Schönheit des Herrn sah David im Willen Gottes, in seinem Gesetz, in seinem Wesen und in seinen Eigenschaften. David freute sich daran, Gottes Willen zu tun und bewahrte Gottes Wort gern in seinem Herzen (vgl. Ps. 40,9). Hör mal zu, wie er seine Anerkennung für Gottes Wege zum Ausdruck bringt (Ps. 19,8-12):

„Das Gesetz des HERRN ist vollkommen, es erquickt die Seele;
das Zeugnis des HERRN ist zuverlässig, es macht den Unverständigen weise.
Die Befehle des HERRN sind richtig, sie erfreuen das Herz;

das Gebot des HERRN ist lauter, es erleuchtet die Augen.
Die Furcht des HERRN ist rein, sie bleibt in Ewigkeit;
die Bestimmungen des HERRN sind Wahrheit, sie sind
allesamt gerecht.
Sie sind begehrenswerter als Gold und viel Feingold,
süßer als Honig und Honigseim.
Auch dein Knecht wird durch sie belehrt,
und wer sie befolgt, empfängt reichen Lohn."

Das Gesetz ist etwas festgelegtes wie ein Fundament. Es sind Regeln, nach denen die Dinge funktionieren. Das Gesetz der Gravitation hält alle Dinge unten, bis ein anderes Gesetz, wie zum Beispiel das der Aerodynamik, Überhand gewinnt. Die ganze Natur hält sich an die Gesetze, die Gott bei ihrer Erschaffung verabschiedet hat. Ebenso gibt es Gesetze für die Gesellschaft, für Männer, Frauen und für Kinder. Es gibt Gesetze, die besagen, wie jemand bestraft werden soll, wenn er etwas versäumt, und wie jemand für eine gute Tat belohnt wird. Alle Aspekte des Lebens und der menschlichen Beziehungen werden von Gesetzen bestimmt. Alle diese Gesetze sind ein Teil der Schönheit Gottes. Sie sind schön – weil sie funktionieren.

In der vergangenen Woche besuchte ich ein Luftfahrtmuseum. Ich habe nie zuvor ein Düsentriebwerk aus der Nähe gesehen. Es lag eine gewisse Schönheit in all den Röhren und Drähten rund um die Turbine. Die Symmetrie, Ordnung und Komplexität waren erstaunlich, doch die wahre Schönheit des Bauwerks lag darin, dass es den Zweck erfüllte, zu dem es geschaffen war. Düsentriebwerke treiben Flugzeuge samt Piloten und Passagieren mit einer gewaltigen Geschwindigkeit über den Lufthimmel.

Gottes Gesetze sind schön, weil sie funktionieren. Wo sie von allen befolgt werden, entstehen friedevolle Familien, liebevolle Beziehungen und echte Freude.

Gottes Schönheit wird auch in seinem Willen erkannt. Sein Wille ist, überall und zu allen Zeiten das Gute zu tun. Barmherzigkeit, Vergebung, Freundlichkeit und endlose andere wunderbare Motive erfüllen beständig sein Wesen. Selbst wenn er uns schlägt, uns straft, zerstört oder ins Gefängnis steckt, kommt das aus den guten Motiven seines Herzens, stets mit den besten Absichten für sein Volk.

Gottes Schönheit sehen wir auch in der Schöpfung. Wenn ich auf der Kante eines Felsvorsprungs stehe und meinen Blick über die Wildnis schweifen lasse, bin ich ergriffen von der Schönheit seiner Farben: blauer Himmel, schneeweiße Berggipfel, grüne Wälder, graue Felsen, schwarze Lavafelder und braune Schlackenkegel. Zu Hause überfällt mich dieselbe Faszination, wenn ich eine haarige Raupe berühre oder ein von Tau bedecktes Spinnennetz betrachte.

Und wie kann man von Gottes Schönheit ergriffen sein, wenn man zu zwei Jahren Haft verurteilt worden ist?

Zuallererst musst du die Tatsache akzeptieren, dass du durch die Hand Gottes bist, wo du bist. Er allein setzt Menschen in Gefangenschaft und er allein lässt sie wieder frei. Es war nicht der Richter und nicht der falsche Zeuge, der dich ins Gefängnis gesteckt hat; Gott selbst hat die Haft für dich vorgesehen, weil er damit etwas Gutes für dich im Sinn hat. Solange du diese Wahrheit nicht ergriffen hast, wirst du niemals frei werden. Wenn du erwartest, dass ein Mensch, ein Anwalt oder Richter dich aus dem Gefängnis rausholt, wirst du den Grund deiner Inhaftierung nicht begreifen. Der Herr ist dein Wächter und wird dich freilassen, wenn er es für richtig hält, nicht eine Minute früher und keinen Moment später. Der Apostel Paulus sagte nie: „Ich bin ein Gefangener der Römer." Stattdessen stellte er sich häufig als den Gefangenen des Herrn vor (vgl. Eph. 3,1; 4,1; 2.Tim. 1,8; Phil. 1,9).

Suche die Schönheit Gottes in der Bibel. Lies nach, was der Herr Jesus tat und wie er mit Menschen umging. Erforsche die Gedanken Davids in den Psalmen. Entdecke praktische Weisheiten im Buch der Sprüche. Dieses Buch erklärt das Leben und verkündet die Wunder des Schöpfers. Wenn du in Gottes Gesetzen, Rechtsbestimmungen und Zeugnissen keine Schönheit erkennen kannst, ist das ein Grund dafür, dass du im Gefängnis gelandet bist. Und wenn du es nicht lernst, seine Schönheit darin zu sehen, wirst du dein Leben lang in irgendeiner Art Gefängnis bleiben.

Staune über die Schönheit der Schöpfung Gottes. Denke an die erstaunlichen Fähigkeiten einer Fliege, einer Spinne oder Küchenschabe. Wie schafft es eine Fliege, den Flügelantrieb umzustellen, wenn sie in den Kopfüberflug übergeht, um auf der Zimmerdecke zu landen? Die Glühlampe in deiner Zelle steckt voller Geheimnisse der Wissenschaft und Elektrizität. Denke darüber nach und staune über den Schöpfer.

Wenn du etwas Faszinierendes sehen willst, musst du nur deine Hand anschauen. Schließe deine Finger zu einer Faust und öffne diese wieder. Diese Bewegung ist nicht zufällig geschehen. Gott selbst entwarf die Baupläne deiner Hände und gab sie dir, damit du damit etwas Gutes tun kannst.

Als Gott sein Volk Israel nach Babylon in die Gefangenschaft ziehen ließ, befahl er ihnen, ihre Situation zu akzeptieren, Land zu kaufen, Häuser zu bauen, Familien zu gründen und für das Land ihrer Gefangenschaft das Beste zu suchen (vgl. Jer. 29). Was kannst du tun, um dein Gefängnis friedevoll zu machen? Du kannst nicht alles verändern, aber welche kleinen Dinge kannst du tun? Wenn du dich darin übst, in dein Eingesperrtsein Ruhe und Stille einzubringen, wirst du Weisheit gewinnen für die Zeit, wenn du wieder auf freiem Fuß bist. Anstatt dein Gesicht gegen die Gitterstäbe zu pressen und dich nach Freiheit zu sehnen, entspanne dich und entdecke die Schönheit direkt vor deinen Augen.

Wenn du noch heute aus deinem Gefängnis entlassen werden möchtest, sei es, dass du in einer wirklichen Haft sitzt oder sei es, dass du dich gekettet fühlst an eine unangenehme Arbeitsstelle, an schwierige Familienverhältnisse oder an irgendwelche aufgezwungenen Beziehungen, du findest deine Freiheit nur, indem du dich freiwillig von der Güte Gottes gefangen wegführen lässt.

Deine Existenz hat nur ein Ziel: Gott zu kennen und mit ihm zu leben. Entweder du lässt dich von seiner Schönheit gefangen nehmen, oder du wirst von einem Gefängnis zum anderen geschoben. Du hast die Wahl.

Die Entlassung aus deinem Gefängnis, welches auch immer es ist, dient nicht dazu, dass du dann machen kannst, was du willst und wann du willst. Du kommst heraus, damit du deine Pflichten besser erfüllen kannst, sei es als nützlicher Sohn, als treuer Ehemann, oder als fürsorglicher Vater. Wenn du dich aus deinem Gefängnis befreist, indem du dich von der Bewunderung Gottes gefangen nehmen lässt, wirst du den Wunsch haben, deinen Pflichten besser nachzukommen. Das großartigste und erfüllendste Leben führt der Mensch, dessen Herz während der Erfüllung seiner Pflichten Gott bewundert. Eine größere Freiheit gibt es nicht.

Wenn du die Gefängnisse deines Lebens als Gottes Plan betrachtest, als Hindernisse, die er dir in den Weg stellt, damit du inne hältst und über seine Schönheit nachdenkst, wirst du dich nie wieder eingesperrt fühlen.

> „Denn der Herr wird nicht auf ewig verstoßen; sondern wenn er betrübt hat, so erbarmt er sich auch nach der Fülle seiner Gnade; denn nicht aus Lust plagt und betrübt Er die Menschenkinder. ... Lasst uns unsere Wege prüfen und erforschen und umkehren zum HERRN! Lasst uns unsere Herzen samt den Händen zu Gott im Himmel erheben!"
> (Klagelieder 3,31-33.40-41; s.a. Ps. 79,11; 142,7; Apg. 5; 12; 16; Hes. 16)

FRAGEN:

- War es gemein von mir, meine Hühner in ein enges Gehege einzusperren, anstatt sie frei herumlaufen zu lassen? Warum?

- Warum steckt Gott Menschen in Gefängnisse? Wie werden sie frei?

- Fühlst du dich auch manchmal wie im Gefängnis eingesperrt? Was ist dein Gefängnis?

- Was bedeutet es, von Gottes Schönheit ergriffen zu sein? Wo siehst du in deinem Gefängnis die Schönheit Gottes?

Kapitel 21: Eigentor geschossen?

Das ist von Anfang an das Werk des Vaters – uns in sein Herz nach Hause zu bringen. – George MacDonald

Hast du schon mal gesehen, dass bei einem Fußballspiel ein Spieler mit dem Ball in die falsche Richtung gelaufen ist? Sein Torschuss wird zum Höhepunkt des Spiels werden, vor allem wenn es ihm gelingen sollte, ein Eigentor zu schießen.

Stell dir mal vor, da spielt die Klasse 9A gegen die Klasse 9B. Die neunzigste Minute hat begonnen und es steht noch immer 0:0. Mitten auf dem Feld gibt es ein Gerangel um den Ball, aus dem Klaus – der Verteidiger der 9A – plötzlich mit dem Ball herauskommt. Vor sich sieht er das Tor. Zwischen ihm und dem Torwart gibt es keine Spieler auf dem Feld. Klaus ist ganz entzückt, noch nie hatte er solch eine Gelegenheit. Er rennt mit dem Ball vorwärts.

Die Fans der 9B jubeln und können sich vor Lachen nicht halten. Klaus ist begeistert – noch nie wurde ihm so laut zugejubelt. Bald hat er das Tor erreicht, er schießt und – Tor!!! Die Fans der 9B brechen in Begeisterung aus. „Klaus, du bist der Beste!", rufen sie aus voller Kehle.

Als Klaus zu seiner Mannschaft läuft um sich bejubeln zu lassen, merkt er, dass da etwas nicht stimmt. Plötzlich geht ihm ein Licht auf. O Mann! Am liebsten würde er im Boden versinken. Ihm wird heiß und kalt und übel. Der Schiedsrichter pfeift das Spiel ab...

Viele Menschen werden am Ende ihres Lebens dieselbe Erfahrung machen. Es kommt dann das böse Erwachen, wenn sie erst einmal merken, dass sie ihr scheinbar so erfolgreiches Spiel aufs falsche Tor gerichtet hatten und dass ihre besten Torschüsse nur Eigentore gewesen sind. Was für eine schreckliche Ernüchterung muss das werden.

In der Bergpredigt sprach der Herr Jesus davon, dass es viele Menschen sind, die in die falsche Richtung laufen (Mt. 7,22-23): „Viele werden an jenem Tag zu mir sagen:

Herr, Herr, haben wir nicht in deinem Namen geweissagt und in deinem Namen Dämonen ausgetrieben und in deinem Namen viele Wundertaten vollbracht? Und dann werde ich ihnen bezeugen: Ich habe euch nie gekannt; weicht von mir, ihr Gesetzlosen!" Diese Leute waren sich sicher, viele Tore geschossen zu haben, doch dann stellt sich heraus, dass sie auf das falsche Tor gezielt hatten.

Wenn sogar Menschen, die weissagen und Dämonen austreiben, so durcheinander kommen und aufs falsche Tor schießen können, wie können wir dann wissen, dass uns nicht dasselbe passiert? Wie können wir wissen, dass wir aufs richtige Tor schießen und nicht am Ende des Lebens hören müssen: „Ich habe euch nie gekannt!"?

Gott weiß, dass die meisten von uns eher schwer von Begriff sind und dass man uns die Dinge deutlich erklären muss, bis wir begreifen, worum es geht. Darum gibt er auf die wichtigsten Fragen im Universum sehr klar verständliche Antworten. Er stellt klar verständliche Wegweiser auf und markiert jede Abbiegung. Er markiert sein Tor mit Blinklichtern, damit alle es treffen können, wenn sie nur wollen.

Das Ziel des Lebens ist, sich an Gott zu erfreuen. Ich schreibe das in fetten Buchstaben, damit du es ja nicht übersiehst. Der Mensch, der es gelernt hat, sich an Gott zu freuen, bekommt eine „Eins" in der Abschlussprüfung seines Lebens. Er bekommt das blaue Band, die Goldmedaille. Wenn er am Ziel angekommen ist, wird sein himmlischer Vater die Ansage verlauten lassen: „Wohl getan, du guter und treuer Knecht!"

Wir alle haben die Fähigkeit, Wohlbehagen zu empfinden. Das größtmögliche Wohlbehagen besteht darin, Gott zu kennen und zu genießen. Wenn du anderer Meinung bist, dann kennst du Gott wahrscheinlich nur aus theoretischen Büchern oder Vorträgen. Du kannst alle Fakten über Gott wissen und ihn doch nicht im täglichen Leben erfahren.

Viele Menschen haben etwas von einer sauren, gottlosen Religion geschmeckt, und lehnen nun alles ab, was sie über Gott gehört haben. Mit den Irrtümern werfen sie auch die Wahrheit über Bord. Sie versuchen, ihre starke, gottgegebene Sehnsucht nach Wohlbehagen mit etwas anderem zu stillen als mit Gott. Da sie davon ausgehen, dass Gott ihr Verlangen nicht stillen kann, laufen sie wie Klaus von ihrem eigentlichen Ziel davon. Wenn Klaus gewusst hätte, dass er in die falsche Richtung läuft, wäre er umgekehrt, selbst wenn er dann den Ball verlieren würde, anstatt auf das eigene Tor zu schießen.

Gott fordert uns auf, ihn zu lieben mit unserem ganzen Herzen, mit ganzer Seele, mit ganzem Verstand und mit allen unseren Kräften. Was bedeutet das anderes, als uns ganz und gar an ihm zu erfreuen? Wir erfreuen uns stets an dem, was wir lieben.

Ich kenne eine Frau, die Schokolade liebt. Sie muss diese noch nicht einmal essen, um sich daran zu erfreuen, sie singt von Schokolade und leckt sich dabei schon bei dem Gedanken daran die Finger ab. Sprich mit ihr von Schokolade und sie beginnt zu lächeln oder gar zu lachen. Ich warne dich, versuche niemals, auch nur ein Stück von ihrer Schokolade zu entwenden, sonst gefriert ihr Lächeln zu Eis. Sich nach Schokolade zu sehnen und dann das cremige Braun auf der Zunge zergehen zu lassen, ist ein großes Wohlbehagen für einen Schokoholiker.

Sich mit ganzem Herzen voller Liebe nach Gott zu sehnen und diesen Hunger dann gestillt zu bekommen, ist eine Erfahrung, die jedes andere Wohlbehagen im Leben übersteigt. Es gibt auf der ganzen Welt nichts vergleichbares. Außerdem gibt es auch für Gott keine größere Freude, als wenn wir unser höchstes Glück in ihm finden.

Obwohl das so einfach zu verstehen ist und die ganze Bibel darüber redet, laufen doch so viele Menschen auf das falsche Tor zu. Einige wohlmeinende Menschen leben um das Evangelium zu predigen, andere wollen Missionare werden; manche suchen ihre Erfüllung darin, armen Menschen zu helfen. All das sind ohne Zweifel sehr gute

Dinge, aber sie sind nicht das Ziel. Du kannst alle diese Dinge tun und doch zugleich Gottes Feind sein. Wenn aber ein Mensch seine größte Freude an Gott hat, kann er natürlich nicht anders als die Gute Nachricht von Jesus Christus weiterzusagen. Er wird sein Vermögen mit bedürftigen Menschen teilen und sich für das Reich Gottes einsetzen, doch seine größte Freude und Zuneigung wird seinem Gott gelten; alles andere ist Nebenerwerb.

Manche Männer verfehlen das Ziel, indem sie sich darauf konzentrieren, gute und ehrliche Geschäftsleute zu sein. Sie mögen biblischen Prinzipien folgen und als Christen ein vorbildliches Leben führen. Und doch besteht das Ziel des Lebens nicht darin, ein vorbildlicher Christ zu sein. Das Ziel ist, sich an Gott zu erfreuen. Ein Mensch, der sich an Gott erfreut, wird ein vorbildlicher Christ sein, ob als Geschäftsmann oder als Putzfrau, doch seine Freude wird ihren Ursprung in der persönlichen Beziehung zum Schöpfer haben, nicht in dem Versuch, diesen nachzuahmen.

Es ist nur eine feine Linie, aber ein gewaltiger Unterschied zwischen dem Versuch, sich einen christlichen Charakter anzueignen, und der überströmenden Freude eines Herzens, an dem Gott arbeitet. Äußerlich mag beides gleich aussehen, aber das eine ist eben nur anerzogen und das andere echt.

Wir sind alle mit einem starken Verlangen danach geschaffen worden, unseren Schöpfer zu kennen und zu genießen. Diese Sehnsucht kann durch nichts anderes gestillt werden außer dadurch, dass wir ihn kennen lernen, so wie er sich uns in Jesus Christus offenbart hat. Wir stehen in der Gefahr, dass wir unser ganzes Leben damit zubringen, auf das falsche Tor zu schießen, indem wir unsere Erfüllung in Abenteuern suchen, in Urlaubsreisen, in Ehre und Anerkennung, im Glück und Beziehungen, und dabei das richtige Tor aus den Augen zu lassen: Die Freude an dem, der uns erschaffen hat.

Das Stadion ist voller Zeugen, die uns zuschauen. Werden sie voller Schande die Hände über'm Kopf zusammenschlagen, wenn sie die peinliche Szene mit ansehen müssen, wie wir auf das falsche Tor zulaufen? Oder werden sie sich daran freuen, wie wir auf das richtige Ziel, die Freude an Gott, hinsteuern? Mögest du auf das richtige Tor zielen und treffen.

> „Da wir nun eine solche Wolke von Zeugen um uns haben, so lasst uns jede Last ablegen und die Sünde, die uns so leicht umstrickt, und lasst uns mit Ausdauer laufen in dem Kampf, der vor uns liegt, indem wir hinschauen auf Jesus, den Anfänger und Vollender des Glaubens, der um der vor ihm liegenden Freude willen das Kreuz erduldete und dabei die Schande für nichts achtete, und der sich zur Rechten des Thrones Gottes gesetzt hat." (Hebräer 12,1-2)

FRAGEN:

- Warum lief Klaus in die verkehrte Richtung?

- Wie fühlte sich Klaus, als er allein mit dem Ball zum Tor lief, als er traf, und als er begriff, dass er aufs falsche Tor geschossen hat?

- Was ist das Ziel des Lebens?

- Wie kann man dieses Ziel verfolgen, während man der täglichen Arbeit nachgeht?

Kapitel 22: Werde ich denn gar nicht größer?

Ein ganz besonderes Mittel gegen Ängste und Sorgen ist das ausgiebige Verweilen im Lobpreis: Manch eine arme, müde Seele hat das bereits so empfunden. – Matthew Henry

„Papa, kannst du mich messen? Ich will wissen, ob ich schon gewachsen bin."

„Aber, Tom, ich habe dich doch erst letzte Woche gemessen."

„Ich weiß. Aber kannst du es noch einmal tun, vielleicht bin ich ja wenigstens ein wenig gewachsen."

„Na gut", lacht der Vater. „Steh gerade. Füße zusammen. Schultern an die Wand. Kinnlade hoch. Halte still, ich markiere. Jetzt geh an die Seite und gib mir das Maßband. Lass mich schauen ... ein Meter und ... siebenundfünfzig Zentimeter."

„Bist du ganz sicher? So groß war ich doch schon vor drei Monaten! Werde ich denn gar nicht größer?"

Wenn Tom aufhören würde, sich über seine Körpergröße Sorgen zu machen und stattdessen gut essen und fleißig arbeiten würde, so würde er vielleicht noch einige Zentimeter bis zu seiner vollen Größe wachsen. Und wenn die Größe von einem Meter und siebenundfünfzig Zentimetern seine von Gott festgelegte Größe sein soll, so würde er sich seine vergebliche Mühe ersparen, seinen Hals zu strecken, um noch einige Milimeter rauszuholen.

Wenn wir zu viel Zeit damit verbringen, das Wachstum unseres Körpers, des Verstandes oder des Geistes zu messen, geraten wir leicht in Entmutigung. Ich habe dieses Problem vor allem bei den Männern beobachtet, die etwas Großes tun oder sein wollten. Sie sind ständig damit beschäftigt, ihre Charakterentwicklung und Fruchtbarkeit zu messen. Gewöhnlich stellen sie immer wieder fest, dass sie ihren eigenen Erwartungen nicht nachkommen und sind dann ständig über sich selbst frustriert. Ihren Mitmenschen machen sie das Leben auch nicht gerade schön, denn es ist nicht angenehm, mit Personen zusammenzuleben, die sich selbst nicht annehmen können.

Wenn es um praktische Zufriedenheit geht, muss ein Mensch verstehen, dass er nicht im Zentrum des Universums steht. Eine übermäßige Besorgnis um das persönliche Wachstum, um die eigene Brauchbarkeit und Frucht ist der sichere Weg zur Verzweiflung. Eine ehrliche Selbstprüfung bringt häufig mehr neues Versagen als Fortschritte ans Licht.

Wie ist es möglich, dass ein Mensch sich zum Ziel setzt, ein Gott wohlgefälliges Leben zu führen, und trotzdem noch nach Jahren so hässliche Macken im eigenen Leben entdeckt? Warum ist er über sich selbst frustriert und entrüstet, obwohl seine Familie und seine Freunde bei ihm durchaus Wachstum oder sogar gravierende Veränderungen feststellen?

Die Bibel behandelt so schwere Fragen wie diese und gibt uns einfache Antworten. Für die klugen Köpfe dieser Welt mögen ihre Antworten wie Märchen klingen, aber sie sind zutiefst wahr und praktisch sehr nützlich. Gemäß der biblischen Lehre sind wir alle von einer Schlange gebissen worden, der Sünde. Ihr Gift macht uns egozentrisch und stolz. Auch wenn wir noch so viele Reformen unternehmen, wir werden die Folgen dieser Vergiftung spüren, solange wir noch in diesem Körper leben.

Wenn du nun dein Leben ehrlich untersuchst und dabei hoffst, Zeichen für geistliches Wachstum zu entdecken, wirst du oft feststellen, dass da alte Probleme noch immer Schwierigkeiten machen, oder dass an Stelle der alten neue Probleme aufgetreten sind. Diese Entdeckungen überwältigen und entmutigen den stolzen Menschen, der doch gern etwas Lobenswertes an sich finden möchte.

Gegen dieses Gift gibt es nur ein Gegenmittel. Als die Israeliten in der Wüste von Schlangen gebissen wurden, befahl Gott Mose, eine Schlange aus Bronze herzustellen und diese im Lager für alle sichtbar aufzustellen. Ein Mensch, der von einer Schlange gebissen worden war, konnte zu dieser Schlange hinaufschauen – und wurde dadurch gesund (vgl. 4.Mose 21,4-9). Das ist das einzige praktisch wirksame Gegengift gegen die Verzweiflung, die bis heute die Menschen quält, die sich in ihren Gedanken ständig um sich selbst drehen.

Ewiges Leben haben bedeutet, das Herz unseres himmlischen Vaters zu kennen, wie er es in Jesus Christus offenbart hat (vgl. Joh. 17,3). Darum, wenn ein Mensch über seine eigene Unzulänglichkeit in Verzweiflung und Entmutigung fällt, gibt es für ihn nur eine Kur: Hinaufschauen in das Herz Gottes, auf Jesus Christus.

Reformen und Selbstdisziplin bringen uns keine Erleichterung. Wir sind aufgefordert, unser Heil zu erarbeiten, und diese Arbeit besteht ganz einfach darin, in allen Lagen auf Jesus Christus zu schauen und an die Güte Gottes zu glauben. Lies die Evangelien und betrachte den Herrn Jesus. Betrachte die Natur, die Geschichte und die Umstände. Denke über das Wirken Gottes im Alten Testament nach. All das zeigt etwas von seinem Herzen. Schaue auf ihn – und lebe!

Wenn dir das Elend deiner Selbstsucht begegnet, oder wenn du entmutigt bist, weil du dich mit dem Guten in anderen Menschen vergleichst, dann schau auf Christus. Denke an seine Barmherzigkeit, an sein herzliches Mitgefühl, an sein Verlangen Sündern zu helfen, an seine Freundlichkeit und an seinen Tod an deiner Stelle. Anstatt noch mehr Schuld auf deinem Haupt anzuhäufen, richte deine Augen auf deinen Gott und lass dich mit neuer Hoffnung erfrischen. Hoffnung – nicht auf deine Güte, sondern auf die Güte dessen, der Sünder wie dich und mich liebt und rettet.

Das Abendmahl ist eine gute Illustration für dieses Prinzip. Paulus forderte die Korinther dazu auf, sich selbst zu prüfen, bevor sie daran teilnehmen. Meinst du, dass sie nach einer sorgfältigen Selbstprüfung hätten sagen können: „O ja, ich bin gut genug für das Abendmahl. Ich faste einmal die Woche. Ich bin nicht wie die anderen Menschen, diese Ungerechten und Ehebrecher. Ich gebe treu den Zehnten. Ich bin ein guter Mensch.“? Nein. Wenn wir uns selbst im Lichte der Bibel prüfen, werden wir gewöhnlich mit dem Zöllner ausrufen: „Gott, sei mir, dem Sünder, gnädig!“ (Vergleiche Lukas 18,11-14.)

Nachdem wir uns selbst betrachtet, unsere Schuld neu erkannt und bekannt haben, lenkt das Abendmahl unsere Blicke von uns weg; und lässt uns ganz nüchtern auf unseren Herrn blicken. Wir essen das Brot und trinken den Wein und erinnern uns daran, dass sein Leib für uns gebrochen und sein Blut für uns vergossen wurde. Der Glaube an dieses vergossene Blut beseitigt unsere Schuld und erneuert den Wunsch nach einem gerechten Leben.

Wenn unsere Selbstprüfung Schuld aufdeckt, bringt es nichts, auf Knien über Glasscherben zu kriechen oder mit einer Peitsche den eigenen nackten Rücken wund zu schlagen. Es bringt genauso wenig, eine Stunde lang im Sessel zu schmollen oder deprimiert umherzugehen.

Die biblische Reaktion auf das Versagen besteht darin, die Schuld zu bekennen, sobald man sie erkennt, dann sofort auf das Herz des Herrn Jesus zu schauen und voller Hoffnung neu zu beginnen, das Richtige zu tun.

Schaue nicht nur dann auf das Herz Christi, wenn du etwas falsch gemacht hast, sondern auch dann, wenn andere Menschen dich falsch behandeln. Anstatt bei ihren Beleidigungen zu verweilen, richte deine Gedanken auf ihn. Hat er nicht die Sünder lieb und hat er nicht Geduld mit denen, die ihn beleidigen? Hat er nicht selbst während seiner Hinrichtung um Vergebung für seine Henker gebetet? Es geht nicht um diejenigen, die dir Unrecht zufügen, es geht auch nicht um dich, es geht um ihn! Wenn du ihn kennst, findest du in ihm Ruhe und ewiges Leben.

Das ist nicht eine gewisse Form von mentaler Gymnastik; wir sind so geschaffen worden. Wenn wir unsere Augen von uns selbst auf ihn hin richten, werden wir von der Entmutigung befreit und finden die Quelle der wahren Freude.

Wir versuchen nicht, uns selbst für die eigenen Fehler blind zu machen. Mit vollem Bewusstsein unseres Versagens und der Schwierigkeiten mit anderen Menschen sollen wir uns dafür entscheiden, an das zu denken, „was wahrhaftig, was ehrbar, was gerecht, was rein, was liebenswert, was wohllautend, was irgendeine Tugend oder etwas Lobenswertes ist" (Phil. 4,8).

Der Prophet Hesekiel verkündete dem Volk Israel (in Hes. 36,25-31), dass Gott selbst sie eines Tages reinigen würde von all ihrer Unreinheit und von ihrem Götzendienst; dass Gott ihnen ein neues Herz und einen neuen Geist geben würde; dass er seinen Geist in ihr Inneres legen und bewirken würde, dass sie in seinen Satzungen wandeln und seine Rechtsbestimmungen befolgen; dass er ihnen das Land geben würde; dass er ihnen die Früchte der Bäume und den Ertrag der Felder vermehren würde; und dass sie dann an ihre bösen Wege gedenken werden und die Taten, die nicht gut waren, und dass sie vor sich selbst Abscheu empfinden werden wegen ihrer Sünden und wegen ihrer Gräuel.

Man könnte ja annehmen, dass die von Gott gereinigten, neu gefüllten und gesegneten Menschen sich nun besonders gut und heilig fühlen. Doch das hat Gott seinem Volk nicht verheißen, und dir auch nicht. Du wirst immer unzulänglich bleiben und dich auch so fühlen. Das Bewusstsein deiner eigenen Unzulänglichkeit kann sogar noch größer werden, wenn du im Glauben wächst. Doch du darfst immer wissen, dass Gott für alle deine Nöte aufkommt.

Am 20. März 1840 schrieb der schottische Prediger Robert Murray McCheyne einen ermutigenden Brief mit den Worten: „Für jeden Blick, mit dem du dich selbst anschaust, blicke zehn Mal auf Christus!" Prüfe dich selbst von Zeit zu Zeit, doch sei nicht überrascht über das Gift, das du in dir findest. Hebe dann sofort deine Augen zum Kreuz und schau auf Christus, auf sein liebendes Herz. Denke daran, wie gut er ist.

Dein Versagen und deine Sünde darfst du nicht auf die leichte Schulter nehmen, das ist ganz klar. Dennoch darfst du auch nicht vergessen, dass es für einen von der Schlange der Sünde gebissenen Menschen nur ein Heilmittel gibt: Den Blick auf Christus, den Einblick in sein Herz.

Höre damit auf, dich selbst zu messen, mit anderen zu vergleichen und deinen eigenen Wert zu berechnen. Richte deine Augen auf Christus, denke an ihn, und du wirst Freude für deine Seele finden.

> **„Und wie Mose in der Wüste die Schlange erhöhte, so muss der Sohn des Menschen erhöht werden, damit jeder, der an ihn glaubt, nicht verlorengeht, sondern ewiges Leben hat."** (Johannes 3,14-15)

FRAGEN:

- Warum war Tom so besorgt und frustriert?

- Warum geraten Menschen, die häufig auf sich selbst schauen, leicht in Entmutigung?

- Was bedeutet es, auf Jesus Christus zu schauen?

- Wie gibt uns der Blick auf ihn die Freiheit, glücklich zu sein trotz des Empfindens unserer Sünde?

- Wie denkst du über den Rat des Robert Murray McCheyne?

Kapitel 23: Zwei Arten von Traurigkeit

> So schmerzvoll ein emotionales Ereignis auch sein mag,
> kann es doch ein Katalysator sein, der unsere Reaktion in
> eine Richtung führt, die uns – und unseren Mitmenschen
> – zum Besseren dient. Halte die Augen offen, um zu lernen.
> – Louisa May Alcott

Jeder Bautischler hinterlässt bei seiner Arbeit eine Menge
Sägestaub und Hobelspäne. Manchmal muss er mehrmals
am Tag die Holzspäne zusammenfegen und aufsammeln,
damit man auf der Baustelle noch sicher gehen kann. Oft
nehme ich einen Haufen solcher brennbarer Abfälle mit
nach Hause und lege sie in meinen Holzspeicher, um sie
als Anzündholz zu verwenden. Eines Tages entschloss ich
mich, eine Ladung davon zu meinem Schwager Karl zu
bringen. Er heizte sein Haus mit Holz und könnte sicher
einiges davon gebrauchen.

Nachdem ich meinen Wagen beladen hatte, ging ich ins
Haus, um meine Brieftasche zu holen. Als ich am leeren
Sofa vorbeiging, ließ ich mich niederfallen, nur für eine
Minute, um meine Augen ein wenig zu entspannen. Ich
hatte hart gearbeitet und so tat es gut, sich eine Minute
auszuruhen, oder vielleicht zehn... Zwei Stunden später
wachte ich auf!

Empört begann ich, mir selbst Vorwürfe zu machen.
„Du Faulpelz, zwei kostbare Tagesstunden hast du ver-
schwendet. »Ein wenig schlafen, ein wenig schlummern,
ein wenig die Hände in den Schoß legen, um zu ruhen...«
Die Armut wird dich überrennen. Wann lernst du endlich, fleißig zu sein?" Ich hatte noch eine Menge anderer
böser Worte an mich selbst zu sagen, als ich ans Steuer
kletterte und die Straße entlang fuhr. Wie sollte ich jemals
ein Mann nach Gottes Herzen werden, wenn ich solch ein
Faulpelz war?

Mit einer Schachtel Anzündholz unter meinem Arm
klopfte ich an Karls Tür. In kürzester Zeit öffnete er und
starrte mich verblüfft an: „Woher wusstest du?"

„Woher wusste ich was?", fragte ich nach.

„Komm herein", sagte er.

Ich ging ins Wohnzimmer. Die Tür seines Kamins stand offen. Im Inneren verglimmte ein Stück zerknülltes Papier zwischen zwei Holzklötzen. Er war gerade damit beschäftigt, ohne Anzündholz ein Feuer zu entfachen. Wir warfen frisches Papier und einige von mir mitgebrachte Späne hinein, und im Nu loderte ein wärmendes Feuer im Kamin.

Während wir uns nun aufwärmten, hörte Karl nicht auf, Gott für seine Hilfe genau zur richtigen Zeit zu preisen. Das wäre nicht dasselbe gewesen, wenn ich zwei Stunden eher angekommen wäre. Während ich zu Karl fuhr, ärgerte ich mich über die Verspätung, doch aus seiner Sicht kam ich gerade rechtzeitig.

Was hilft es, sich selbst zu beschimpfen, wenn man versagt hat? Macht dich das zu einem besseren Menschen? Verbessert es deine Einstellung oder dein Wohlbefinden? Gewöhnlich machst du dadurch alles nur schlimmer, weil du dich selbst – und vielleicht auch deine Mitmenschen – doch nur entmutigst.

Die Traurigkeit über das eigene Versagen, über den angerichteten Schaden oder verpasste Gelegenheiten hat ihren Platz in unserem Leben. Doch es gibt zwei verschiedene Arten von Traurigkeit, die eine zerstört und die andere führt zum Leben. Ich brachte die zerstörerische Art der Traurigkeit hervor, als ich zu Karl fuhr. Wäre ich in gottgewollter Weise traurig gewesen, hätte das Ereignis etwa so ablaufen können:

„Ich kann es kaum glauben! Ich wollte mich doch nur zehn Minuten ausruhen und jetzt sind zwei Stunden daraus geworden! Wie dumm von mir. Himmlischer Vater, ich fühle mich wie ein Versager. Ich will kein Faulpelz sein und habe mich doch so benommen. Arbeite du bitte an meinem Herzen und mache mich zu einem fleißigen Arbeiter. Danke, dass du mich nicht aufgibst. Heute Abend fange ich an, früher schlafen zu gehen, um an den Nachmittagen mehr Energie zu haben. Danke, dass du so gnädig bist." Und dann würde ich mit einem Herzen voller Hoffnung, im Bewusstsein der Güte Gottes in meinen Wagen springen und das Feuerholz zu Karl bringen.

Die gottgewollte Traurigkeit sieht das Problem, bekennt es, unternimmt Schritte, die Sache in Ordnung zu bringen, und geht dann fröhlich zurück an die Arbeit. Diese Art der Traurigkeit erlaubt es einem Menschen, mit Gott im Reinen zu sein, mit anderen Menschen freundlich umzugehen und ohne Selbstvorwürfe zu leben.

Traurigkeit ist oft ein Schmerz, den wir im Herzen empfinden, wenn wir etwas Falsches getan oder etwas Richtiges unterlassen haben. Gott hat uns für diesen Schmerz empfindsam gemacht, damit wir, wenn wir etwas verbrochen haben, wieder umkehren und es nicht noch einmal tun.

In einem Brief an die Korinther beschreibt Paulus den richtigen Umgang mit der Traurigkeit (2.Kor. 7,11): „Denn siehe, wie viel ernstes Bemühen hat dies bei euch bewirkt, dass ihr in gottgewollter Weise betrübt worden seid, dazu Verantwortung, Entrüstung, Furcht, Verlangen, Eifer, Bestrafung! Ihr habt in jeder Hinsicht bewiesen, dass ihr in der Sache rein seid." Diese Christen in Korinth haben sich bemüht, ihre Wege zu ändern. Darum brachte ihre Traurigkeit Leben und nicht Selbstzerstörung hervor.

Wenn du etwas getan hast, was dir Leid tut, dann sollst du jetzt nicht dein Hemd ausziehen und dich auspeitschen. Vielmehr ist es jetzt an der Zeit, nüchtern zu betrachten, was geschehen ist. Wenn du etwas verkehrt gemacht hast, so bekenne es schnell. Wenn du es wieder in Ordnung bringen kannst, dann fang gleich damit an. Wenn dir bewusst wird, was du in Zukunft anders machen solltest, unternimm konkrete Schritte zur Veränderung. Die Traurigkeit in gottgewollter Weise sieht den Schmerz und die Reue als Freunde an, die einen zum Herrn bringen wollen.

Die weltliche Traurigkeit drückt einen Menschen nur nieder. Er dreht sich in seinen Gedanken um sein eigenes Versagen, verprügelt sich dabei selbst und sehnt sich nach der Gelegenheit, die Vergangenheit noch einmal zu durchleben und es besser zu machen; doch diese Gelegenheit wird natürlich niemals kommen. Er geht durchs Leben, als hätte er einen 30 kg schweren Rucksack auf den Schultern. Anstatt sich mit seinen Fehlern auseinander zu setzen, den Preis zu bezahlen und frei zu werden, verdunkelt er seine Zukunft mit einer dunklen Wolke von Fehlern der Vergangenheit, die er sich ständig vor Augen hält.

Fehler können weh tun, und sie tun es auch. Sie können unwiderrufliche Folgen mit sich bringen. So ist nun mal das Leben. Dieses Wissen sollte uns enorm dazu motivieren, Fehler zu vermeiden und danach zu streben, das Richtige zu tun. Doch wenn du trotzdem einmal versagt hast, den Schmerz des Fehlers verspürt und die Sünde bereut hast, dann nimm nicht die Straße hinunter in das Gefängnis der Selbstverachtung, sondern lass dich durch die Trauer in gottgewollter Weise zu einem höheren Grad der Reife hinaufbringen. Erkenne den Fehler, bringe in Ordnung, was du kannst, und richte dich darauf aus, den Fehler nicht noch einmal zu wiederholen.

Als ich noch zur Schule ging, erzählte ich einer Klassenkameradin etwas, das ich für einen lustigen Witz über einen Epileptiker hielt. Als ich fertig war, konnte ich mich selbst vor Lachen nicht halten. Sie schaute mir nüchtern in die Augen und sagte: „Ich kann über deinen Witz nicht lachen. Ich habe Epilepsie." Noch dreißig Jahre später zucke ich zusammen bei der Erinnerung an meine Gedankenlosigkeit, nicht weil ich den Witz ausgerechnet ihr erzählt hatte, sondern weil ich ihn überhaupt erzählt habe. Da die Worte einmal aus meinem Mund gekommen waren, konnte ich sie nicht mehr zurück nehmen. Der Schaden war angerichtet. Alles, was mir blieb, war, mich aufrichtig zu entschuldigen und es nicht noch einmal zu tun. Diese Erfahrung hat meine Haltung gegenüber Witzen entscheidend verändert.

Wir können es uns nicht leisten, ständig über die Schulter nach hinten zu schauen, vor allem wenn die Fehler der

Vergangenheit unser Herz verdunkeln und uns die Freude rauben. Auf der anderen Seite wollen wir die Lektionen, die wir aus diesen Fehlern gelernt haben, nicht vergessen. Die gottgewollte Traurigkeit befreit uns von unserer Vergangenheit und macht uns Mut, voller Hoffnung, Zuversicht und mit einer großen Portion Demut in die Zukunft zu schauen.

Ich wünsche dir Befreiung und dankbare Freude darin, die gottgewollte Art der Traurigkeit zu erlernen.

> „Nun freue ich mich — nicht darüber, dass ihr betrübt wurdet, sondern darüber, dass ihr zur Buße betrübt worden seid; denn ihr seid in gottgewollter Weise betrübt worden, sodass ihr von uns keinerlei Schaden genommen habt. Denn die gottgewollte Betrübnis bewirkt eine Buße zum Heil, die man nicht bereuen muss; die Betrübnis der Welt aber bewirkt den Tod." (2. Korinther 7,9-10)

FRAGEN:

- In der Geschichte mit dem Anzündholz war ich besorgt um meine Faulheit. Um was war Gott besorgt?

- Beschreibe die „Betrübnis der Welt". Was ist ihre Frucht?

- Beschreibe die „gottgewollte Betrübnis". Was passiert mit Menschen, die diese Art der Traurigkeit durchmachen?

- Welcher Belastung ist eine Familie ausgesetzt, wenn der Vater in der „weltlichen" Traurigkeit versinkt?

- Welche Freiheiten wird eine Familie erleben, wenn der Vater in gottgewollter Weise mit der Traurigkeit umgeht?

Noch ein wichtiger Hinweis: In diesem Kapitel ging es um die Traurigkeit aufgrund des eigenen Versagens. Traurigkeit empfinden wir aber auch in anderen Fällen, zum Beispiel wenn wir durch einen Unfall unsere Gesundheit oder gar Körperteile verlieren, oder wenn wir eine ersehnte Position nicht bekommen, für die wir hart gearbeitet haben, oder wenn einer unserer Lieben verstirbt. Obwohl die Traurigkeit verschiedene Ursachen hat, geht es dennoch nach demselben Prinzip weiter: Wirst du diese Ereignisse durch die Brille der weltlichen Betrübnis betrachten und deinen Blick immer auf das richten, was du verloren hast und was dir nun zu fehlen scheint? Oder wagst du den Schritt aus dem Schatten heraus und schaust voller Hoffnung auf den neuen Weg, den die Ereignisse dir nun vorgelegt haben? In beiden Fällen empfindest du einen gewissen Schmerz. Das Ziel ist nicht, dem Schmerz zu entfliehen. Das Ziel ist, den Schmerz arbeiten zu lassen. Lass den Schmerz dein Leben verändern. Lass ihn dich zu Gott führen.

Kapitel 24: Ein Beispiel zum Nachahmen

Die meisten kennen diese Dinge gut genug, um sie von anderen zu erwarten, aber zu schlecht, um sie selbst zu tun.
– Matthew Henry

Ich lese gerne und höre mir auch gern etwas an. Aber wenn ich eine neue Aufgabe erlernen soll, wie den Einbau eines neuen Sicherheitsschlosses oder den Umgang mit einem neuen Computer-Programm, brauche ich jemanden, der mir zeigt wie das geht. Es ist hilfreich, das Handbuch dazu zu lesen, aber wenn ich ein oder zwei Mal jemandem dabei zugeschaut habe, komme ich viel schneller zurecht.

Die Jünger Jesu hatten dasselbe Problem, darum machte er ihnen bei ihrem letzten gemeinsamen Abendessen eine sehr wichtige Lektion vor. Er gab ihnen keine Lektüre und führte keine PowerPoint-Präsentation vor. Er schrieb kein Handbuch, aber er schrieb in ihr Gedächtnis hinein, wie der Weg zu echtem Glück aussieht.

In dem vollen Bewusstsein, „dass ihm der Vater alles in die Hände gegeben hatte und dass er von Gott ausgegangen war und zu Gott hinging, stand [Jesus] vom Mahl auf, legte sein Obergewand ab, nahm einen Schurz und umgürtete sich; darauf goss er Wasser in das Becken und fing an, den Jüngern die Füße zu waschen und sie mit dem Schurz zu trocknen, mit dem er umgürtet war." (Joh. 13,3-5) In wenigen Stunden würden alle diese Männer ihn verleugnen und sagen, dass sie ihn nicht kennen. Alle bis auf einen – der ihn sogar verraten und an die Feinde ausliefern würde. Dennoch handelt der Herr ganz demütig und wäscht einem nach dem anderen die Füße.

Als er fertig ist, setzt er sich hin und erklärt sein Handeln (Joh. 13,12-15.17): „Versteht ihr, was ich euch getan habe? Ihr nennt mich Meister und Herr und sagt es mit Recht; denn ich bin es auch. Wenn nun ich, der Herr und Meister, euch die Füße gewaschen habe, so sollt auch ihr einander die Füße waschen; denn ein Vorbild habe ich euch gegeben, damit auch ihr so handelt, wie ich an euch gehandelt habe. ... Wenn ihr dies wisst, glückselig seid ihr, wenn ihr es tut!"

Durch sein Beispiel und die Erklärung machte Jesus seinen Nachfolgern klar, dass in seinem Reich die höchste Autorität sich dazu herabneigt der niedrigsten zu dienen; der Reichste kümmert sich um die Nöte des Ärmsten; der Meister versorgt den Diener; und der Reinste wäscht die Schmutzigsten rein. Durch seine Taten und Worte vollendete er seine Lektion und schloss diese mit einer Verheißung. Er versprach ihnen, dass, wenn sie tun würden, was sie bei ihm gesehen haben, sie wirklich „glückselig", also glückliche Menschen sein würden.

Diese Glückseligkeit habe ich heute Morgen erfahren, als ich anfing, dieses Kapitel zu schreiben. Meine Töchter fahren heute über die Berge in das Landesinnere von Oregon. Es hat geschneit und die Temperaturen sind sehr niedrig, sodass die Straßen stellenweise vereist sind. Bei diesem Wetter braucht man Schneeketten oder Winterreifen. Da auf unserem Auto Sommerreifen montiert sind, werden die Mädchen unterwegs irgendwann die Schneeketten aufziehen müssen. Das ist kein großes Problem, denn sie wissen gut, wie das geht. Das Problem liegt nur darin, zu wissen, wann sie die Ketten benutzen sollen und wann nicht. Wenn alle Straßen vom Schnee bedeckt sind, ist das einfach, aber wenn sie stellenweise verschneit und stellenweise trocken sind, können Ketten mehr ein Problem als eine Hilfe sein.

Während ich vom Schreiben Pause machte, um im Holzofen das Feuer zu schüren, gingen meine Gedanken zu den Reifen, zu den Schneeketten und zu dem schwarzen Eis, das vor dem Schnee in den Bergen zu erwarten sein würde. Meine Mädchen schliefen noch, und selbst wenn sie wach gewesen wären, hätten sie sich keine Gedanken über die verschiedenen Möglichkeiten und die beste Reisestrategie gemacht. Dafür sind die Väter da.

Mir kam der Gedanke: „Kaufe doch Winterreifen für das Auto." Die Idee brachte in mir einen Ausbruch von Freude hervor. Da ich nun die bestmögliche Strategie kannte, ließ ich meine schlafende Familie zu Hause, sprang ins Auto und fuhr langsam über die vereiste Straße zum Reifenhändler. Der Laden war noch geschlossen, aber ich wollte morgens der erste in der Schlange sein, um rechtzeitig zur Abfahrt wieder zu Hause zu sein.

Jetzt, während ich weiterschreibe, sind meine Töchter irgendwo auf dem Bergpass unterwegs. Draußen vor meinem Fenster glänzen die Schneeflocken wie kleine Diamanten im Sonnenlicht, aber das ist noch gar nichts, verglichen mit dem Licht der Freude in meinem Herzen. Es sind nicht die neuen Reifen, die mich glücklich machen, es ist das Vorrecht, für die drei mir anvertrauen Mädchen sorgen zu dürfen. Das ist das Glück, das ein Mensch erfährt, wenn er weiß, was der Herr Jesus will und wenn er es tut.

Ein Grund dafür, dass wir Gottes Wege so schwer verstehen, liegt darin, dass unsere eigenen Neigungen so ganz anders sind. Wir würden meinen, die großen Menschen müssten von allen geehrt werden und alle müssen ihnen Aufmerksamkeit schenken und ihnen alles Nötige vor die Füße legen. Nach Gottes Gedanken aber erleben die Menschen die größte Zufriedenheit, wenn sie das, was in ihrer Macht steht, tun, um für die Bedürfnisse derer zu sorgen, die ihnen anvertraut sind. In vielen gottlosen Ländern werden die Schwächsten und Ärmsten ausgebeutet, um die Großen zu bereichern. Das ist genau verkehrt herum. Ein vor nicht langer Zeit gestürzter Herrscher besaß etwa 170 Paläste, während seine Bevölkerung zum Teil an Hunger litt. Im Reich Gottes entscheiden sich die Starken freiwillig dazu, den Schwachen zu helfen.

Auch verkehrte Theorien über das Wesen dieser Welt bringen Menschen dazu, sich von dem Vorbild und der Lehre Jesu abzuwenden. Manche behaupten zum Beispiel, dass unsere Welt sich zu ihrer heutigen Form entwickelt hat, indem die Stärkeren sich durchgesetzt haben. Man spricht da vom Gesetz des Stärkeren und von Evolution. Adolf Hitler glaubte an diese Theorie und rechtfertigte damit seinen Mord an Millionen von Menschen, die er für minderwertig und nicht lebenswert hielt.

Die wahre Natur der Schöpfung, die unsere Welt funktionsfähig erhält, ist die Aufopferung der Starken für die Schwachen. Am besten sieht man das dort, wo Elterntiere ihr Leben lassen, um ihre Sprösslinge zu schützen. Man sieht das beispielsweise, wenn ein Hahn seine Hennen und Küken gegen einen Waschbären verteidigt. Oder dort, wo eine Bärin alle möglichen Strapazen auf sich nimmt, nur um das Leben ihrer niedlichen Jungen zu schützen und sie groß zu ziehen. Das Überleben eines Pinguin-Kükens hängt von der Fürsorge seines Vaters ab, der fast fünf Monate lang das Ei zwischen seinen Füßen wärmt und dabei selbst auf Nahrung verzichtet. Sicherlich gibt es eine Nahrungskette in der Natur, wobei ein Tier das andere frisst; aber jede einzelne Tierart lebt davon, dass die Eltern ihr Leben hingeben, um ihre schwächeren Jungen zu schützen.

Die Insassen der Mayflower, jene Männer und Frauen, welche die Wurzeln des heutigen Amerika gewesen sind, verstanden das Vorbild Jesu. Sie nahmen fürchterliche Schwierigkeiten in Kauf, manche sogar den Tod, um ihren Kindern ein glückliches Leben in Freiheit zu ermöglichen. Natürlich wollten sie selbst auch frei sein, aber ihre Motivation, nach Amerika zu kommen, lag darin, ihre Kinder an einen Ort zu bringen, wo sie den Herrn Jesus ungehindert anbeten konnten.

Hochragende Ideen sind nicht viel wert, solange sie nicht deine Hände zur Tat bewegen. Was solltest du heute tun, wenn du das Beispiel Jesu vor Augen führst, wo der Größere dem Kleineren die Füße wäscht? Schaue dich nach einem Geringeren oder Schwächeren um. Finde jemanden, der nicht so schlau ist wie du, nicht so reich, nicht so begabt oder nicht so aufmerksam. Jeder, der in irgendeiner Hinsicht weniger hat oder kann als du, bietet dir eine Gelegenheit zum Handeln.

Fange zu Hause an. Erfülle zuerst deine ersten, häuslichen Pflichten. Ein christlicher Vater kümmert sich um die Versorgung seiner Familie, sonst hat er den Glauben verleugnet und ist schlimmer als ein Ungläubiger. Ein Sohn ehrt seine Eltern. Als der Herr seinen Jüngern befahl, auf den verheißenen Heiligen Geist zu warten, sagte er ihnen, sie würden zuerst in Jerusalem seine Zeugen sein. Das war dort, wo sie sich gerade befanden. Von dort aus würde sich ihre Wirksamkeit nach Judäa und Samaria und dann bis an die Enden der Erde ausbreiten.

Ähnlich solltest auch du klein beginnen, dort, wo du bist. Wenn dein kleiner Bruder Durst hat, aber nicht an den Wasserhahn drankommt, gieße du ihm Wasser in den Becher. Wenn deine Schwester nicht schafft, die Tasche mit den Einkäufen auf den Tisch zu stellen, hilf ihr dabei. Je mehr deine Kräfte und Fähigkeiten zunehmen, desto mehr Gelegenheiten wirst du haben, dem Vorbild Jesu zu folgen, und wenn du das tust, wirst du immer glücklicher werden. Wenn du jede kleine Gelegenheit treu ergreifst, wirst du dein Herz darin trainieren, anderen zu dienen; zuerst deiner Familie, dann deinen Mitarbeitern und schließlich deinem Land, wenn der Tag dazu gekommen ist.

Ob du dieses Prinzip verstanden hast oder nicht, du hast dieses Glück sicherlich schon mal erfahren. Bestimmt hast du schon mal jemandem geholfen, der in einer weniger glücklichen Lage war wie du selbst. Vielleicht hast du schon mal einen jüngeren Freund vor dem Angriff eines Raufbolds gerettet oder deiner Schwester die Suppe ans Bett gebracht, als sie mit Grippe krank lag. Oder du warst glücklich, als du einem Freund in Not einige tröstende oder ermutigende Worte sagen konntest, vielleicht sogar einer hungrigen Seele das Evangelium erklären konntest. Vielleicht hast du sogar ein gewisses Maß an Glück verspürt, als du deinem Hund die Zecke vom Ohr entfernt hast.

Das unmittelbare Beispiel, das Jesus seinen Jüngern gab, war, ihnen die Füße zu waschen. Denke an diese Tat, wenn jemand aus deiner Familie oder von deinen Freunden versagt oder einen Fehler macht. „Brüder, wenn auch ein Mensch von einer Übertretung übereilt würde, so helft ihr, die ihr geistlich seid, einem solchen im Geist der Sanftmut wieder zurecht; und gib dabei acht auf dich selbst, dass du nicht auch versucht wirst!" (Gal. 6,1) Wenn du ein verständiges Herz hast, so hilf jenen zurecht, die vom Weg abgekommen sind.

Freude erfüllt die Großen, wenn sie den Schwachen helfen, nicht weil sie etwas Großartiges getan haben, sondern weil ihre Tat sie auf Gottes Kurs gebracht hat, ob sie es wissen oder nicht. Er ist das fröhlichste Wesen aller Zeiten. Wenn du tust, was er tut, wirst du automatisch etwas von seiner Freude verspüren. So hat er dich geschaffen. „Wenn ihr dies wisst, glückselig seid ihr, wenn ihr es tut!" (Joh. 13,17)

> „... was wir gesehen und gehört haben, das verkündigen wir euch, damit auch ihr Gemeinschaft mit uns habt; und unsere Gemeinschaft ist mit dem Vater und mit seinem Sohn Jesus Christus. Und dies schreiben wir euch, damit eure Freude vollkommen sei." (1. Johannes 1,3-4)

FRAGEN:

- Was tat Jesus beim letzten Abendessen mit seinen Jüngern, um ihnen eine Lektion beizubringen?

- Was war die Lektion?

- Wenn ein Mensch diese Lektion kennt – was wird ihn glücklich machen?

- Was könntest du ganz konkret tun, um dem Beispiel Jesu zu folgen?

Kapitel 25: Komm zurück

Auf der Suche nach Glück magst du in die Ferne ziehen – doch um es zu finden, musst du zurückkommen. – Timothy Crowleys Mutter

„Wow, zu einem selbstständigen Handwerker gehört ja viel mehr als ich mir jemals vorgestellt habe", sagte der elfjährige Paul. Diese Feststellung war seine Reaktion auf meine Lektion darüber, wie er dem Kunden zu begegnen hatte: In die Augen schauen und einen festen Händedruck geben. Wenn mir ein Handwerker eine labbrige Hand reicht und seinen Blick von mir wegdreht, fällt es mir schwer, ihm zu vertrauen. Anstatt die Zusammenarbeit auf ein solides Fundament zu stellen, schleicht sich bei mir Misstrauen ein.

Ein fester Händedruck und der freie Blick in die Augen sind ein kleiner Teil vom Hausbau, über den manch ein Möchtegern-Handwerker noch nie nachgedacht hat, genauso wenig wie über pünktliches Erscheinen, über das Putzen der Schuhe vor dem Betreten einer Wohnung, über die zügige Rechnungsstellung, über angemessene Arbeitskleidung und über saubere Zähne. Obwohl diese kleinen Dinge nichts mit Holzbearbeitung zu tun haben, sind sie doch wichtig in der Beziehung zu den heutigen und zukünftigen Kunden.

Ebenso gibt es kleine Aspekte der praktischen Zufriedenheit, an die die meisten Menschen niemals denken. Eines davon ist ein Herz, das im Zurückkommen geübt ist. Auf den ersten Blick macht diese Aussage vielleicht keinen Sinn, doch ich hoffe, dass du in einigen Minuten verstehen wirst, welche Schönheit, Weisheit und Freude darin liegt, die Bereitschaft zum Zurückkommen zu haben.

Die meisten von uns neigen dazu, vor schwierigen oder unbequemen Situationen davonzulaufen. Wenn man in einen Verkehrsunfall verwickelt wird, will man am liebsten gleich davonfliehen, statt nachzusehen, ob jemand verletzt worden ist. Doch wenn man flieht und dann geschnappt wird, wird man hart dafür bestraft, man kann sogar im Gefängnis landen.

Stell dir mal vor, aus der Seitenstraße taucht plötzlich ein Radfahrer auf und fährt dir genau vors Auto, sodass du ihn überfährst. Wenn du zurückkommst und ihm Erste Hilfe leistest, so wirst du nicht bestraft, selbst wenn er sterben sollte; so ist es zumindest in Amerika. Wenn du aber vor lauter Angst davonfährst, kannst du wegen Totschlags zu Gefängnishaft verurteilt werden, wenn man dich findet. Fahrerflucht-Gesetze gibt es, weil wir Menschen die Neigung haben, vor Problemen und Pflichten davonzulaufen.

Die Verkäuferin eines Kleidungsgeschäfts macht einen Fehler, kassiert zu viel oder benimmt sich unfreundlich. „Hier komme ich mein Leben lang nie wieder hin", beschließt der aufgebrachte Kunde. Und er tut es tatsächlich nicht. In seinen Gedanken baut er einen hohen Zaun um dieses Geschäft und meidet den Ort. Wenn er im Lebensmittelgeschäft beleidigt wird, macht er dasselbe mit diesem Laden; als nächstes folgt der Florist, der Tankwart, der Bäcker und immer so weiter. Nachdem der Kunde sich durch die ungelösten Konflikte von allen lokalen Geschäften abgeriegelt hat, muss er mit dem Auto quer durch die Stadt fahren, um seine Einkäufe zu erledigen.

Ein Mann, der nicht bereit ist, zurückzukommen und zerbrochene Beziehungen wieder herzustellen, wird leicht dahin kommen, dass er sich von seiner Frau scheiden lässt und ihren Namen zu seiner schwarzen Liste hinzufügt, zusammen mit den Namen ihrer Freunde und Verwandten. Oder er fühlt sich von jemandem in seiner Gemeinde beleidigt und meidet alle, die zu dieser Gemeinde gehören. Wenn er nie zurückkommt, um die Probleme und Missverständnisse aufzuarbeiten, wird er irgendwann so viele Leute meiden müssen, dass er den Wohnort wechseln muss – doch nur um dort dasselbe von vorn zu beginnen.

Du kannst kein glückliches Leben führen, wenn du ungelösten Streit hinter dir hast. Ein Mensch mag versuchen, seine Vergangenheit auszublenden und darin gewissen Trost finden. Doch hin und wieder lässt unser Gehirn die Ereignisse der Vergangenheit wieder vor unseren inneren Augen ablaufen. Wenn wir unseren Dreck nicht aufgeräumt haben, bringt jede solche Erinnerung Traurigkeit hoch und hindert uns daran, beständig in der Freude zu leben.

Wenn jemand dir Unrecht zugefügt hat, geh zu ihm hin und kläre ihn über seinen Fehler auf. Biete ihm eine Gelegenheit, die Dinge in Ordnung zu bringen (vgl. Lk. 17,3). Sitze nicht schmollend in der Ecke, in der Erwartung, dass er selber kapiert, was er angestellt hat. Geh zurück. Wenn du es nicht tust, könntest du etwas sehr Wertvolles verlieren, zum Beispiel einen Freund, einen guten Ruf und ein Stück vom Glück.

Wenn du jemandem Unrecht zugefügt hast, geh zurück. Bringe die Dinge in Ordnung, so gut wie du nur kannst (vgl. Mt. 5,23-24). Es spielt keine Rolle, wer wem Unrecht zugefügt hat, du hast immer die Verantwortung, zurückzugehen und die Sache zu regeln.

Wenn du irgendwo arbeitest, arbeite jeden Tag so, dass dein Auftraggeber am letzten Tag zu dir sagen kann: „Wenn du in Zukunft wieder Arbeit brauchst, komm wieder. Dich stelle ich gerne wieder ein." Selbst wenn du nicht vorhast wieder zurück zu kommen, lasse dir die Türen offen. Du weißt nie, welcher Segen dich durch die offenen Türen hinter dir einholen könnte. Die Antwort auf die Frage „Was fange ich mit meinem Leben an?" wirst du viel häufiger in dem Blick auf die vertrauten Türen hinter dir finden als im Anklopfen an neue Türen.

Manche Leute „verbrennen hinter sich die Brücken", während sie durchs Leben reisen. Das bedeutet, dass sie durch Worte und Taten Beziehungen ruinieren und dann nie mehr zurückkehren, um sie zu reparieren. Sie schneiden sich selbst den Weg zum Rückzug ab. Doch das ist eine törichte Art zu leben.

Das Zurückkommen hat ein gewaltiges Potential.

Macht es dich nicht glücklich, wenn du eine zerbrochene Freundschaft wieder aufbaust, wenn du zurückgehst und eine Arbeit ganz zu Ende bringst oder ausgeliehenes Werkzeug zurückgibst? Sogar manch ein Gauner findet Erleichterung, wenn er sich selbst der Polizei stellt.

Man muss nicht nur zurückkommen, um Fehler aufzuarbeiten, man kann sich auch für etwas Gutes erkenntlich zeigen. Nachdem der Herr Jesus zehn Aussätzige rein gemacht hatte, kam nur einer zurück, um Gott die Ehre zu geben (vgl. Lk. 17,11-19). Anstatt zum nächsten Abenteuer zu eilen, ist es manchmal besser, zurückzugehen und sich bei Menschen zu bedanken, ihnen unsere Anerkennung und Dankbarkeit zu bekunden.

Wenn wir erwägen zurückzukehren, um ein Unrecht zu klären oder um etwas Gutes zu tun, stehen uns oft einige Lügen im Weg. „Sie werden dich nicht sehen wollen. Du wirst ganz schön blöd da stehen. Das wird nichts Gutes bringen. Du wirst alles nur schlimmer machen." Wenn wir auf sie hören, werden die Lügen zu Zäunen, die uns von dem Glück abhalten, das denjenigen winkt, die zurückkehren. Es mag sein, dass manche deine Bemühungen, Unrecht wiedergutzumachen, ablehnen werden, doch die meisten werden es nicht tun; Gott wird es niemals tun. Er ist immer bereit, Menschen willkommen zu heißen, die von ganzem Herzen zurückkommen, auch wenn die Lügen noch so laut schreien.

Wenn ein Mensch sich stets in der Rückkehr übt, sei es, dass er ausgeliehene Bücher zur Bibliothek zurückbringt, geliehenes Werkzeug schnellstmöglich zurück gibt oder seine Verbrechen eingesteht, es hilft ihm zu der wichtigsten Rückkehr, die es im Leben gibt. In Jesaja 53,6 heißt es: „Wir alle gingen in die Irre wie Schafe, jeder wandte sich auf seinen Weg." Jeder Mensch muss zu Gott zurückkommen. Wenn er es nicht tut, hat er in Ewigkeit keine Hoffnung auf Glück und Zufriedenheit.

Höre, was Gott dazu zu sagen hat (Jes. 44,22): „Ich tilge deine Übertretungen wie einen Nebel und deine Sünden wie eine Wolke. Kehre um zu mir, denn ich habe dich er-löst!" Er hat den Weg geebnet, der zu ihm führt, wir müssen ihn nur einschlagen. „Oder habe ich etwa Gefallen am Tod des Gottlosen, spricht GOTT, der Herr, und nicht vielmehr daran, dass er sich von seinen Wegen bekehrt und lebt?" (Hes. 18,23)

Eine der besten Geschichten vom Zurückkommen erzählte der Herr Jesus selbst. Es ist die Geschichte vom verlorenen Sohn. Der Junge hatte viele Fehler gemacht und stand nun ganz allein ohne Mittel in einem fremden Land. Er hatte solchen Hunger, dass er gern Schweinefutter gegessen hätte. Doch schließlich kam er zu sich selbst und sprach (Lk. 15,17-24): „Wie viele Tagelöhner meines Vaters haben Brot im Überfluss, ich aber verderbe vor Hunger! Ich will mich aufmachen und zu meinem Vater gehen und zu ihm sagen: Vater, ich habe gesündigt gegen den Himmel und vor dir, und ich bin nicht mehr wert, dein Sohn zu heißen; mache mich zu einem deiner Tagelöhner! Und er machte sich auf und ging zu seinem Vater. Als er aber noch fern war, sah ihn sein Vater und hatte Erbarmen; und er lief, fiel ihm um den Hals und küsste ihn. Der Sohn aber sprach zu ihm: Vater, ich habe gesündigt gegen den Himmel und vor dir, und ich bin nicht mehr wert, dein Sohn zu heißen! Aber der Vater sprach zu seinen Knechten: Bringt das beste Festgewand her und zieht es ihm an, und gebt ihm einen Ring an seine Hand und Schuhe an die Füße; und bringt das gemästete Kalb her und schlachtet es; und lasst uns essen und fröhlich sein! Denn dieser mein Sohn war tot und ist wieder lebendig geworden; und er war verloren und ist wiedergefunden worden. Und sie fingen an, fröhlich zu sein."

Der Sohn hatte gar keine Vorstellung davon, dass seine Rückkehr ein so freudevolles Ereignis werden könnte. Er hatte dieselben Lügen gehört, die mich und dich davon abhalten, zurückzukehren und unsere Fehler einzugestehen. Hätte er das gewusst, wäre er vielleicht schon früher heimgekehrt?

Wenn du weißt, dass du zu Gott zurückkehren musst, sei es wegen einer kleinen Sache oder wie der verlorene Sohn, so denke daran: Dich erwartet ein großes Freudenfest, das deine Vorstellungen übersteigt. Höre nicht auf die Lügen, kehre um zum Hirten deiner Seele. Es gibt keinen fröhlicheren Platz auf der Welt.

> **„Denn so spricht GOTT, der Herr, der Heilige Israels: Durch Umkehr und Ruhe könntet ihr gerettet werden, im Stillesein und im Vertrauen läge eure Stärke. Aber ihr habt nicht gewollt..." (Jesaja 30,15)**

FRAGEN:

- Was hat ein fester Händedruck mit einem guten Handwerker zu tun?

- Was ist Fahrerflucht?

- Was passiert mit Menschen, die nie zurückkehren, um Dinge in Ordnung zu bringen?

- Was will dich davon abhalten zurückzukehren und zu tun, wovon du weißt, dass es richtig wäre?

- Wie wird ein junger Mann diese Hindernisse behandeln, wenn er ein Überwinder ist?

- Ist dir bewusst, zu wem du zurückgehen solltest, um etwas zu klären?

P.S. Als ich den ersten Entwurf dieses Kapitels fertig hatte, war ich selbst überführt. Jahre zuvor hatte ein Holzhändler einen Fehler gemacht, der mich einige Hundert Dollar kostete. Als der Geschäftsinhaber den Fehler nicht einsehen konnte, reagierte ich wie ein Dummkopf, gab ihn auf und kaufte mein Bauholz anderswo ein. Bevor ich das Kapitel zu Ende schreibe, muss ich erst zurück und diese Beziehung in Ordnung bringen. Es macht mich nervös, daran zu denken. Draußen schneit es, daher habe ich eine gute Ausrede, zu Hause zu bleiben; doch ich will das Freudenfest nicht verpassen. Ich muss zugeben, ich fühle mich gar nicht so, als ginge es auf ein fröhliches Fest hinaus; die Lügen wollen mich aufhalten. Doch wenn ich dich dazu ermutigen will zurückzukehren, muss ich das auch selber tun...

Später...

Der Geschäftsinhaber saß in seinem Büro, umringt von Papierstapeln. Er grüßte mich etwas zurückhaltend, hatte ich den Eindruck. Er mag auch bei mir dieselbe Zurückhaltung verspürt haben. Ich erinnerte ihn daran, dass wir vor Jahren eine Auseinandersetzung hatten und ich gab zu, dass meine Reaktion schlimmer war als das Problem selbst. Ich sagte ihm, dass ich im Unrecht war und es wiedergutmachen wollte. Wir unterhielten uns dann noch einige Minuten recht warm, philosophierten über das Leben und das aktuelle wirtschaftliche Umfeld. Er sagte mir, mein Kundenkonto wäre noch immer offen und dass er mich gerne unterstützen würde, wenn ich in Zukunft etwas bräuchte.

Wir gingen auseinander wie zwei alte Freunde. Ich denke, unsere Beziehung ist wärmer, als sie es je gewesen ist.

Warum habe ich so lange mit dem Zurückkommen gewartet? Es war wegen dieser Lügen: „Du brauchst da nicht hingehen. Es ist schon so lange her. Er wird dich für verrückt erklären. Du wirst nichts ausrichten. Es war sein Fehler, nicht deiner." Man könnte meinen, dass es mir in meinem Alter und bei den vielen Ereignissen, wo ich schon zurückkehren musste, leichter fallen sollte, diesen Schritt zu tun. Ich hätte durch den Vorhang der Lügen hindurchblicken müssen auf das vor mir liegende Freudenfest, doch das gelingt mir nie so ganz. Die Lügen jagten mich den ganzen Weg bis zum Büro und ließen nicht nach, bis ich seine Hand drückte und ihm in die Augen sah. Die Freude nach diesem, wie nach jedem anderen Weg zurück, ist viel größer als der Kampf, den mich das Zurückgehen kostet.

Mögest du den Mut aufbringen, das Richtige zu tun und rechtzeitig zum Fest zurück sein.

Kapitel 26: Frucht bringen

> Gott wird Dinge offenbaren, die er niemandem zuvor offenbart hat, wenn wir unsere Hände in seine legen. In mein Labor kommen keine Bücher hinein. Was ich mache und wie ich es zu machen habe, wird mir offenbart. Ich muss nie nach Methoden tasten. Die Methode wird mir offenbart in dem Moment, in dem ich inspiriert bin, etwas Neues zu erschaffen. Wenn nicht Gott selbst hinter dem Vorhang die Fäden ziehen würde, wäre ich hilflos. – George Washington Carver

Während wir in der Empfangshalle eines Motels ein europäisches Frühstück aßen, konnten wir den Fernseher nicht überhören, der über den Köpfen der vielen Reisenden aus der Ecke des Raumes dröhnte. Der Sender übertrug gerade ein Interview mit der First Lady Amerikas, Laura Bush.

„Sind Sie glücklich?", fragte der Reporter.

„Ja, ich bin sehr glücklich", erwiderte Frau Bush. „Wenn man etwas tut, was man liebt und was produktiv ist, sei es zu Hause oder im Beruf, dann ist man glücklich."

Die Frau des Präsidenten hatte ein Geheimnis wahrer Zufriedenheit verstanden: Etwas Nützliches vollbringen. Dieses Prinzip lässt sich gut an den verschiedenen Launen der Honigbienen in einem Bienenstock verdeutlichen.

Wenn du Interesse an Bienen hast und deine erste Begegnung mit ihnen zufriedenstellend gestalten möchtest, dann öffne den Deckel des Bienenstocks irgendwann um die Mittagszeit im späten Frühling oder an einem Sommertag. Erfahrene Bienenzüchter untersuchen ihre Bienenstöcke das ganze Jahr über, doch für deinen ersten Versuch empfehle ich einen warmen Tag, an dem draußen alles in Blüte steht.

Mitten an einem warmen Sommertag sind die meisten Sammelbienen unterwegs bei den Blumen. Diejenigen, die sich im Stock befinden, sind gerade voll mit Nektar beladen heimgekommen. Die Arbeitsbienen im Bienenstock sind sehr beschäftigt, sie putzen die Zellen, bauen Waben und sorgen sich um die anderen Bedürfnisse des Volkes.

Sogar die Wehrbienen, die Wachsoldaten am Eingang, scheinen recht entspannt zu sein, während eine Ladung Nektar nach der anderen ihren Kontrollpunkt passiert. Wenn du zu diesem Zeitpunkt den Deckel vom Bienenstock nimmst, hörst du ein leises, zufriedenes, beschäftigtes Summen. Gewöhnlich lassen sie sich dann nicht aus der Ruhe bringen, selbst wenn man den ganzen Bienenstock zerlegt, solange sie nur weiterarbeiten können.

Ganz anders wird das sein, wenn du den Deckel an einem regnerischen Herbsttag entfernst, wenn es kaum noch Blüten gibt. Während du mit einem Werkzeug versuchst, den Deckel zu lösen und den Propolis-Siegel aufzubrechen, kannst du vielleicht ein tiefes Knurren vernehmen, fast wie von einem Hund, der dich warnt, ja nicht sein Fressen anzufassen. Auf den Wabenrahmen steht eine Armee von aufgeregten Bienen mit aufgerichteten Stacheln, als wollten sie sagen: „Komm nur näher, dann wirst du was erleben!" Ohne produktive, Frucht bringende Beschäftigung, ist das Bienenvolk zerstritten und betrachtet alles, was sich bewegt, als Ziel für ihren Frust. Ein Bienenvolk ohne nützliche Arbeit ist ein unzufriedenes, aggressives Volk.

Bei den Menschen ist das ähnlich. Sie beschweren sich über Arbeit, als sei diese ein böser Fluch. Dennoch habe ich noch nie einen wirklich glücklich-zufriedenen Faulpelz gesehen. Sie behaupten vielleicht, das sei das schönste Leben, immer nur zu faulenzen, zu naschen und Video-Spiele zu spielen, aber glaube ihnen nur nicht. Oberflächlich betrachtet mag ihr beschränkter Horizont großartig erscheinen, und doch fühlen sich faule Menschen meistens irgendwie krank. Wenn sie das Gegenteil behaupten, dann nur, weil sie noch nie die Freiheit und Gesundheit von harter Arbeit geschmeckt haben. Sie haben keine Ahnung davon, welche Freude fleißige Menschen genießen.

Unproduktive Menschen neigen dazu, in Schwierigkeiten zu geraten. Ich weiß nicht, von wem das Sprichwort stammt „Müßiggang ist aller Laster Anfang". Doch wer auch immer es zuerst gesagt hat, hat sich das nicht am grünen Tisch ausgedacht, sondern beobachtet, was mit Menschen geschieht, die ihr Leben nicht mit nützlichen Tätigkeiten füllen. Menschen, die sich nicht fleißig um ihre Aufgaben kümmern, mischen sich häufig in fremde Angelegenheiten ein.

Die Christen in Thessalonich rechneten damit, dass der Herr Jesus noch zu ihren Lebzeiten wiederkommen würde. Einige von ihnen hörten auf, nützliche Arbeiten zu verrichten und warteten untätig auf diesen Tag. Daraus entstanden Probleme, sodass Paulus sie ernsthaft verwarnen musste.

Er schreibt in seinem Brief (2.Thess. 3,6-13): „Wir gebieten euch aber, Brüder, im Namen unseres Herrn Jesus Christus, dass ihr euch von jedem Bruder zurückzieht, der unordentlich wandelt und nicht nach der Überlieferung, die er von uns empfangen hat. Ihr wisst ja selbst, wie ihr uns nachahmen sollt; denn wir haben nicht unordentlich unter euch gelebt, wir haben auch nicht umsonst bei jemand Brot gegessen, sondern mit Mühe und Anstrengung haben wir Tag und Nacht gearbeitet, um niemand von euch zur Last zu fallen. Nicht dass wir kein Recht dazu hätten, sondern um euch an uns ein Vorbild zu geben, damit ihr uns nachahmt. Denn als wir bei euch waren, geboten wir euch dies: Wenn jemand nicht arbeiten will, so soll er auch nicht essen! Wir hören nämlich, dass etliche von euch unordentlich wandeln und nicht arbeiten, sondern unnütze Dinge treiben. Solchen gebieten wir und ermahnen sie im Auftrag unseres Herrn Jesus Christus, dass sie mit stiller Arbeit ihr eigenes Brot verdienen. Ihr aber, Brüder, werdet nicht müde, Gutes zu tun!"

In stiller Arbeit den eigenen Unterhalt verdienen und Gutes tun. Das ist weiser Rat in zweierlei Weise. Erstens sind dann die eigenen Bedürfnisse versorgt und man belastet nicht andere Leute. Zweitens hat man, wenn man für die eigenen Bedürfnisse arbeitet, nicht die Zeit, sich in fremde Angelegenheiten einzumischen, die einen nichts angehen. Diese einfachen Regeln führen zu einer praktischen Zufriedenheit, die aufdringlichen Leuten versagt bleibt.

Mit „aufdringlichen Leuten" meine ich solche, die übereifrig darum bemüht sind, anderen Leuten in ihren Problemen zu helfen, ohne dass sie darum gebeten wurden. Sie denken, sie wären die großen Helden, die auf jede Frage eine Antwort haben, während sie von anderen als lästige Plage wahrgenommen werden.

Sam schlendert durch den Park und sieht auf dem Gummiplatz einige Jungen Basketball spielen. Er wird aufmerksam auf ihren Eifer und ihre Fähigkeiten. Er bleibt stehen und schaut ihnen zu. Nach einer Weile merkt er, dass die Spieler sehr gern ihre Ellenbogen gebrauchen. Sam war zwei Jahre lang Schiedsrichter und kennt die Spielregeln, also betritt er den Platz in der Überzeugung, dass er hier Ordnung schaffen muss. Er nimmt seine Pfeife, die stets an seinem Hals hängt, zwischen die Zähne. Beim nächsten regelwidrigen Ellenbogengebrauch pfeift er das Spiel ab: „Foul!" Plötzlich stehen zwanzig Tennisschuhe still, zehn Gesichter starren ihn mit herabfallender Kinnlade ungläubig an. Einer sagt laut, was alle denken: „Wer bist du denn? Sieh zu, dass du vom Platz kommst, bevor wir dich rausschmeißen!" Sam lässt die Ohren bis unter die Schulterblätter sinken. Er verlässt nicht nur den Platz, er verlässt auch schnellstmöglich den Park. Er sah sich als Freund und Helfer, war aber nur ein aufdringlicher Eindringling.

Wäre Sam fleißig um seine eigenen Pflichten bemüht, wie zum Beispiel mit dem Arbeiten für seinen Lebensunterhalt, wäre er nicht in diese Schwierigkeiten geraten. Seine freie Zeit machte ihm möglich, sich in Dinge einzumischen, die ihn nichts angingen. Diese beiden Mannschaften spielten nach ihren eigenen Regeln Basketball und es war nicht seine Aufgabe, sie dabei zu stören.

Menschen, die zu viel freie Zeit haben, reden und hören zu viel. Nachdem sie sich einigen Tratsch angehört haben, probieren sie dann Marthas Eheprobleme zu lösen, Daniels Kinder zu erziehen oder Elmer über die Notwendigkeit persönlicher Hygiene aufzuklären. Es mag wohl sein, dass diese Menschen Hilfe nötig haben. Doch wenn wir uns in Dinge einmischen, die uns nicht obliegen, betreten wir den Pfad zu einem unglücklichen Leben voller unnötigen Schwierigkeiten. Bleibe fern von diesem Pfad, indem du treu deine Arbeit tust.

Das bedeutet nicht, dass du dich nicht darum bemühen solltest, anderen Menschen zu helfen. Du erinnerst dich doch, wie Paulus seine Ermahnung bezüglich der Leute, die unnütze Dinge treiben, geschlossen hat: „Ihr aber, Brü-

der, werdet nicht müde, Gutes zu tun!" Es muss ein Gleichgewicht geben. Gehe deinen Pflichten nach, sammle Mittel und Fähigkeiten zum Helfen, und wenn du um Hilfe
gebeten wirst oder zum Helfen aufgefordert wirst, dann
mach das und hilf jedem, dem du helfen kannst.

Produktive Arbeit produziert Zufriedenheit. Sie hilft
nicht nur, Schwierigkeiten zu vermeiden; sie ist einer der
wichtigsten Gründe für unsere Existenz. Am Abend vor
seiner Kreuzigung erteilte der Herr Jesus seinen Jüngern
viele Lektionen. In den meisten ging es um die zukünftige
Freude und um den gegenwärtigen Trost für seine Nachfolger. In einem Gleichnis über den Weinstock und die Reben sagte er (Joh. 15,1-11): „Ich bin der wahre Weinstock,
und mein Vater ist der Weingärtner. Jede Rebe an mir, die
keine Frucht bringt, nimmt er weg; jede aber, die Frucht
bringt, reinigt er, damit sie mehr Frucht bringt. ... Ich bin
der Weinstock, ihr seid die Reben. Wer in mir bleibt und
ich in ihm, der bringt viel Frucht; denn getrennt von mir
könnt ihr nichts tun. ... Dadurch wird mein Vater verherr-
licht, dass ihr viel Frucht bringt und meine Jünger werdet.
... Dies habe ich zu euch geredet, damit meine Freude in
euch bleibe und eure Freude völlig werde."

Gott sucht in unserem Leben Frucht. Er gibt uns alles,
was wir nötig haben, um Frucht hervorzubringen. Er reinigt und pflegt uns, damit unsere Trauben groß und saftig
werden können. Wenn wir in ihm bleiben, wird er durch
unser Leben zur rechten Zeit Frucht hervorbringen und
wir werden überfließen vor Freude: „Dies habe ich zu euch
geredet, damit meine Freude in euch bleibe und eure Freude völlig werde."

Frau Bush wusste aus Erfahrung, dass produktive Arbeit einem Menschen Freude macht. Die Bibel erklärt uns,
warum das so ist. Fruchtbare Arbeit entspricht dem Wesen und Wirken Gottes, sie bringt uns in Einklang mit ihm
und mit seiner Freude. Darum erlebt der fleißige Mensch
eine Freude und Zufriedenheit, die ein fauler sich gar nicht
vorstellen kann.

„Wo man sich alle Mühe gibt, da ist Überfluss, aber wo man nur Worte macht, da herrscht Mangel." (Sprüche 14,23)

FRAGEN:

- Warum sind Bienen an sonnigen Sommertagen besser gelaunt als an kalten Herbsttagen?

- Was taten einige Christen aus Thessalonich, was Paulus scharf verurteilt?

- Was bedeutet es, aufdringlich zu sein?

- Warum macht produktive Arbeit einen Menschen zufriedener?

Kapitel 27: Schmerz, der Prediger

Der Schmerz wird heutzutage als ein Feind betrachtet, als ein unheilvoller Eindringling, den es loszuwerden gilt. Und wenn Produkt X den Schmerz 30 Sekunden schneller entfernt, umso besser. Diese Denkweise hat einen grundlegenden, gefährlichen Fehler: Wenn der Schmerz erst als Feind betrachtet wird, statt als ein warnendes Signal, so verliert er seine wegweisende Kraft. Den Schmerz zu stillen ohne seine Botschaft zu überdenken, ist wie das Ausschalten eines klingenden Feueralarms, um die schlechte Nachricht nicht hören zu müssen. Der Schmerz ist kein feindlicher Eindringling, sondern ein treuer Botschafter, gesandt von meinem eigenen Körper, um mich vor einer Gefahr zu warnen. – Dr. Paul Brand

An einem Wintermorgen begann ich damit, zwischen den Balken im Obergeschoss des Hauses, das wir bauten, Querblöcke zu installieren. Meine Finger fühlten sich an wie Eiszapfen, die von den Handflächen herabbaumelten. Irgendwie legte ich meinen linken Daumen auf einen Holzblock, ohne dies der rechten Hand mitzuteilen. Mit voller Wucht schlug ich den geriffelten 900-Gramm-Hammer statt auf den Holzbalken auf meinen Daumen und machte ihn platt. Auuutschhh!

Kurz nachdem ich anfing als Zimmermann zu arbeiten, war meine linke Hand völlig demoliert. Mullbinde und Pflaster bedeckten den geschwollenen Daumen, eine Metallschiene schützte die Wunden meines Zeigefingers und ein anders Bündel aus Mullbinde und Pflaster umgab den Mittelfinger. Mit Hilfe des nervösen Ringfingers klemmte ich die Nägel gegen den umwickelten Mittelfinger und versuchte, sie mit meinem überdimensionierten Hammer ins Holz zu schlagen. Obwohl ich sehr hoch motiviert war, konnte ich meinen Hammer nicht immer unter Kontrolle halten. Bei alledem habe ich eine wichtige Lektion darüber gelernt, wie man die Intensität des Schmerzes unter Kontrolle halten kann.

Immer dann, wenn ich mir auf einen Finger schlug, einen Balken auf den Fuß fallen ließ oder eines von hundert anderen schmerzbringenden Kunststücken vollbrachte, die ein Zimmermann so auf Lager hat, hielt ich inne und dankte Gott für meine immer noch funktionierenden Körperteile. „Danke, Herr, dass ich den kleinen Finger immer noch bewegen kann! Danke, dass ich gehen kann." Ich war selbst erstaunt drüber, wie ein einfacher Ausdruck meines Dankes mein Schmerzempfinden drastisch senkte. Es war, als hätte ich ein lautes Radiogerät einfach am Regler angefasst und die Lautstärke runtergedreht.

Einige Jahre nach der Entdeckung dieser Schmerzlinderung hatte ich eine Rückenverletzung, wegen der ich nicht gehen konnte. Während ich so auf dem Sofa lag und Gott für meine Arme und für mein gesundes Genick dankte, lieh mir meine Tochter ein faszinierendes Buch von Philip Yancey und Dr. Paul Brand: *The Gift of Pain*[2]. Auf Seite 222 las ich, dass eine klinische Studie zu dem Ergebnis kam, dass „Dankbarkeit die einzige Reaktion ist, welche die Genesung am meisten fördert". Was ich auf der Baustelle gelernt habe, wurde in einer klinischen Studie nachgewiesen! Dr. Brand hatte ebenfalls beobachtet, dass die Empfindungen von Furcht, Angst, Schuld, Einsamkeit und Hilflosigkeit einen Menschen empfindlicher für Schmerzen machen. Ein Patient, der Angst vor Nadelstichen hat, empfindet in der Regel größeren Schmerz als einer, der der Spritze gelassen entgegen sieht.

Die Dankbarkeit für meine gesunden Glieder erwies sich als nützliche Hilfe, um die Schmerzen meiner Arbeitsverletzungen im Zaum zu halten, doch ich hatte noch mehr zu lernen. Es kam mir nie in den Sinn, Gott für den Schmerz selbst zu danken! Das Buch von Dr. Brand öffnete mir die Augen dafür, dass der Schmerz selbst gut und weise ist.

Um zu verstehen, was am Schmerz gut ist, kannst du ja versuchen, dir ein Leben ohne Schmerzen vorzustel-

---

2   deutsch: „Das Geschenk des Schmerzes"

len. Zunächst klingt das großartig, doch ein Leben ohne Schmerz wäre in unserer gefallenen Schöpfung einfach schrecklich. Ein Kind ohne Schmerzempfindung könnte sich eine Fingerkuppe abschneiden oder mit dem Fuß auf einen spitzen Nagel treten und ohne mit der Wimper zu zucken einfach weiterlaufen, bis der ganze Fuß rot wird und anschwillt. Ohne Schmerzempfindungen könnten wir unsere Hände auf eine rot glühende Herdplatte legen und wir würden nicht merken, wie unsere Haut verbrennt. Das sind schreckliche Beispiele und ich mag gar nicht daran denken. Dennoch schreibe ich sie auf, damit du nicht vergisst, dass Gott barmherzig ist und uns aus lauter Freundlichkeit mit der Fähigkeit ausgestattet hat, Schmerzen zu empfinden. Der Schmerz ist ein Freund. Du kannst dir nicht vorstellen, in welchem Elend du ohne ihn leben würdest.

Der Schmerz bewahrt uns vor der Selbstzerstörung und treibt uns zu Gott, wie ein gut trainierter Schäferhund die Schafe einer Herde zusammentreibt. Verstehe den Zweck der Schmerzen und du wirst an Freiheit dazu gewinnen, um Gebrechen ruhig anzunehmen. Es mag dir immer noch weh tun, doch wird der Schmerz dir zum Kameraden und nicht zum Feind, den du am liebsten mit lautem Geschrei verjagen willst.

Ein alttestamentlicher Prophet beschreibt, wie Gott den Schmerz benutzt (Amos 4,6-12): „Dafür habe ich euch auch blanke Zähne gegeben in allen euren Städten und Mangel an Brot an allen euren Orten; und dennoch seid ihr nicht zu mir umgekehrt!, spricht der HERR. So habe ich euch auch den Regen vorenthalten bis drei Monate vor der Ernte. [...] Dennoch seid ihr nicht zu mir umgekehrt!, spricht der HERR. Ich schlug euch mit Getreidebrand und mit Vergilben. [...] Dennoch seid ihr nicht zu mir umgekehrt!, spricht der HERR. Ich sandte die Pest unter euch wie einst gegen Ägypten; ich tötete eure junge Mannschaft mit dem Schwert und führte eure Pferde gefangen weg, und ich ließ den Gestank eurer Heerlager in eure Nase steigen. Dennoch seid ihr nicht zu mir umgekehrt!, spricht der HERR. [...] Weil ich denn so mit dir verfahren will, so mache dich bereit, deinem Gott zu begegnen, Israel!"

Amos warnte das Volk Israel, dass wenn sie sich durch die Mahnungen des Schmerzes nicht von ihren Wegen abbringen lassen würden, Gott ihre Schmerzen noch weiter vermehren würde, bis hin zu einem immer währenden Schmerz. Gott benutzt Schmerzen, um Menschen von ihren bösen Wegen abzubringen, denn der Schmerz ist gewöhnlich etwas, worauf Menschen hören. Ein Mensch, der sein Leben lang den Mahnungen Gottes widersteht, muss viele unnötige Schmerzen erdulden; denn Gott wird die Lautstärke öfter mal aufdrehen, um die Aufmerksamkeit des eigenwillen Ausreißers zu gewinnen.

Dr. Brand schreibt auf Seite 222: „Betrachte den Schmerz als eine Rede, die dein Körper über eine für dich sehr wichtige Angelegenheit hält... Halte bereits beim ersten Stich inne, höre auf den Schmerz und, ja, versuche dankbar zu sein. Der Körper benutzt den Schmerz als Sprache, weil dies die effektivste Möglichkeit ist, deine Aufmerksamkeit zu gewinnen. Ich nenne diesen Ansatz ,sich mit dem Schmerz anfreunden': Etwas, was gewöhnlich als Feind betrachtet wird, entwaffnen und dann willkommen heißen."

Der Schmerz ist sehr häufig ein lieber Freund, der uns sagt, dass es einen anderen Lebensweg gibt als den, den wir eingeschlagen haben oder dass etwas nicht stimmt und wir eingreifen sollten. Das kann ein Mückenstich am Arm sein, oder ein Schmerz im Herzen, wenn wir uns mit einem Freund zerstritten haben.

Ich begegne häufig Männern, die Schmerzen in ihrer Brust haben. Der Druck im Beruf und zu Hause überlastet ihre Nerven. Ihre Brust wird beklommen und fängt an zu schmerzen. Viele greifen zu schmerzstillenden Pillen oder trinken Alkohol in einer Kneipe auf dem Heimweg. Ihr Schmerz will sie anhalten und zum Nachdenken bringen, damit sie ihre Sichtweise und ihren Kurs ändern. Doch statt still zu stehen und zu fragen „Warum habe ich diese Schmerzen?", betäuben sie ihren Schmerz mit irgendwelchen Mitteln, um weiter in die verkehrte Richtung zu laufen.

Ich wünsche dir, dass du in deinen jungen Jahren diese Dinge lernst, damit du auf der Hut bist, wenn du älter wirst. Vielleicht kannst du deinen Weg verändern, bevor dich die Anspannung zum Herzinfarkt oder Nervenzusammenbruch treibt. Außerdem will ich, dass du diese Dinge kennst, damit du Mitleid hast mit den Menschen, die ihre Hilfe in Drogen und im Alkohol suchen. Ein Mensch, der das Evangelium nie gehört hat oder der es ablehnt, wird unweigerlich versuchen, seinen Schmerz irgendwie zu stillen. Trauigerweise wird er seinen Schmerz, wenn überhaupt, nur für kurze Zeit stillen können.

Manchmal erleiden wir Schmerzen ohne eigenes Verschulden: Ein anderer Fahrer rammt unser Auto, ein Terrorist zündet einen Sprengsatz; vielleicht leiden wir an einer Erbkrankheit oder haben unerklärbare Schmerzen. Dennoch können wir uns in einem sicher sein: Wenn wir durch diese Schmerzen unsere Augen zu Gott erheben, so waren diese nicht vergeblich.

Alle, die an unerklärbaren Schmerzen leiden, krank sind oder sogar für ihren Glauben gefoltert werden, dürfen sicher sein: Der Schmerz existiert nur unter Gottes Kontrolle. Gott setzt dem Schmerz die Grenze und bürdet nie mehr auf als wir tragen können, und für den Christen sind die Schmerzen zeitlich begrenzt. Es kommt ein Tag, da alle Schmerzen aufhören.

Manchmal schirmt Gott einen Menschen ganz von Schmerzen ab. Denke da an Stephanus. Während er gesteinigt wurde, sah er nicht die Steine, sondern seinen Gott. Er kniete, betete, dass Gott seinen Feinden vergeben möge, und „entschlief" (siehe Apg. 7,59-60). In Notsituationen ist es schon häufig vorgekommen, dass Menschen ihre schweren Verletzungen gar nicht bemerkten, bis sie ihre Pflichten erledigt oder jemanden aus einer großen Gefahr gerettet haben. Auch das ist ein Teil göttlicher Weisheit in der Anwendung der Schmerzen.

Wehe denen, die nicht zuhören wollen, wenn der Schmerz zu ihnen spricht; denen, die sich durch den Schmerz nicht zur Buße bewegen lassen. „Und der fünfte Engel goss seine Schale aus auf den Thron des Tieres, und dessen Reich wurde verfinstert, und sie zerbissen ihre Zungen vor Schmerz, und sie lästerten den Gott des Himmels wegen ihrer Schmerzen und wegen ihrer Geschwüre, und sie taten nicht Buße von ihren Werken." (Off. 16,10-11) „Und der Teufel, der sie verführt hatte, wurde in den Feuer- und Schwefelsee geworfen, wo das Tier ist und der falsche Prophet, und sie werden gepeinigt werden Tag und Nacht, von Ewigkeit zu Ewigkeit." (Off. 20,10)

Die ewigen Schmerzen bleiben denen erspart, die zu Gott umkehren. Wenn diese Welt vergeht, wird auch der Schmerz seine warnende und drängende Funktion verlieren. Für diejenigen, die Buße getan haben, heißt es dann (Offb. 21,4): „Und Gott wird abwischen alle Tränen von ihren Augen, und der Tod wird nicht mehr sein, weder Leid noch Geschrei noch Schmerz wird mehr sein; denn das Erste ist vergangen."

Bis zu diesem Tag aber gilt es dankbar zu sein für die Fähigkeit, Schmerzen zu empfinden. Verschwende diese Gabe nicht. Lass den Schmerz dein Freund und deinen Prediger sein, der dich näher zu Gott bringen will.

„Hat jemand unter euch zu leiden, so bete er..."
(Jakobus 5,13a)

FRAGEN:

- Welche Haltung lindert Schmerzen?

- Welche fünf Gefühle vergrößern in der Regel den Schmerz?

- Welche fünf gegensätzlichen Gefühle könnten den Schmerz wohl lindern?

- Welche Gründe gibt es dafür, dass Gott uns Schmerzen erleiden lässt?

- Welche drei Fakten dürfen wir nie vergessen, wenn wir aus unerklärlichen Gründen Schmerzen erleiden oder für unseren Glauben gefoltert werden?

Kapitel 28: Verfolgung

> ... durch die einfache Kraft der Wahrheit; wir sehen eine
> Seele, die derart vom Guten beeinflusst ist, dass das Böse,
> selbst in der grausamsten Gestalt, ihre Schönheit nicht
> abschwächen kann, sondern als Kontrast dient, um ihren
> Glanz nur noch zu verstärken... denn in der Arena, am Schei-
> terhaufen und im Kerker gewann der Glaube an Christus sei-
> ne glorreichsten Siege. – aus *Foxe's Book of Martyrs*

Einen Blick auf Gottes Weisheit tun zu dürfen ist etwas,
was mich jedes Mal begeistert. Seine Sicht der Dinge ist
nicht auf diese Welt beschränkt. Er versteht die Zusam-
menhänge aller Erkenntnisse und Erfahrungen nicht nur
in dieser, sondern auch in der kommenden Welt. Vor ihm
gibt es keine Geheimnisse. Kaum meinen wir, etwas entdeckt zu haben, bringt er neue Fakten und Rätsel hervor,
um zu zeigen, dass wir erst an der Oberfläche seiner Genialität kratzen.

Wenn es darum geht zu verstehen, wie man zufrieden
leben kann, müssen wir zum höchst möglichen Aussichts-
punkt gelangen, um die Frage aus Gottes Sicht betrachten
zu können.

In Matthäus 5,10-12 sprach unser Herr bemerkenswerte
Worte über das Glücklichsein: „Glückselig sind, die um
der Gerechtigkeit willen verfolgt werden, denn ihrer ist
das Reich der Himmel! Glückselig seid ihr, wenn sie euch
schmähen und verfolgen und lügnerisch jegliches böse
Wort gegen euch reden um meinetwillen! Freut euch und
jubelt, denn euer Lohn ist groß im Himmel; denn ebenso haben sie die Propheten verfolgt, die vor euch gewesen
sind."

Diese Worte hätte er nicht gesagt, wenn er nicht davon
überzeugt gewesen wäre, dass unser Leben mehr ist als die
Welt, die wir sehen. Er selbst erduldete das Kreuz um der
vor ihm liegenden Freude willen. Er sah etwas, was nach
dem Tod und nach den Schmerzen kommt. Diese Sicht gab
ihm eine Freude, die selbst Peitschenhiebe, Kreuzesleiden

und die Last der auf ihn gelegten Sünde nicht auslöschen konnten.

Wir brauchen dieselbe Sicht, wenn wir durch schwierige Zeiten gehen müssen, um echte Freude aufrecht zu erhalten. Wenn wir diese Freude erst ergriffen haben, kann sie uns niemand mehr stehlen. Nicht nur, dass niemand uns diese Freude stehlen kann; schon der Versuch kann die Freude nur noch größer werden lassen, bis sie alles übersteigt, was wir erlebt haben oder uns jemals vorstellen konnten.

Es ist eine wunderbare Einrichtung Gottes, dass die Feuerproben unseres Lebens uns höchstes Glück einbringen. Darum sagt Jesaja, dass Gottes Wege höher sind als unsere Wege. Wenn das Schlimmste, Grausamste und Gemeinste, das ein Mensch dir antun kann, in dir die höchste Freude hervorbringt, was hast du zu befürchten?

In Markus 8,31 bereitet der Herr Jesus seine Jünger auf seine Leiden vor: „Und er fing an, sie zu lehren, der Sohn des Menschen müsse viel leiden und von den Ältesten und den obersten Priestern und Schriftgelehrten verworfen und getötet werden und nach drei Tagen wiederauferstehen." Diese Aussicht gefiel Petrus gar nicht. „Da nahm Petrus ihn beiseite und fing an, ihm zu wehren." Doch sein Herr wies ihn scharf zurecht und sagte ihm: „Weiche von mir, Satan! Denn du denkst nicht göttlich, sondern menschlich!"

Etwa dreißig Jahre später war Petrus viel reifer in seiner Gotteserkenntnis. Er ermutigte seine Glaubensgeschwister in seinem Brief (1.Pe. 3,14; 4,12-13): „Doch wenn ihr auch leiden solltet um der Gerechtigkeit willen, glückselig seid ihr! Ihr Drohen aber fürchtet nicht und lasst euch nicht beunruhigen; ... Geliebte, lasst euch durch die unter euch entstandene Feuerprobe nicht befremden, als widerführe euch etwas Fremdartiges; sondern in dem Maß, wie ihr Anteil habt an den Leiden des Christus, freut euch, damit ihr euch auch bei der Offenbarung seiner Herrlichkeit jubelnd freuen könnt."

Petrus schrieb nicht nur von der Bereitschaft zum Leiden, er lebte sie aus. Es wird überliefert, dass er nach neunmonatiger Haft auf den Befehl Neros hin ausgepeitscht und gekreuzigt wurde. Nach der Geißelung bat er, mit dem Kopf nach unten gekreuzigt werden zu dürfen. Petrus konnte seinen eigenen Tod verspotten, weil er das Reich Gottes kommen sah.

Die Kirchengeschichte ist voll von Berichten der Güte Gottes gegenüber Männern und Frauen, die bereit waren, Verfolgung zu erdulden. Ein Lebensbild nach dem anderen bezeugt, wie er ihnen Einblicke in sein kommendes Reich gewährte, ihnen Zuversicht und Freude schenkte. Die Offenbarung seiner Gegenwart gab ihnen Mut, bösen Angriffen ruhig und sogar mit großer Freude zu trotzen. Hier ein Beispiel davon:

William Hunter wurde von frühster Kindheit an von seinen gottesfürchtigen Eltern im protestantischen Glauben auferzogen. Eines Tages ging er in eine offene Kapelle hinein und begann dort in der Bibel zu lesen, die offen auf dem Tisch lag, wurde dabei aber streng von einem bischöflichen Kirchendiener zurechtgewiesen, der zu ihm sagte: „William, was mischst du dich in die Bibel ein? Verstehst du etwa, was du liest? Kannst du die Schrift erklären?" Er erwiderte: „Ich habe nicht vor, die Schrift zu erklären. Aber ich fand die Bibel hier liegen und lese sie zum eigenen Trost und zur Erbauung." Der Kirchendiener informierte einen Priester, der Priester tadelte ihn sehr hart und sagte: „Wer hat dir zum Bibellesen Urlaub gegeben?" Als er ihm verbot, sich mit der Bibel zu beschäftigen, erklärte William ihm offen, dass er entschlossen war, sein Leben lang darin zu lesen. Ebenso rügte er den Vikar dafür, dass er die Menschen vom Bibellesen fern hielt, wo die Schrift diese Praxis doch so ausdrücklich befürwortet. Der Priester beschimpfte ihn daraufhin als einen Ketzer.

Zwei Tage später ließ der Bischof ihn holen und

fragte, ob er bereit wäre zu widerrufen. Doch William antwortete, er würde niemals widerrufen, was er vor Menschen als seinen Glauben an Christus bekannt hätte. Der Bischof ließ ihn ins Gefängnis sperren und befahl dem Aufseher, ihm so viele Ketten anzulegen, wie er nur tragen konnte.

Der Bischof fragte ihn auch nach seinem Alter. William sagte, er wäre neunzehn Jahre alt. „Gut", sagte der Bischof, „wenn du dich nicht besser benimmst, wirst du verbrannt werden, bevor du zwanzig wirst."

William blieb ein Dreivierteljahr im Gefängnis. In dieser Zeit wurde er fünf Mal zum Bischof gerufen. Der Bischof versuchte ihn zu überzeugen und sagte: „Wenn du widerrufst, mache ich dich zu einem Freibürger und gebe dir 40 Pfund gutes Geld, damit du einen guten Einstieg in deinen Beruf machen kannst; oder ich mache dich zu einem Diener in meinem Haus und verschaffe dir eine gute Stellung."

„Ich danke Ihnen für die großen Angebote", antwortete William. „Doch ungeachtet dessen, mein Herr, wenn Sie mein Gewissen nicht anhand der Schrift überführen können, kann mein Herz sich nicht von Gott abwenden, nur um der Liebe zu dieser Welt willen; denn ich erachte alle diese weltlichen Dinge für Verlust und Kot im Vergleich zu der Liebe Christi."

Williams Eltern besuchten ihn und wünschten herzlich von Gott, dass er bis zum Ende ausharren möge. Seine Mutter sagte ihm, sie wäre glücklich, ein solches Kind zu haben, das bereit sei, sein Leben um Christi willen aufzuopfern.

William sagte zu seiner Mutter: „Für diese wenigen Schmerzen, die ich erleiden soll und die bald vorbei sein werden, verspricht mir Christus eine Krone der Freude; Mutter, solltest du dich darüber nicht freuen?"

Daraufhin kniete seiner Mutter nieder und sagte: „Ich bete zu Gott, dass er dich, mein Sohn, bis ans Ende stärken möge. Ja, ich sehe dich als ebenso großes Geschenk wie jedes Kind, das ich geboren habe."

Am nächsten Morgen befahl Mr. Brocket, der Sheriff, er solle sich für sein Schicksal vorbereiten. Zur gleichen Zeit kam der Sohn von Mr. Brocket zu ihm und sagte: „William, fürchte dich nicht vor diesen Männern mit ihren Waffen, die dich zu dem Platz bringen sollen, an dem du verbrannt werden sollst."

„Ich danke Gott, ich habe keine Angst", erwiderte der unerschrockene Jugendliche, „denn ich habe die Kosten bereits überschlagen." Dann sagte der Sheriff: „Hier ist ein Brief von der Königin. Wenn du widerrufst, sollst du leben, wenn nicht, wirst du verbrannt."

„Nein", sagte William, „ich werde nicht widerrufen." Er stand auf und ging zum Pfahl, und richtete sich daran auf. Dann betete er: „Sohn Gottes, lass dein Licht auf mich scheinen!" Plötzlich brach ein heller Sonnenstrahl sich Bahn durch die dunkle Wolkenschicht und leuchtete ihm genau ins Gesicht, sodass er seine Augen davon abwenden musste. Die Menschen verwunderten sich, denn kurz davor war es sehr dunkel gewesen.

William warf seinen Psalter seinem Bruder in die Hände, der sagte: „William, denk an die heiligen Leiden Christi, und fürchte dich nicht vor dem Tod."

„Ich fürchte mich nicht", antwortete William. Dann erhob er seine Hände gen Himmel und sagte: „Herr, Herr, Herr, empfange meinen Geist!" Und dann ließ er sein Leben für die Wahrheit. 27. März 1555, England.

(John Foxe, Foxe's Book of Martyrs)

Die Eltern von William haben ihren Sohn in diesem geheimnisvollen Weg Gottes erzogen. Sie haben ihm beigebracht, dass die Grundlage der wahren Freude jenseits der Grenzen dieser Welt liegt. Der Herr Jesus, Petrus und William lebten als Männer, die das wussten.

Widrige Lebensumstände, vor allem solche, die uns ungerecht und grausam erscheinen, rauben uns die Freude

– doch nur, wenn unsere Hoffnungen in dieser Welt begründet sind. Mögest du durch Gottes Gnade ein Mensch wie William Hunter sein, der die kommende Freude als so real betrachtet und sie so zuversichtlich genießt, dass niemand sie ihm wegnehmen kann.

Darum – arbeite fleißig mit deinen Händen, sei ein guter Bürger, und richte dein Denken auf das kommende Reich und auf den König der Freude, der alles regiert.

> „Daher sollen auch die, welche nach dem Willen Gottes leiden, ihre Seelen ihm als dem treuen Schöpfer anvertrauen und dabei das Gute tun." (1. Petrus 4,19)

FRAGEN:

• Warum konnte der Herr Jesus das Kreuz erdulden ohne zu verzweifeln?

• Wie kann ein Mensch Augen für das kommende Reich Gottes entwickeln?

• Wie dachten Williams Eltern über den bevorstehenden Tod ihres Sohnes?

• Hatte William Angst?

• Wie ist es möglich, dass Christen in grausamen Foltern besondere Freude empfinden können?

Kapitel 29: Das schwache Gemüt überlisten

Der Verstand ist ein Ort für sich, in sich selbst kann er eine Hölle zum Himmel und einen Himmel zur Hölle machen. –
John Milton (Das verlorene Paradies)

Jahrelang habe ich geschrieben, während meine Familie schlief. Gewöhnlich schreibe ich früh am morgen, bevor sie aufstehen und ich zur Arbeit fahre. Es kann daher Wochen dauern, bis ein Gedanke soweit ausgereift ist, dass ein Lektor den Text weiterbearbeiten kann.

Diesen Monat wollte ich etwas Neues ausprobieren. Ich entschloss mich, keine Aufträge vom Bau anzunehmen, sondern jeden Tag zu schreiben, bis ich mit dem Projekt fertig bin, oder bis mir das Geld oder die Gedanken ausgehen, je nach dem, was zuerst eintreten würde. Es war überraschend, obwohl nicht verwunderlich, dass mir zuerst die Gedanken ausgingen, und das schon am Abend bevor ich begann!

Am Dienstagmorgen wollte ich beginnen. Am Montagabend verwandelte sich eine angenehme Unterhaltung in eine Familiendiskussion, die uns alle zum Weinen brachte, mich ganz besonders. Am Ende fühlte ich mich als völliger Versager in meiner Aufgabe als Familienoberhaupt.

Nach dem gemeinsamen Gebet gingen alle zu Bett, außer mir. Ich ging runter in meine Holzwerkstatt, zündete im Ofen das Feuer an, setzte mich auf einen Klappstuhl und starrte in die Flammen. Ich bekannte Gott mein Versagen und bat um Hilfe. Meine Gedanken drehten sich im Kreis, ich machte mir Vorwürfe, nicht der Vater zu sein, der ich sein könnte oder sollte. Ich fragte mich, was ich tun sollte und manchmal schien mein Verstand auszusetzen.

Früher, als ich noch das College besuchte, saß ich manchmal den ganzen Tag ohne mich darauf besinnen zu können, was als nächstes zu tun sei, ganz verloren in Entmutigung. Manchmal hing die dunkle Wolke wochenlang über meinem Kopf. Das war damals, in meiner Jugendzeit.

Doch nun hatte ich eine Familie zu versorgen. Ich konnte es mir nicht leisten, auch nur eine Stunde in irgendeiner Form von Depression zu verlieren. Ich musste mit diesem Starren ins Feuer sofort aufhören.

Ich kenne die Namen der seelischen Probleme nicht im Einzelnen. Ich weiß nur, dass ich ein schwaches Gemüt habe, das nicht immer so arbeitet, wie ich es gerne hätte. Es ist zerbrechlich, sensibel und leicht zu entmutigen. Ich musste lernen, es zu überlisten.

Hoffentlich ist dein Gemüt etwas stabiler. Dennoch möchte ich dir von der Lektion berichten, die ich aus Erfahrung lernte und die mich durch trübe Tage hindurchträgt, wenn ich scheinbar meinen Weg verloren habe.

Diese Lektion heißt Verantwortlichkeit. Jemand kommt in den Raum und sagt Hallo. Wenn du eine Antwort gibst, grüßt du zurück. Antworten heißt, auf etwas reagieren und etwas zurück schicken. Jeder höfliche Mensch fühlt sich verpflichtet zu antworten, wenn man mit ihm redet. Ein Mensch, der konsequent auf die Hallos des Lebens und auf die anstehenden Verpflichtungen antwortet, wird als „verantwortungsvoll" bezeichnet.

Wenn jemand bei der Feuerwehr anruft und ein Feuer meldet, antworten die Feuerwehrleute, indem sie sich selbst zum Einsatzort schicken. Ein Feuerwehrmann kann sich traurig, einsam oder sogar deprimiert fühlen, doch wenn die Alarmglocke ertönt, springt er in seine Ausrüstung und rennt zum Einsatzfahrzeug, er gibt Antwort auf den Ruf seiner Pflicht. Er handelt verantwortlich oder verantwortungsbewusst.

Ein Weg, wie wir unser schwaches Gemüt überlisten können, besteht einfach darin, auf den Ruf unserer Pflichten zu antworten, also ihnen verantwortungsbewusst nachzugehen. Wenn du dich fühlst, als könntest du keinen klaren Gedanken fassen, geh duschen, putze deine Zähne und mache dich frisch. Bist du dran, den Tisch abzuräumen, dann mach das. Wenn du dich bei deinem Bruder entschuldigen musst, schieb das nicht auf. Knöpfe dein Hemd zu. Räume die schmutzige Kleidung in den Wäschekorb. Auch wenn es nur kleine Dinge sind, erledige deine Pflichten. Erledige so viele Dinge, für die du verantwortlich bist, wie dein schwaches Gemüt nur ertragen kann.

Nachdem der Ehemann meiner Schwester gestorben war, gab es Tage, an denen sie kaum gehen konnte. Wir gebrauchten unter uns den Spruch: „Halte deine Schuhe zugeschnürt." Das bedeutete: Erledige die kleinen Dinge, von denen du weißt, dass sie gemacht werden müssen, diejenigen, die du tun kannst; du wirst durchkommen.

Doch nun zurück zu meinem Abend der Entmutigung: Obwohl das Feuer meine Augen wie ein Magnet anzuziehen schien, wusste ich, dass ich nicht länger dorthin schauen durfte. In meinem Augenwinkel sah ich den leeren Holzkorb neben dem Ofen stehen. Ich unterbrach mein Starren, ging zum Holzspeicher, schnitt Anzündholz und legte es in den Korb. Dann ging ich noch einmal zum Holzspeicher, füllte die Schubkarre mit Holzscheiten und brachte diese vor die Werkstatttür.

Als emotionales Wrack bewältigte ich meine Büro-Angelegenheiten, ordnete einige lose Blätter und alte Briefe, schob die Bücher in den Regalen zurecht, bis mein Körper genauso ausgelaugt war wie meine Seele. Völlig erschöpft ging ich nun zu Bett.

Früh am Morgen wollte ich beginnen, an diesem Buch weiter zu arbeiten und über das Leben in der Zufriedenheit zu schreiben, doch ich konnte nicht. Stattdessen griff ich zum Laubbesen und fegte den Weg, der zum Bach hinab führt. Nach einigen Stunden kam meine Frau runter, um nach mir zu sehen. Wir weinten zusammen und unterhielten uns, während ich noch eine Stunde das Laub zusammenfegte. Sie bot mir an, mir das Frühstück vorzubereiten. Das klang großartig.

Beim Essen fragten mich meine Töchter fröhlich, ob ich heute schreiben wollte. Ich wollte nie wieder schreiben, schon gar nicht über das Leben in der Zufriedenheit! Ich sagte ihnen, ich könnte einfach nicht. Nach dem Frühstück räumte ich meine Werkstatt auf, entlud die Ladefläche meines Fahrzeugs, schärfte mein Werkzeug und räumte es auf. All das musste gemacht werden, bevor ich den nächsten Auftrag auf dem Bau annehmen würde. Ich fühlte mich wie Petrus, nachdem er seinen Meister verleugnet hatte; er wollte einfach nur fischen gehen und über seine eigene Arbeit nachdenken.

Ich überzeugte mich selbst davon, dass ich unfähig zum Schreiben war. Was hatte ich über Glück und Freude zu sagen, wenn ich sie nicht in meiner eigenen Familie zu Stande bringen konnte? Doch dann hörte ich Gottes Stimme in meinem Herzen: „Ich habe dich mit dem Schreiben nicht beauftragt, weil du perfekt bist. Ich habe dir einen Einblick in die Wahrheit gegeben und will, dass du diesen aufschreibst, ganz gleich wie du dich fühlst. Ich will, dass du schreibst, was du gesehen hast."

Am nächsten Tag ging ich durch eine aufgeräumte Werkstatt in ein ordentliches, sauberes Büro. Aus dem Fenster konnte ich den sauber gefegten Weg zum Bach erkennen. In der oberen Etage schliefen meine Töchter und meine Frau; wir sind einander näher gekommen, durch das Band der Liebe haben unsere Fehler uns noch mehr zusammengeschweißt. Mit gekämmtem Haar und gewaschenem Gesicht begann ich die frisch gelernte Lektion niederzuschreiben.

Was am Montagabend wie ein irreparabler Schlamassel aussah, bahnte sich bis zum Mittwochmorgen den Weg zu einer klaren Lektion, ganz davon zu schweigen, dass es mich dazu brachte, meine Unordnung zu beseitigen.

Vielleicht werde ich eines Tages reifer und lerne, wie man Entmutigung komplett vermeiden kann. Doch jetzt kann ich schon zufrieden damit sein, einen Weg aus der Entmutigung zu kennen, für den Fall, dass sie mich erneut überfallen sollte.

Was wir denken, ist zwar nicht unwichtig, doch was ein Mensch mit den Händen tut, zeigt, was er ist. Darum lege ich mehr Wert auf die Taten eines Menschen als auf die Klarheit seiner Gedanken. Erik mag innerlich vor Angst zittern und trotzdem seine Schwester aus dem reißendem Fluss retten. Bennet mag innerlich in einer Welt aus Selbstmitleid versunken sein, und doch für seine Oma die Einkäufe ins Haus tragen. John mag sich fühlen, als würde er für immer im Bett bleiben wollen, und dennoch aufstehen und seinen Tieren das Futter geben.

Ich bemühe mich darum, mein Gemüt gesund zu halten, indem ich Bibelverse auswendig lerne und über sie nachdenke, indem ich über gute Dinge nachdenke und gute Pläne schmiede. Doch wenn es trotzdem mal außer Kontrolle gerät und verrückt zu spielen scheint, mache ich mir keine Sorgen mehr darüber. Ich beschreibe Gott jedes Detail meiner Gefühle, bitte um Hilfe, überdenke meine Pflichten und wärme mich auf, indem ich mit den einfachsten von ihnen beginne. Diese Taktik hat sich stets als erfolgreich erwiesen, wann auch immer ich sie eingesetzt habe. Zusätzlich bin ich ermutigt durch alle die Projekte, die ich auf diese Weise in Zeiten der Entmutigung oder innerer Verwirrung erledigen konnte.

Mögest du stets ein starkes Gemüt haben; doch wenn es einmal zu schwanken beginnt, halte die Schuhe zugeschnürt.

> **„Schon ein Knabe gibt durch sein Verhalten zu erkennen, ob sein Tun lauter und redlich ist."** (Sprüche 20,11)

FRAGEN:

- Was ist „verantwortungsvolles Handeln"?

- Wie hilft verantwortliches Handeln einem schwachen Gemüt weiter?

- Was bedeutete der Spruch „Halte die Schuhe zugeschnürt"?

- Was ist wichtiger als sich wohl zu fühlen und klar denken zu können?

Kapitel 30: Eins nach dem anderen

Die beste Vorbereitung für die Zukunft ist gut besorgte Gegenwart und die Erfüllung der letzten Pflicht. – George MacDonald

Während der 1970er Jahre erlebte der Wohnungsbau in Oregon einen Boom. Wo man nicht hinschaute waren Geschäftsleute unterwegs und bauten Häuser um die Wette. Es schien, als wollte jeder Mann und sein Hund eine Baulizenz erwerben, einen Werkzeuggürtel und einen Transporter kaufen.

In den 1980er Jahren beruhigte sich der Immobilienmarkt. Viele Bauhandwerker zogen nach Alaska oder nach Texas um. Wer noch in der Stadt blieb, baute um und musste sich mit der Hälfte des früheren Einkommens begnügen.

Im Jahr 1985 waren die Bauleute wieder da und es gab wieder genug Arbeit. Der Wohnungsbau blühte prächtig, doch viele Bauunternehmer, vor allem solche, die die schweren Zeiten durchgemacht hatten, fürchteten, dass dies nicht lange so bleiben würde. So nahmen sie Aufträge an, die sie nicht brauchten und die für sie kaum noch zu schaffen waren. Sie zwangen sich selbst zu vielen Überstunden und zur Wochenendarbeit.

Seit dem Jahr 2000 wird wieder sehr viel gebaut. Viele steigen in die Baubranche ein und die Nimm-jeden-Auftrag-Mentalität ist weit verbreitet. Der Geschäftsmann, der sonst vier Häuser im Jahr baut, versucht es mit zehn. Die Baufirma, die sonst zehn Häuser im Jahr baut, will zwanzig schaffen. Die Furcht davor, dass der Markt versiegen könnte, treibt die Geschäftsleute dahin, so viel Arbeit wie nur möglich für sich zu sichern.

Viele Firmen haben sich so intensiv darauf gestürzt, viele Aufträge zu erhalten, dass sie vergessen haben, wozu sie die Arbeit brauchen. Eine häufige Begrüßung heutzutage ist: „Na, viel zu tun?" Dabei wäre es viel besser zu fragen: „Na, genießt du deine Arbeit?"

Manche Geschäftsleute erinnern mich an einen Hund, der an der Kette zieht, deren anderes Ende mit einem Pflock im Erdboden befestigt ist. Sie laufen wie wild im Kreis, soweit ihre Kette es ihnen erlaubt, unter den Füßen nur noch Dreck, weil sie das Gras längst mit den Pfoten ausgekratzt haben, das Halsband brennt ihnen die Haare vom Hals und mit ihrer Kette werfen sie ihren Fressnapf um, während sie lauthals auf wer weiß was bellen. Sie scheinen nicht zu wissen, warum sie rennen; sie rennen einfach.

Als Gegenteil stelle ich mir einen klügeren Hund vor, der ebenfalls angekettet ist, genau wie der erste, doch er liegt ruhig neben dem Pflock und wartet geduldig auf seinen Herrn. Als dieser sich ihm nähert, setzt der Hund sich hin. Ein leises Schwanzwedeln verrät seine Freude. Der Mann löst die Kette vom Halsband, nimmt Kurs auf den Weg zum Fluss und sagt freundlich: „Komm!" Voller Freude, bei seinem Meister zu sein, achtet der Hund auf jeden Schritt des Mannes. Seite an Seite gehen sie durch hohes Gras und dann durch das Waldstück zum Flussufer. „Sitz", sagt der Mann und geht einige Meter weiter. Dann holt er einen Tennisball aus der Tasche und wirft ihn in den Fluss. Er schaut zurück und sieht, wie der Hund mit seinen Augen den mit der Strömung davontreibenden Ball beobachtet. Jeder Muskel wartet in höchster Bereitschaft. „Fass!", befiehlt sein Herr. Mit einer Wolke von Staub, Sand und Gras eilt der Hund zum Wasser, springt hinein, schnappt den Ball, paddelt zurück und legt den Ball seinem Meister vor die Füße. Respektvoll streichelt der Mann seinen Hund am Kopf und Hals und sagt: „Guter Hund!" Der Schwanz wedelt freudig im Gras umher.

Welcher dieser beiden Hunde möchtest du lieber sein? Im Geschäftsleben benehmen sich die meisten Männer wie der erste Hund, sie merken nicht, dass Gott sich Geschäftsleute eher wie den zweiten Hund gedacht hat. Wenn Hunde reden könnten, würde der erste Hund keuchend sagen: „Na, viel zu tun?", während der zweite sich ganz ruhig erkundigen würde: „Na, genießt du deine Arbeit?"

Im letzten Frühling sah ich es wieder passieren. Ein eifriger Bauunternehmer unterschrieb einen Vertrag mit einem Ehepaar, in dem er sich verpflichtete, für sie ein Haus zu bauen. Er ging mit Begeisterung ans Werk, doch nach einigen Monaten hatte er keine Lust mehr und er übernahm einen neuen Auftrag. Als der Fertigstellungstermin für das erste Haus verstrich und das Haus noch nicht fertig war, wurden die Bauherren sehr ärgerlich. Sie waren ganz nette Leute, doch der Unternehmer hatte es zu weit getrieben. Und er hatte es nicht nur bei ihnen zu weit getrieben, viele Sub-Unternehmer wollten nicht mehr mit ihm zusammenarbeiten.

Ich möchte die Probleme nicht im Einzelnen auflisten, die dieser Unternehmer seinen Kunden, Vertragspartnern und sich selbst eingebrockt hat. Kurz gesagt, ich bin überrascht, dass er nicht im Knast gelandet ist. Sein Eifer, einen Auftrag anzunehmen, den er nicht abschließen würde, sein Verlangen nach Geld, ohne die entsprechende Arbeit zu leisten, und seine Vernachlässigung anstehender Verpflichtungen haben jedermanns Welt völlig durcheinander gebracht.

Ich unterhielt mich mit diesem Unternehmer, als wir uns eines Tages trafen. Er sagte, er wäre froh, dieses Projekt endlich abgeschlossen zu haben und genießt jetzt die Arbeit an seinen neuen Projekten. Das Problem ist nur, dass er das erste Projekt nicht vollständig abgeschlossen hat, denn er hat viel Ärger und Verstimmung hinterlassen und eine Menge Leute, die nie wieder mit ihm zu tun haben wollen.

„Du sollst nicht begehren" (2.Mo. 20,17) sind Worte, die Gott vor Jahrtausenden gesprochen hat und die auch für die Geschäftsleute der heutigen Zeit noch gelten. Gott wusste, dass wenn wir diesen seinen Weg befolgen, wir Ruhe, Ordnung und Zufriedenheit aufbauen werden. Seine Weisheit ist zeitlos. Wenn du dich nicht darum kümmerst, deine Verpflichtungen sorgfältig zu erfüllen, sondern stattdessen Dinge begehrst, Aufträge, Ehre, Ansehen oder Glück, wirst du fast immer in Schwierigkeiten landen.

Ich gebe dir einen praktischen Ratschlag fürs Geschäftsleben, der auf dem Wort Gottes und auf meiner Erfahrung mit Bauunternehmern wie diesem gründet ist: Wenn du zufriedene Kunden und glückliche Mitarbeiter haben willst, konzentriere dich nicht darauf, Aufträge zu bekommen. Widme deine Aufmerksamkeit dem laufenden Projekt und sieh zu, dass du es vollständig zum Abschluss bringst. Lehne es ab, ein neues Projekt zu beginnen, solange du das laufende noch nicht abgeschlossen hast; vermeide neue Versprechungen. Wenn du nicht alle Aufträge annehmen kannst, die dir angeboten werden, sage den Neuankömmlingen ab. Lass es nicht zu, dass neue Verpflichtungen dich daran hindern, die laufende Arbeit zu beenden.

Jedermann kann ein Projekt beginnen; selbst ein Kurzhaardackel kann einen Bauplan zur Baustelle tragen. Es gibt allerdings nur wenige Männer, die wissen, wie man einen erstklassigen Abschluss zu Stande bringt. Wenn deine Firma den Ruf hat, die Aufträge zu Ende zu führen, wirst du dadurch einen guten Ruf haben und dich nie um Aufträge sorgen müssen. Die Kunden werden Schlange stehen und auf dich warten. Und lass sie ruhig warten. Erlaube keinem neuen Auftrag, dich daran zu hindern, den laufenden vollständig, ganz und gar zum Abschluss zu bringen.

Wenn du Freude an der Arbeit haben willst, so viel an dir liegt, beginne jedes neue Projekt wie ein spannendes Abenteuer; schenke deine Aufmerksamkeit treu dem heutigen Tagesziel; doch vor allen Dingen, ich wiederhole, vor allen Dingen, bringe das Projekt mit derselben Begeisterung zum Abschluss, bis das letzte, noch so kleine Detail fertig ist.

Wenn du so arbeitest, werden die Kunden verrückt sein nach dir. Sie werden dir die Hand drücken, dass dir die Knochen weh tun werden. Sie werden dir Geschenke anbieten, mehr bezahlen als du verlangst und dabei vor Freude strahlen. Ihre Nachbarn werden klagen und sagen, sie wünschten, sie hätten auch einen so guten Unternehmer beauftragt, der seine Arbeit genauso gründlich erledigt. Das klingt vielleicht übertrieben, ist es aber nicht! Wenn du deine Aufträge zügig und vollständig erledigst, wird das für Aufsehen sorgen. Sorge dich nicht um deine Zukunft. Bringe zum Ende, was du begonnen hast. Du wirst es nie bereuen, dieses Prinzip zu deiner Arbeitsstrategie gemacht zu haben, sei es im privaten oder im Geschäftsleben.

„Der Ausgang einer Sache ist besser als ihr Anfang; besser ein Langmütiger als ein Hochmütiger." (Prediger 7,8)

FRAGEN:

- Was kann der Grund dafür sein, dass Unternehmer zu viele Aufträge annehmen?

- Welchem Hund willst du gleichen, dem ersten oder dem zweiten? Warum?

- Warum ist der Unternehmer in Schwieriegkeiten geraten?

- Wie lautet der Ratschlag fürs Geschäftsleben?

- Was hat das Gebot „Du sollst nicht begehren" mit diesem Ratschlag zu tun?

Kapitel 31: Unter seinem Lächeln

> Begriffen zu haben, dass Gott Gefallen an mir hat, dass sein Lächeln auf mir ruht – mir fehlen die Worte, um die Freude und Kraft zu beschreiben, die diese Erkenntnis mit sich gebracht hat. – Arthur W. Robinson

Freut sich dein Vater über dich? Ist er zufrieden mit deinem Tun? Leuchten seine Augen auf, wenn du den Raum betrittst? Wenn sich etwas zwischen dich und ihn schiebt, weißt du, wie du die Beziehung wieder in Ordnung bringen kannst? Lebst du im Sonnenschein seines Lächelns?

Unter dem frohen Lächeln seines Vaters zu leben, ist eine der großartigsten Erfahrungen der Welt. Leider kommen nur wenige Menschen in diesen Genuss. Viele Familien sind zerstört, die Generationen liegen nicht selten im Streit miteinander. Dennoch steckt in jedem von uns das Verlangen, mit einem glücklichen Vater zu verweilen. Diese Sehnsucht ist nicht nur auf Jungen begrenzt. Ein Mann verlangt nach einer freudevollen Beziehung zu seinem Vater vom Tag seiner Geburt bis an den Tag seines Todes. Ärger und Bitterkeit über vergangene Verletzungen mögen dieses Gefühl unter sich begraben, aber nie ganz auslöschen. Gott hat uns mit dem Hunger nach einem Leben mit einem glücklichen Vater geschaffen.

Viele Menschen betrachten Gott, vor allem den, den sie den Gott des Alten Testaments nennen, als eine Person, der man es schwer recht machen kann und die leicht verärgert ist. Sie stellen sich Gott vor als jemanden, der auf Distanz bleibt, unhaltbar hohe Maßstäbe aufstellt und jeden Versager bereitwillig bestraft.

Doch diese Vorstellungen sind weit von der Realität entfernt. Der Gott des Alten Testaments ist derselbe Gott, der sich selbst in der Person Jesus Christus im Neuen Testament gezeigt hat. Er ist das allerfröhlichste und allerglücklichste Wesen aller Zeiten. Sein Lächeln vertreibt die Dunkelheit. Er ist die Wärme des Sonnenscheins und die

Frische einer Frühlingsbrise. Sein fröhliches Lied durchdringt das Universum.

Als Vater der Schöpfung weiß er um die Wichtigkeit, um das Wunder, um die Herrlichkeit und Pracht der glücklichen Beziehungen zwischen Vätern und Kindern (vgl. Mal. 3,5-6). Das ist der Grund, warum er das dritte Buch Mose schreiben ließ.

Das dritte Buch Mose? Ist das nicht ein überholtes altes Buch über Opfervorschriften, die nur für das Volk Israel gültig waren?

Für die Blinden ist es das. Aber für verständige Leute zeigt dieses Buch den Weg in das größte Abenteuer, das ein Mensch erleben kann, nämlich zu einem Leben unter dem beständigen Lächeln des glücklichen himmlischen Vaters. Zusammen mit allen anderen Büchern der Bibel gibt das dritte Buch Mose den Menschen Anweisungen, wie sie mit einem Seufzer der Erleichterung ihrem Schöpfer „in die Augen schauen" und sich in seiner Freundlichkeit sonnen können.

Gott gab seinem Volk Opferzeremonien. Diese Zeremonien beschreiben sein Verlangen nach glücklichen Beziehungen zu Menschen. Sie zeigen uns, welche Schritte wir dazu unternehmen sollen, und was zu tun ist, wenn wir versagt haben. Ein Leben unter Gottes zufriedenem Lächeln ist für jeden möglich und erschwinglich, der Weg dahin ist sehr einfach und klar, wir müssen ihn akzeptieren.

Das vierte Kapitel in diesem Buch erklärte einem Israeliten, was er zu tun hatte, wenn er unwissentlich gesündigt hat und sich nun seiner Schuld bewusst geworden ist. Ob nun ein Priester gesündigt hatte, ein Herrscher, ein gewöhnlicher Mann oder das Volk als Ganzes, Gott gab spezielle Anweisungen zur Wiederherstellung der Beziehung.

Wenn ein gewöhnlicher Mann den stechenden Schmerz der Schuld verspürte, der ihn warnend darauf hinwies, dass er sich vom Wohlgefallen Gottes entfernt hat, sollte er ein makelloses weibliches Ziegenlamm zum Priester bringen, seine Hand auf den Kopf des Tieres legen und es am Opferplatz schlachten. Der Priester musste das Blut des Tieres auffangen, etwas davon mit seinem Finger an die Hörner des Altars schmieren, den Rest unter dem Altar ausgießen und das Fett des Tieres auf dem Altar verbrennen. Durch diese einfachen Handlungen genossen die Israeliten die Gewissheit, dass ihre Schuld vergeben war.

Das war ganz anders als bei den heutigen Steuergesetzen, wo man mit der Spitzfindigkeit eines Anwalts und der Rechenkunst eines Buchhalters zu einer Lösung kommt, von der man meint, „das könnte funktionieren, aber bewahre die Belege zehn Jahre lang auf, falls es doch nicht so geht". Für einen Israeliten gab es absolut keine Fragen mehr. Er wusste, wie er seine Schuld bereinigen kann. Einem reuigen Sünder war der Weg zur Vergebung sehr klar ausgeschildert und gut gepflastert, jedermann kannte diesen Weg.

Warum Gott gerade diese Regeln einführte, warum gerade diese Tiere, warum bestimmte Pflanzen, Blut, Öl, Fett verwendet werden sollten, warum bestimmte Methoden und Handlungsweisen, das haben wir nicht zu hinterfragen. Er ist der Herr, der die Regeln festlegt, und er hat diese Regeln festgelegt. Dennoch sagt uns das Neue Testament in Hebräer 9, dass Gott kein Gefallen an all diesen Opfern für die Sünde hatte, auch wenn er diese Methoden für eine Weile eingesetzt hatte. Wenn Gott nun keine Freude an diesen Tieropfern und den dazugehörigen Zeremonien hatte, welche Bedeutung hatten sie überhaupt?

Diese Methoden waren lediglich Werkzeuge in Gottes Hand. Werkzeuge, um seinem Volk eine unvergessliche Lektion zu erteilen. Die Lektion war diese: Es gibt einen Weg, zu Gott zu kommen; und zwar einen Weg, auf dem man ganz sicher sein kann, dass einem die Schuld vergeben und dass man von Gott angenommen worden ist. Es war ein Weg, der alle Zweifel und Fragen beseitigte. Diese Opferzeremonien boten allen, die sie befolgten, die volle Gewissheit, aufrecht vor Gott stehen zu können. Und denen, die sie nicht befolgten, machten sie völlig klar, dass sie von Gott getrennt sind.

Die große Menge an Einzelheiten, die sich immer wieder wiederholen, langweilt mich ein wenig, wenn ich das dritte Buch Mose lese, weil ich sie nicht alle verstehe. Das mag dir vielleicht ähnlich gehen. Obwohl jedes Detail von Bedeutung ist, bleibe nicht darin stecken und verpasse nicht die Gesamtbotschaft dieses Buches. Verpasse nicht die Botschaft eines liebenden Gottes, der seinem Volk eine zweifelsfreie Methode zur Versöhnung anbietet.

Alle diese Opfer waren ein Schattenbild von Jesus Christus, der allein das einzig gültige Sündopfer vor Gott dargebracht hat. Der Brief an die Hebräer machte den Juden klar, dass, wenn sie schon durch die Sündopfer von Schuld befreit wurden, sie nun umso mehr durch ihr Vertrauen auf Jesus Christus von aller Sünde befreit werden (Hebr. 9,13-14): „Denn wenn das Blut von Stieren und Böcken und die Besprengung mit der Asche der jungen Kuh die Verunreinigten heiligt zur Reinheit des Fleisches, wie viel mehr wird das Blut des Christus, der sich selbst durch den ewigen Geist als ein makelloses Opfer Gott dargebracht hat, euer Gewissen reinigen von toten Werken, damit ihr dem lebendigen Gott dienen könnt."

Wir vertrauen heute nicht auf die vielen Tieropfer, sondern auf das ein für alle Mal vollbrachte Opfer Gottes in Jesus Christus. Uns ist klar (1.Joh. 1,9): „Wenn wir aber unsere Sünden bekennen, so ist er treu und gerecht, dass er uns die Sünden vergibt und uns reinigt von aller Ungerechtigkeit." Das Befolgen der speziellen Regeln Gottes gab einem Israeliten die völlige Gewissheit der Vergebung. Wenn wir Gott bekennen, dass wir versagt haben, und dann darauf vertrauen, dass Christus die Strafe für unsere Schuld bereits abgezahlt hat, so können wir uns noch viel sicherer sein, dass wir im Wohlgefallen Gottes leben. Gott ist der Eine, der das Recht hat, Regeln zur Versöhnung festzulegen; unsere Sache ist, seine Regeln zu akzeptieren und zu befolgen.

Die Erkenntnis dieser Wahrheit schenkt uns Befreiung vom schlechten Gewissen. Ein schlechtes Gewissen sagt: „Du bist nicht gut genug. Gott mag dich so nicht sehen. Bessere dich, bevor du zu ihm kommst. Du hast sonst keine Hoffnung." Doch wenn wir Gottes Regeln glauben, brauchen wir darauf nicht zu hören, denn wir wissen, dass er uns die Schuld vergeben hat.

Die Grundlage für ein glückliches Leben ist das Bewusstsein, dass Gott glücklich, zufrieden und freundlich ist. Es ist möglich, beständig im Licht seiner Freude zu leben. Und sollte sich eine Wolke dazwischen schieben, haben wir ein sicheres Gegenmittel: Bekenne die Sünde und freue dich an der Reinigung. Während wir diese Wahrheiten erleben, verwandelt sich die Sehnsucht nach einer warmen Beziehung zum Vater in innere Ruhe, so wie ein ängstliches Küken Geborgenheit in den Federn der Glucke findet. Gottes Liebe ist die perfekte Antwort auf unseren Seelenhunger.

Du wirst die Worte und Wahrheiten über Gott nicht in Büchern verstauben lassen wollen. Sie sind zum Leben da. Da du in seinem Bild geschaffen bist, hast du das Vorrecht, deinen Mitmenschen dieselbe Wärme, Liebe und Akzeptanz entgegenzubringen, wie sein Lächeln dir bringt.

Eines Tages wirst du vielleicht selbst Vater sein, vielleicht bist du es schon. Schenke deinen Kindern das Licht deines strahlenden Angesichts. Bringe warmes Lachen in deine Familie hinein. Wenn eines deiner Kinder dir gegenüber Schuldgefühle hat oder sich von dir entfernt, zeige ihm, wie es die Einheit wiederherstellen kann. Zeige deine Bereitwilligkeit und sei Tag und Nacht verfügbar. Ganz gleich, welche Haltung sie dir gegenüber einnehmen, strebe eine freudige Beziehung zu jedem einzelnen Kind an. Und wenn du noch keine eigenen Kinder hast, übe schon mal an deinen Geschwistern, Eltern und Freunden.

Wenn du diese Erkenntnis Gottes zum Bestandteil deines Lebens machst, wirst du Freude ausstrahlen und viele Menschen ermutigen.

Ich wünschte, jemand hätte mir in meiner Kindheit gesagt, dass diese starke Sehnsucht, meinem Vater zu gefallen, ein Geschenk ist, das mich näher zu meinem himmlischen Vater zieht. Wie die meisten Kinder habe ich manchmal viel mehr von meinem irdischen Vater erwartet, als er mir geben konnte. Jetzt, da ich die volle Gewissheit habe, im Wohlgefallen meines himmlischen Vaters zu leben, bin ich frei, meinen irdischen Vater mehr zu schätzen.

„Entsündige mich mit Ysop, so werde ich rein;
wasche mich, so werde ich weißer als Schnee!
Lass mich Freude und Wonne hören,
damit die Gebeine frohlocken, die du zerschlagen hast.
Verbirg dein Angesicht vor meinen Sünden
und tilge alle meine Missetaten!
Erschaffe mir, o Gott, ein reines Herz,
und gib mir von Neuem einen festen Geist in meinem
Innern!
Verwirf mich nicht von deinem Angesicht,
und nimm deinen heiligen Geist nicht von mir.
Gib mir wieder die Freude an deinem Heil,
und stärke mich mit einem willigen Geist!
Ich will die Abtrünnigen deine Wege lehren,
dass sich die Sünder zu dir bekehren."
(Psalm 51,9-15)

FRAGEN:

- Wer gab uns das Verlangen, von unseren Vätern geliebt zu sein?

- Wie will Gott dieses Verlangen stillen?

- Was tat Gott, um den Israeliten klar zu machen, dass er für sie erreichbar ist?

- Wie kommen wir heute zu Gott?

- Wie können wir diese Gotteserkenntnis in unserem Leben zum Ausdruck bringen?

Kapitel 32: Vergiss nicht

Praktische Weisheit fürs tägliche Leben müssen wir stets bei uns tragen und auf Abruf bereit haben. Es reicht nicht, zu Hause ein volles Konto zu haben und unterwegs nicht einen Cent in der Tasche: Wir müssen stets den Beutel der Weisheit mit aktueller Wissens-Währung gefüllt haben, sodass wir sie bei jeder Gelegenheit gegen eine entsprechende Tat-Währung umtauschen können, sonst stehen wir ziemlich hilflos da, wenn die Gelegenheit zum Handeln kommt. – Samuel Smiles

„Sie müssen zum MRT", sagte der Arzt. „Ich werde Ihnen einen Termin reservieren. Sie haben doch keine Klaustrophobie, oder?"

„Ich denke, nicht", erwiderte ich.

Klaustrophobie nennt man auch Raumangst, es ist eine Art Panik, die einen Menschen in engen Räumen überfallen kann. Ich fühle mich zwar nicht ganz wohl, wenn ich durch einen spinnenverseuchten Zwischenboden zwischen verschiedenen Rohren und Leitungen an eine schwer zu erreichende Stelle des Hauses auf dem Bauch kriechen muss, doch ich denke nicht, dass man das Klaustrophobie nennt.

MRT steht für Magnetresonanztomographie. Das ist eine sagenhafte technische Errungenschaft, bei der mit Hilfe von Magnetwirbeln Bilder aus dem Inneren des Körpers auf den Computer-Bildschirm projiziert werden können. Der Patient wird dazu in eine Röhre hineingeschoben und wird dann von der Maschine in winzig kleine Scheiben zerschnitten – natürlich nicht in der Wirklichkeit, sondern nur virtuell auf dem Monitor. Ein Arzt kann sich dann die Bilder durchschauen und sich das Bild raussuchen, das am besten Aufschluss über das Problem des Patienten gibt. Mit dieser Information kann er dann entscheiden, wie der Kranke am besten weiter behandelt werden sollte.

Ich rief die MRT-Praxis an, um den Termin zu bestätigen. Wieder hörte ich dieselbe Frage: „Sie haben doch keine Klaustrophobie?"

„Nein, ich denke, nicht", sagte ich etwas verunsichert. Sollte ich sie haben? Warum fragten sie mich das alle?

Am nächsten Tag füllte ich im Wartezimmer die Formulare aus und wurde an der Rezeption gefragt: „Sie sind nicht klaustrophobisch, oder?"

„Ich hoffe nicht", antwortete ich.

Einige Minuten später saß ich auf der Kante des Transportbands, das mich in die MRT-Röhre tragen würde, und hörte die letzten Anweisungen. Der Techniker fragte: „Sind sie klaustrophobisch?"

„Ich denke nicht. Ich dachte immer, ich wäre es nicht, aber ihr macht mich ja völlig unsicher. Vielleicht bin ich es am Ende doch."

„Wenn Sie irgendwelche Probleme haben, rufen Sie einfach, und wir holen Sie raus."

Als das Transportband sich in Bewegung setzte, wurden meine Arme leicht gegen meine Seiten gedrückt. Mein Puls wurde schneller und mein Atem kürzer. Durch die Kopfhörer befahl mir der Techniker still zu liegen, in 45 Minuten wären wir fertig.

Ich spürte Gott zu mir sagen: „So wie die Röhre dieser Maschine dich dicht umschließt, wird es auch in deinem Leben eng. Entspanne dich. Ich werde jetzt die MRT-Maschine des Lebens einschalten, um ein Bild deines Herzens zu machen."

Als die 45 Minuten vergangen waren, war ich beinahe eingeschlafen.

In den folgenden Wochen wurde es in meinem Leben eng. Die Schmerzen im Rücken und in den Beinen wurden immer größer, sodass ich beim Gehen schwitzte und beinahe in Ohnmacht fiel. Nachts konnte ich oft nicht einschlafen, bis ich gegen fünf oder sechs Uhr morgens völlig erschöpft war.

Das Sofa im Wohnzimmer und der kurze Weg zum Badezimmer wurden zu meinem engen Lebensraum, zur MRT-Röhre des Lebens.

Eines Nachts las ich kurz nach Mitternacht den Psalm

77. David schreibt dort: „Am Tag meiner Drangsal suche ich den Herrn." Ich schlug das Wort Drangsal im Wörterbuch für hebräische Wörter nach. Dieses Wort kommt von einer Wurzel, die so viel bedeutet wie „an einem engen Ort sein".

Ich wurde neugierig darauf, zu erfahren, was David tat, als er sich an einem „engen Ort" befand, so suchte ich weiter und suchte nach einem praktischen Rat für mich. Hier ist, was ich fand: „Denke ich an Gott ... Ich gedenke an die alte Zeit, ... ich gedenke an mein Saitenspiel in der Nacht, ... Ich will gedenken an die Taten des HERRN; ja, ich gedenke an deine Wunder aus alter Zeit, und ich sinne nach über alle deine Werke und erwäge deine großen Taten: ..." In der zweiten Hälfte des Psalmes, ab Vers 14, schreibt David dann einige der großen Taten Gottes auf, an die er sich erinnert.

Ich verbrachte nun die nächsten Stunden damit, das Geheimnis Davids auszuprobieren. Ich erinnerte mich an jede einzelne Situation, in der mir alle Mittel ausgegangen waren und wie Gott mich dann versorgt hatte. Ich erinnerte mich daran, wie mir der Treibstoff ausging, als die nächste Tankstelle 400 Kilometer entfernt war. Daran, wie mir die Lebensmittel ausgingen und meine Schränke am Abend auf geheimnisvolle Weise wieder gefüllt waren. Daran, wie mir mein gesamtes Zimmermanns-Werkzeug geklaut wurde und wie ich dann eine äußerst gut bezahlte Stelle als Holzfäller finden durfte. Ich erinnerte mich daran, wie mir einige Male das Geld ausging oder die Zeit, die Gunst, der Friede – und wie Gott jedes Mal für meine Not eine Abhilfe geschaffen hatte.

Ich dachte zurück an gebrochene Knochen, zerquetschte Finger, gezerrte Muskeln, seltsame innere Schmerzen und an die Zeit, in der ich bereits schon einmal nicht gehen konnte; jedes Mal wurde ich wieder gesund.

Lange bevor ich mir alle wunderbaren Dinge in Erinnerung gerufen hatte, die ich mit dem Herrn erleben durfte, war ich völlig gewiss, dass Gott auch an diesem „engen Ort" für mich sorgen würde. Ich schlief friedlich ein.

Auf dem Treppenabsatz in unserem Treppenhaus hängt ein flaches Schränkchen mit einer Glastür. Die kleinen Regale sind mit Andenken gefüllt. Da liegt beispielsweise der alte Unterbrecherkontakt aus dem Zündverteiler meines alten Ford 77 und erinnert mich daran, wie wir einmal in unserer Einfahrt liegen geblieben sind, 30 Minuten von der Stadt entfernt. Ich bin kein Mechaniker und habe noch nie zuvor am Zündsystem herumgeschraubt, daher waren meine Frau und ich schockiert, als ich das Problem erraten, in der Scheune einen neuen Satz des Unterbrecherkontakts fand und diesen einbaute. Der Motor lief traumhaft.

Auf einem Regal steht ein Foto einer demontierten Waschmaschine. Ich hatte versucht, das Gerät loszuwerden, aber niemand wollte es haben. Ich habe sogar Geld dafür geboten, dass jemand die Maschine abholt, und selbst das ging nicht. In der Maschine waren schwere Gewichte eingebaut, die es mir unmöglich machten, sie alleine fortzuschaffen, so nahm ich sie auseinander. In ihrem Inneren fand ich den Verlobungs- und den Ehering meiner Frau. Sie hatte diese zwei Jahre zuvor verloren. Wer hätte sich das vorgestellt, dass unsere alte ungewollte Maschine noch so viel wert war!

Daneben steht ein Foto von unserem Wohnwagen, in dem wir sechs Jahre lang gelebt haben. Da liegen sechs Zähne, die ein freundlicher Zahnarzt aus Emilys Mund gezogen hat und eine Kopie des Schlüssels, den meine Frau im Wagen ihrer Eltern auf einem Supermarktparkplatz eingeschlossen hatte. Jeder Gegenstand in diesem Erinnerungs-Schränkchen erinnert mich an Schwierigkeiten, durch die wir gegangen sind, und daran, wie Gott uns aus der Not half.

Eines der Vorrechte des Älter-werdens besteht darin, dass man nicht nur einen Schrank, sondern auch einen Kopf voll von Erinnerungen an großartige Erlebnisse hat, die zunächst als Schwierigkeiten getarnt daher kamen. Es passiert so häufig, dass ich beginne, mich auf diese guten

Erfahrungen zu freuen, während ich noch mitten in den Schwierigkeiten stecke. Dass ich heute so zuversichtlich bin, liegt daran, dass ich in der Vergangenheit so häufig beobachtet habe, wie Gott die Schwierigkeiten in Möglichkeiten umwandelt. Diese Erinnerung lässt mich zuversichtlich sein, dass Gott mir auch diesmal helfen wird.

Das ist auch der Grund meiner Freude gewesen, als ich letzten Montag von der Arbeit nach Hause fuhr. Während ich mit knapp 60 km/h unterwegs war, hörte ich auf einmal ein Geräusch, als würden fünf Schwergewicht-Boxer meine Ladefläche mit Vorschlaghammern in Trümmer schlagen wollen. Als ich in den Spiegel schaute, entdeckte ich hinter mir eine zehn Zentimeter breite Ölspur. Ich hielt an und dachte: „Das Ereignis wird bestimmt wieder eine gute Erinnerung werden." Und das wurde es wirklich.

In der Nähe des Platzes, wo ich stehen blieb, stand ein junger Mann mit einem Mobiltelefon. Er erlaubte mir, den Abschleppdienst anzurufen. Während ich wartete, hielten viele nette Leute an und boten mir gebrauchte Ersatzteile an, falls ich welche brauchen sollte. Als es dunkel wurde, stellte die Polizei Leitkegel um mein Fahrzeug auf. Ich saß einige Stunden auf dem Fahrersitz und schrieb eine Liste all der guten Dinge, die mir geschahen. Am meisten freute ich mich darauf, Al, meinen Mechaniker zu sehen. Mein Auto und mein Pickup hatten schon seit Monaten keine Reparatur mehr benötigt.

Spät in der Nacht entlud der Abschleppwagen mein Wrack vor Als Werkstatt. Genau wie ich erhofft hatte, hatten wir eine wunderbare Zeit zusammen, als wir uns darüber austauschten, was Gott in unserem Leben Gutes tat.

Was nach Schwierigkeiten aussah, verwandelte sich in eine Geschichte für mein Tagebuch, in ein Andenken für die Glasvitrine und in einen weiteren Fundament-Block meines Glaubens. Wenn du dich das nächste Mal an einem solchen „engen Ort" der „Bedrängnis" findest, erinnere dich daran, was Gott in der Vergangenheit für dich und andere getan hat – das ist der Pfad zur inneren Ruhe.

Sollte mich in Zukunft jemand fragen, ob ich klaustrophobisch sei, sage ich überzeugt: „Nein!"

> **„Meine Seele wird satt wie von Fett und Mark, und mit jauchzenden Lippen lobt dich mein Mund, wenn ich an dich gedenke auf meinem Lager, in den Nachtwachen nachsinne über dich."** (Psalm 63,6-7)

FRAGEN:

* Was ist ein MRT?

* Was bedeutet das Wort „Klaustrophobie"?

* Wie überwand David die Ängste und Entmutigungen seiner Drangsal?

* Was kannst du tun, um das Gute, was Gott an dir getan hat, besser in Erinnerung zu haben?

* An welches Ereignis erinnerst du dich, wo Gott dir in Schwierigkeiten geholfen hat?

Kapitel 33: Gewissen

Nichts zwischen mir und meinem Heiland,
sodass sein Angesicht mir sei unverdeckt;
nichts trübe sein Wohlgefallen an mir,
halte den Weg frei! Lass nichts dazwischen.
– Charles A. Tindley

„Sie... Sie meinen wirklich, ich darf es mitnehmen?", fragte Brian überrascht.

Er half seiner Nachbarin dabei, das Gerümpel von ihrem Hinterhof zu entsorgen. An der Wand stand ein altes Motorrad gelehnt, eine Honda 55, bedeckt mit viel Staub und Spinnengewebe. Als Brian die Maschine am Lenker packte und sie etwas nach vorn schob, um den Boden darunter fegen zu können, schlug Frau Miller vor: „Warum nimmst du das Motorrad nicht gleich mit nach Hause? Mein Sohn lebt weit weg von hier und hat es seit zwanzig Jahren nicht mehr angerührt. Willst du es haben?"

Ob er es haben wollte? Natürlich wollte er! Das wäre großartig! „Sind Sie sicher, dass Sie mir das mitgeben wollen?", fragte Brian wieder.

„Bitte, nimm es mit, dann habe ich hier mehr Platz."

Nachdem Brian mit seiner Arbeit fertig war, schob er das Kraftrad heimwärts. Er konnte sich schon seine Hand am Gashebel vorstellen und den Fahrtwind im Gesicht spüren. Er wollte das Fahrzeug so schnell wie möglich wieder zum Laufen bringen.

„Wollen wir mal sehen", sprach er zu sich selbst. „Ich muss mal nach dem Öl sehen, da muss bestimmt neues rein. Der Tank muss durchgespült werden, und neuer Kraftstoff muss hinein. Und die Zündkerze ist bestimmt auch nicht mehr einsatzbereit."

Während Brian sein Motorrad in die Einfahrt schob, brach ein Gewitter aus. Die Garage war voll und die Veranda zu eng. Da hatte er eine Idee: „Es ist niemand zu Hause. Vielleicht kann ich das Ding in die Küche schieben und dort daran arbeiten. Da würde ich im Trockenen und im Warmen sein." Vor seinem inneren Auge huschte das Gesicht seiner Mutter vorbei, doch in seiner Aufregung schenkte er diesem keine Aufmerksamkeit.

Er öffnete die Hintertür und manövrierte sein neues Fahrzeug vorbei an der Waschmaschine und am Trockner in die Küche hinein. Er bemerkte den braunen Schmutzstreifen hinter sich und musste sofort an seine Schwester Mary denken, die diese Woche Bodenwischdienst hatte. „Ach, sie wird mir das nicht übel nehmen", redete er sich ein.

Dasselbe dachte er sich, als das Bild seiner älteren Schwester Julia vor seinem inneren Auge auftauchte, als er ihr Handtuch nahm, um damit den Benzintank zu putzen; ebenso als er an seinen Vater denken musste, während er sich in seiner persönlichen Werkzeugkiste bediente.

Tief in sein Projekt vertieft bemerkte Brian die Rückkehr seiner Familie erst, als alle vier um ihn versammelt standen. Als Marie den schmutzigen Boden sah, Julia ihr Handtuch, Papa sein Werkzeug, und Mama das gesamte Durcheinander erblickten, verlangten alle wie aus einem Munde nach einer Erklärung: „Was machst du hier?"

Brians Antwort half ihm irgendwie nicht weiter: „Nun, wir haben noch nie die Regel gehabt, dass ich in der Küche nicht am Motorrad arbeiten darf!" Du kannst dir vorstellen, dass die Dinge schlimmer wurden, bevor sie besser werden konnten. Brian hatte aus seinem Denkprozess etwas verdrängt, was sich nun wie eine schwere Gewitterwolke zwischen ihn und seine Familienangehörigen schob.

Erinnerst du dich noch an das vorige Kapitel, in dem wir über 3. Mose Kapitel 4 nachgedacht haben? Der Hauptgedanke dieses Kapitels war, dass man beim ersten Bemerken der eigenen Schuld sofort reagieren soll; im selben Moment, in dem du merkst, dass sich etwas zwischen dich und deinen Gott schieben will, solltest du bereits Schritte unternehmen, um die Wand zu entfernen, bevor sie größer wird.

In seiner so genannten Bergpredigt lehrte unser Herr,

dass, wenn du erst merkst, dass dein Bruder etwas gegen dich hat, du alles liegen lassen sollst, und sei es im Gottesdienst, um es schnell in Ordnung zu bringen.

Diese beiden Gedanken entsprechen den Grundregeln Gottes für das echte Christsein: Liebe Gott mit deinem ganzen Herzen, und liebe deinen Nächsten wie dich selbst. Sobald du merkst, dass eine dieser beiden Beziehungen Schaden leidet, kümmere dich um die Wiederherstellung.

Gott hat in uns ein großartiges Instrument eingebaut, das uns Meldung gibt, wenn zwischen uns und Gott oder zwischen uns und anderen Menschen etwas nicht stimmt. Dieses Instrument ist das Gewissen, die Alarmanlage in unserem Inneren. Manchmal meldet es sich so laut wie die Diebstahlsicherung eines parkenden Autos, manchmal so leise wie eine Ameise, die am Holzbalken knabbert. Es ist vor allem dann leise, wenn wir ganz stürmisch darauf aus sind, zu tun, worauf wir Lust haben.

Als Brian sein Motorrad in die Küche schob, ging ihm ein Bild seiner Mutter durch den Kopf. Das war das Gewissen, welches sagte: „Du stellst das Motorrad zwischen dich und deine Mutter." Dieselbe Warnung kam, als Brian die Gefühle seiner Familienangehörigen ignorierte, indem er den Boden und das Handtuch verschmutzte, und das Werkzeug seines Vaters benutzte.

Es gibt keine Regel in der Bibel, die besagt, dass man den Boden im Hauswirtschaftsraum nicht beschmutzen dürfe; dennoch kannst du sicher sein, dass dies falsch ist, wenn es eine Beziehung zerstört. Man kann ganz allgemein sagen: Alles, was deine Freundschaft mit Gott oder deinen Mitmenschen wie eine schwere Wolke verdunkelt, ist falsch. Gott gab uns das Gewissen als Hilfsmittel, um gute Beziehungen aufrechtzuerhalten.

Der Apostel Paulus sagte von sich selbst (Apg. 24,16): „Daher übe ich mich darin, allezeit ein unverletztes Gewissen zu haben gegenüber Gott und den Menschen." Paulus schleppte nicht eine lange Liste von Geboten und Verboten mit sich. Er blätterte nicht in seinem Notizbuch, um in der jeweiligen Situation nachzuschlagen, welche Handlung die richtige wäre. Stattdessen besaß er ein einfaches Instrument, das Gewissen, mit dem er sich stets im Leben orientieren und den richtigen Weg einschlagen konnte.

Als die Korinther sich mit der Frage beschäftigten, ob es erlaubt sei, Fleisch zu essen, das zuvor Götzen geopfert worden war, brachte Paulus die Antwort auf eine einfache Formel zusammen (siehe 1. Korinther 8): Wird das Essen dieses Fleisches die Beziehung meines Bruders mir gegenüber betrüben? Wenn nicht, dann darfst du es essen. Wenn ja, so lass es bleiben.

Es gibt kein Gesetz in der Bibel, das dir verbietet, im Wohnzimmer laute Musik zu hören. Doch stell dir mal vor, du hast eine neue CD bekommen und möchtest sie dir gern an der HiFi-Anlage im Wohnzimmer anhören. Als du im Wohnzimmer ankommst, siehst du dort deine Mutter mit Kopfschmerzen auf dem Sofa liegen. Hören oder nicht hören? Wenn dein Gewissen noch arbeitet, wirst du wissen, dass jeder absichtliche Lärm sich jetzt zwischen deine Mutter und dich schieben und die Beziehung trüben würde. Was richtig und was falsch ist, wird in diesem Fall nicht anhand einer Regel festgelegt, sondern an der Auswirkung auf die Beziehung. Nach der Warnung deines Gewissens wirst du dich sicherlich auf Zehenspitzen wieder aus dem Wohnzimmer schleichen.

Du wirst häufig in Situationen kommen, für die es keine vorgeschriebenen Verhaltensregeln gibt. Wenn du auf dein Gewissen hörst, wird es dich vor mancher dummen Handlung bewahren. Wenn du die Warnung spürst, halte ein und überlege: Werden meine Handlungen meine Beziehung zu Gott und Menschen verdunkeln oder erhellen? Wähle den hellsten Pfad und gehe ihn!

Zu der Zeit, als Jesus Christus als Mensch auf der Erde lebte, gab es in der Mitte des Tempels einen Raum, den man das Allerheiligste nannte. Zwischen zwei goldenen Cherubim stand dort die Bundeslade. Wenn es irgendwo auf Erden einen Ort gab, den man als Gottes Residenz bezeichnen könnte, so war es hier. Ein Vorhang trennte diesen Raum von dem Rest des Tempels. Nur einmal im Jahr durfte der Hohepriester hier hinein, um mit dem Blut eines Opfertieres Versöhnung für sein Volk zu erwirken.

Als Jesus am Kreuz starb, riss dieser Vorhang auf geheimnisvolle Weise von oben nach unten entzwei. Dieses physikalische Wunder zeigte, dass die geistliche Mauer zwischen Gott und Menschen nicht länger existiert. Christus ist der Weg zur Versöhnung zwischen Gott und Menschen. Durch das Werk seiner Liebe lassen sich bis heute Menschen mit Gott versöhnen.

Gott lädt uns dazu ein, an seinem Versöhnungswerk teilzuhaben (siehe 2.Kor. 5,17-20). Ausgestattet mit dem Gewissen, das uns davor warnt, etwas zu tun, was Beziehungen zerstört, und mit Gottes Stimme, die uns kreative Wege zeigt, Mauern zwischen Menschen niederzureißen, sind wir für dieses freudige Abenteuer gut ausgestattet.

Es gibt allerdings ein Problem mit unserem Gewissen – wir können es verbrennen. Wenn du deine Finger für eine Weile in eine Flamme steckst, so meldet sich das „Gewissen" deiner Haut, es sagt dir: „Achtung, heiß! Nimm mich hier raus!" Wenn du darauf nicht hörst, und die Finger in der Flamme lässt, bekommst du Hautverbrennungen. Verbrannte Haut, ja selbst vernarbte Haut hat nicht mehr dieselbe Empfindsamkeit wie normale, gesunde Haut. Verbrannte Finger haben kein Fingerspitzengefühl mehr, es ist weggebrannt.

Dasselbe kann mit einem Gewissen geschehen. Wenn es dich warnt, und du darauf nicht hörst, brennt es dir weg. Wenn du Gott und Menschen gegenüber eine Ist-mir-egal-Haltung einnimmst, wirst du schließlich dein Gewissen verbrennen und nicht mehr unterscheiden können, was du richtig machst und was falsch. Wenn du nicht ein gutes Gewissen bewahrst, wirst du schließlich im Glauben Schiffbruch erleiden (siehe 1.Tim. 1,19). Wenn du auf zeitliche Warnungen nicht hörst, kannst du einen ewigen Schaden erleiden.

Manche Menschen entwickeln allerdings auch ein überempfindliches Gewissen. Die können nicht über eine Rasenfläche gehen vor lauter Angst, einen Regenwurm oder einen Käfer zu zertreten. Wie überall ist auch hier ein gesundes Gleichgewicht erforderlich. Sowohl ein verbranntes als auch ein überempfindliches Gewissen machen Probleme. Um dieses Gleichgewicht gesund zu halten, sollten wir stets daran denken, dass dieses Instrument vor allem dazu dient, uns davor zu warnen, jemanden falsch zu behandeln, oder uns zu überführen, nachdem wir es getan haben.

Zurück zu Brian und seinem Motorrad. Auch wenn ich mir seine Geschichte nur ausgedacht habe, musst du es nicht so weit treiben wie er. Als er sich weigerte, auf die Stimme seines Gewissens zu hören, stellte sich seine ganze Familie gegen ihn. Er wusste es besser, doch er missachtete die Warnungen, weil er zu sehr auf sein eigenes Verlangen bedacht war. Wenn er sein Gewissen weiterhin so missachtet, wird er diesen treuen Freund und seine Hilfe bald verlieren. Und alle anderen Freunde sicher auch!

Mögest du ein gesundes Gewissen haben und den Wunsch, auf dessen Warnungen zu hören. Du wirst einen guten Wegweiser haben, der dir zu glücklichen Beziehungen zu Menschen und vor allem zu Gott verhilft.

> „... und bewahrt ein gutes Gewissen, damit die, welche euren guten Wandel in Christus verlästern, zuschanden werden in dem, worin sie euch als Übeltäter verleumden mögen." (1. Petrus 3,16)

FRAGEN:

- Wie versuchte Brians Gewissen, ihn zu warnen?

- Warum hörte er nicht darauf?

- Wovor warnt uns das Gewissen hauptsächlich?

- Was sind die zwei größten Gebote?

- Wie hilft uns das Gewissen, diese beiden Gebote nicht zu übertreten?

- Wodurch wird ein Gewissen verbrannt?

Kapitel 34: Eine verbreitete Lüge

> **Was das Bewusstsein eines Menschen beherrscht, während er durch die Straßen und Geschäfte geht, wird es auch beherrschen, wenn er auf seinen Knien liegt. Er wird versuchen, seine Gedanken auf Gott zu lenken, aber sein Kopf wird voll sein von Dingen, vom Verlangen nach Dingen, von der Angst, Dinge zu verlieren, und von Plänen, Dinge zu bekommen. Wenn er es überhaupt schafft, an Gott zu denken, wird er versuchen, Gott zu seinem Agenten zu machen, der ihm hilft, Dinge zu beschaffen. So wird er niemals echte Gemeinschaft mit Gott haben.** – Albert Edward Day, *Discipline and Discovery*

Seit Anbeginn der Zeit hat eine bestimmte Lüge den Menschen ihr Glück und ihre Zufriedenheit geraubt. Dieser Betrug ist heute noch genauso wirksam wie seit eh und je. Das besonders Tragische an dieser Lüge ist, dass sie einen Menschen nicht nur daran hindert, echte Freude zu erlangen, sie stiehlt ihm sogar noch die Freude, die er hat.

Die Lüge lautet: Du hast nicht genug, um glücklich zu sein. Die Lüge begann im Garten Eden und verbreitete sich in den letzten Winkel der Welt.

Die Schlange redete Eva ein, dass sie im Leben etwas verpassen würde. Wenn sie nur von der Frucht essen würde, würden ihre Augen aufgetan werden und sie würde wie Gott sein, fähig, das Gute und Böse zu unterscheiden.

In der Meinung, sie könne unmöglich glücklich sein, ohne alles zu haben, biss Eva in die Frucht und gab auch Adam davon. Ihre Augen wurden aufgetan; doch sie erlangten nicht das erhoffte Glück. Stattdessen fanden sie Kummer und Tod, nicht nur für sich selbst, sondern auch für alle ihre Nachkommen.

Der Apostel Paulus hatte einen jungen Freund namens Timotheus. Als der Ältere wünschte Paulus dem Jüngeren Gelingen, darum gab er ihm etwas von seiner Weisheit weiter, die er durch die Worte Christi und durch eigene Erfahrung gewonnen hatte. Eine Warnung, die Paulus dem Timotheus mit auf den Weg gab, erinnert an die

Erfahrung von Adam und Eva (1.Tim. 6,9): „Denn die, welche reich werden wollen, fallen in Versuchung und Fallstricke und viele törichte und schädliche Begierden, welche die Menschen in Untergang und Verderben stürzen. Denn die Geldgier ist eine Wurzel alles Bösen; etliche, die sich ihr hingegeben haben, sind vom Glauben abgeirrt und haben sich selbst viel Schmerzen verursacht."

Paulus formulierte diese Worte nicht bloß als eine leicht merkbare Phrase. Er hat es sicherlich selbst beobachtet, wie Menschen durch ihre Geldgier geistlich zu Grunde gegangen sind. Vielleicht war dies auch einer der Gründe dafür, dass er darauf bestand, mit den eigenen Händen zu arbeiten, um eigene Bedürfnisse und die seiner Mitarbeiter zu stillen.

Was für Adam und Eva eine Versuchung und für Paulus und Timotheus eine aktuelle Gefahr darstellte, das versucht und gefährdet heute dich und mich. Wir alle haben ein starkes, von Gott gegebenes Bedürfnis, uns glücklich zu fühlen. Das Problem ist nur, dass wir unser Glück oft übersehen, weil wir uns von Betrügern täuschen und für falsche Dinge faszinieren lassen.

Eine berühmte Lüge ist, dass du nicht glücklich sein kannst, solange du nicht ein Eigenheim dein eigen nennen kannst. Zudem brauchst du das ja nicht abbezahlt haben, um das vermeintliche Glück zu genießen, du kannst dafür ja einen Kredit aufnehmen. Viele junge Männer denken, ein Eigenheim zu besitzen, sei eine entscheidende Voraussetzung, um eine Frau für sich zu gewinnen und zu behalten. Auch wenn es so erscheinen mag, wahres Glück findet man nicht in Häusern.

Ich habe einige Jahre lang in einem der schönsten Villenvierteln von Eugene gearbeitet. Es war eine Straße, in die viele Leute am Wochenende hinfuhren, einfach nur um sich die schicken Häuser anzuschauen und davon zu träumen, wie schön es sein würde, darin zu wohnen.

Ein gewisser Mr. R. hatte sein Haus an der Straßenecke gebaut. Kurz bevor sein Haus fertig gestellt war, meldete er

Privatinsolvenz an. Das Gericht befreite ihn von allen seinen Schulden und schützte ihn davor, dass seine Gläubiger ihm seine Residenz wegnahmen. Ein Gesetz, das konstruiert worden ist, um Menschen vor der Obdachlosigkeit zu schützen, wurde von diesem Mann missbraucht, um ein riesiges Haus zu bekommen, ohne dafür zu bezahlen.

Ihm gegenüber wohnte Mr. P. in einem palastartigen Monument. Obwohl sein Haus wunderschön aussah, erinnert mich das Gebäude an einen Gerichtshof. Nicht wegen seines Aussehens, sondern wegen der Menge der Prozesse, die den Besitzer sowie die von ihm beauftragten Unternehmen gleicherweise plagten.

Das nächste Haus bekam bei uns den Spitznamen Adams Familienresidenz, ein gespensterhafter Ort. Als ich das letzte Mal dort vorbeifuhr, stand es leer, obwohl es neu ist, eingezäunt mit Maschendraht und mit dem Rätsel, was da wohl falsch gelaufen sei. Ein bekanntes Problem war der reiche Besitzer. Er hat sich vor der ganzen Stadt in Verruf gebracht, als er dabei erwischt wurde, wie er seinen Kunden Material in Rechnung stellte, das er in seinem eigenen Haus verbaut hatte.

Auf der anderen Straßenseite wuchert das Unkraut rund um ein verlassenes Fundament, das für ein Lebensmittelgeschäft groß genug wäre. Die Eigentümer des Grundstücks hatten die Innenstadt satt, brachen ihr Projekt mittendrin ab und zogen fünfzig Kilometer weiter in den Norden.

Es gäbe noch viel mehr Geschichten über die Menschen und Häuser dieser Straße zu erzählen, doch diese sollen genügen, um eine Vorstellung davon zu bekommen, welche Atmosphäre hinter den Fassaden steckt.

Nachdem ich jahrzehntelang Häuser gebaut habe, bin ich zu dem Schluss gekommen, dass der Besitz eines Hauses seinen Besitzer nicht glücklich macht, schon gar nicht der Besitz eines noblen Hauses. Ich habe in mobilen Mietshäusern viel glücklichere Leute gesehen, als in den meisten teuren Häusern. Es gibt auch Ausnahmen. Das sind Leute, die in schönen Häusern wohnen, aber ihre Zuneigung für wichtigere Dinge aufheben. Sie haben den Rat aus Psalm 62,11b befolgt: Ihr Reichtum hat sich vermehrt, doch sie haben ihr Herz nicht daran gehängt.

Daniel Gilbert, Professor für Psychologie an der *Harvard University*, hat versucht, etwas zu erforschen, was er „affektive (d.h. gefühlsbedingte) Vorhersage" nennt. Durch Labor- und Feldversuche hat er wissenschaftlich untersucht, wie Menschen in die Zukunft schauen und versuchen vorherzusagen, was ihnen Glück und was Unglück bringen wird, wie sie dann entsprechend diesen Erwartungen Entscheidungen treffen – und schließlich wie sie anschließend über ihre Erwartungen und ihre Handlungen denken. Hier ist seine Schlussfolgerung:

> Glück [...] ist trügerisch und flüchtig. Wir mögen vorhersagen, dass ein größeres Gehalt oder ein nobleres Auto uns glücklich machen wird, doch das Ergebnis ist, dass die freudige Aufregung infolge der Gehaltserhöhung oder des Autokaufs bald nachlässt. Wir gewöhnen uns an das Neue. Doch während wir unsere affektiven Vorhersagen treffen, vergessen wir gewöhnlich, dass wir uns an alles bald gewöhnen werden. Von Zeit zu Zeit lassen wir uns von unseren verkehrten Erwartungen dazu führen, falsche Entscheidungen zu treffen, die uns zuletzt nicht glücklicher machen.
>
> Jede Entscheidung, die wir treffen, [basiert] auf unserem Glauben, dass die gewählte Handlung uns glücklicher machen wird als eine andere [...]. So kommt es ziemlich häufig vor, dass Menschen in Konsumgüter verliebt sind – sagen wir mal, in ein neues Auto. Sie bekommen das neue Auto, und was passiert dann? Nun, für eine Weile ist die Freude groß. Doch diese Freude schwindet sehr schnell. Was ein Mensch daraus schließen könnte, wäre [...]: „Dinge können mich nicht so glücklich machen, wie ich dachte." Doch das ist nicht die Schlussfolgerung, zu der die Amerikaner im Gro-

ßen und Ganzen kommen, denn sie sind Mitglieder einer Konsumgesellschaft, und darum ist ihre Schlussfolgerung eine andere, nämlich: „Das ist wohl noch nicht das richtige Auto. Ich brauche wohl ein noch besseres."

Man muss verstehen, dass Menschen versuchen, so glücklich zu sein wie nur möglich. Aber eine Gesellschaft, vor allem eine Konsumgesellschaft wie die unsere, ist nicht darauf ausgerichtet, Menschen möglichst glücklich zu machen. Sie ist darauf aus, sie zu möglichst viel Konsum anzuregen.

Da nun die Menschen glücklich sein wollen und die Gesellschaft den Konsum anstrebt, macht sie sich zur Aufgabe, die Menschen davon zu überzeugen, dass der Konsum glücklich macht. Sonst hören sie auf [zu konsumieren]. Darum ist die Botschaft, die uns von jedem Plakat, von jeder Zeitschrift, von jeder Fernsehsendung vermittelt wird: Je mehr du hast, desto glücklicher bist du. Es ist ganz schön hart, dieser Botschaft zu widerstehen, vor allem wenn man ihr mehrere Stunden am Tag ausgesetzt ist.[3]

Ich freue mich, dass Prof. Gilbert diese Untersuchung gemacht hat. Seine Problembeschreibung ist wirklich gut. Doch die Bibel beschrieb dasselbe Problem bereits Jahrtausende zuvor. Die ersten Konsumenten, die auf dieser Erde lebten, wurden von einem gemeinen Werbungsmacher ausgetrickst. Dieselbe Lüge, auf die Adam und Eva reingefallen sind, vor der Paulus seinen Schüler Timotheus warnte, und die Prof. Gilbert wissenschaftlich nachgewiesen hat, versucht sich auch in unsere Köpfe einzuschleichen und uns zu Fall zu bringen. Lediglich der Köder hat sich verändert, die Lüge bleibt stets dieselbe.

Ich liebe die Herausforderung der Laborversuche und

---

3   Wanda Urbanska and Frank Levering, *Nothing's Too Small to Make a Difference* (Winston-Salem, NC: John F. Blair, 2004), Seite 19. (Dieses Buch ist nicht aus christlicher Sicht geschrieben worden, zeigt jedoch viele wahre Prinzipien.)

Feldstudien, es fasziniert mich zu entdecken, wie Gottes Schöpfung funktioniert. Doch wenn ein Forscher den Schöpfer aus seiner Rechnung ausklammert, mag seine Summe viele interessante Fakten enthalten, doch sie wird das richtige Ergebnis leicht verfehlen. Dieser Fehler macht den Nutzen wissenschaftlicher Untersuchungen häufig zunichte.

Die zitierte Studie behauptet, das Glück wäre trügerisch und flüchtig. Das stimmt genau, wenn es um das Glück an Konsumprodukten geht. Doch wenn wir den Schöpfer in die Untersuchungen mit einbeziehen, ist das Glück nicht mehr trügerisch und flüchtig. In ihm finden wir eine unversiegbare Quelle der Freude. Dieses Glück fließt wie ein klarer, erfrischender Fluss direkt aus dem Herzen Gottes.

Der Herr Jesus verglich die Freude an Konsumgütern mit der Freude an Gott, als er mit der samaritischen Frau am Brunnen sprach (Joh. 4,13-14): „Jeden, der von diesem Wasser trinkt, wird wieder dürsten. Wer aber von dem Wasser trinkt, das ich ihm geben werde, den wird in Ewigkeit nicht dürsten, sondern das Wasser, das ich ihm geben werde, wird in ihm zu einer Quelle von Wasser werden, das bis ins ewige Leben quillt."

Als jemand aus der Volksmenge zu Jesus kam und ihn bat, dass er ihm zu größerem materiellen Wohlstand verhälfe, warnte der Herr die Leute (Lk. 12,15): „Habt acht und hütet euch vor der Habsucht! Denn niemandes Leben hängt von dem Überfluss ab, den er an Gütern hat." Dieselbe Warnung möchte ich als älterer Mann heute an dich weitergeben. Gott weiß, dass du Nahrung nötig hast. Er weiß auch, dass du Kleidung brauchst. Er hat dir auch versprochen, für beides zu sorgen (siehe Mt. 6,25-34). Der Reichtum kommt und geht. Wenn du dein Herz daran hängst, wirst du froh sein, wenn er kommt, und deprimiert, wenn er geht. Du wirst betrogen sein und dich betrügen lassen.

Wenn du die Worte hörst „Wenn du das bekommst, dann wirst du glücklich!", dann falle nicht darauf herein!

Paulus schrieb (1.Tim. 6,6-8): „Es ist allerdings die Gottes-furcht eine große Bereicherung, wenn sie mit Genügsam-keit verbunden wird. Denn wir haben nichts in die Welt hineingebracht, und es ist klar, dass wir auch nichts hi-nausbringen können. Wenn wir aber Nahrung und Klei-dung haben, soll uns das genügen!"

Wenn du es lernst, deine Zuneigung auf Gott zu rich-ten, wirst du dir das Herzeleid ersparen, das diejenigen ernten, die nach trügerischen Freuden und vergänglichem Genuss jagen. Viel mehr noch, du wirst eine Quelle leben-digen Wassers entdecken, in dem Einen, von dem jedes wahre Glück kommt.

> „O Timotheus, bewahre das anvertraute Gut, meide das unheilige, nichtige Geschwätz und die Widersprüche der fälschlich so genannten »Erkenntnis«! Zu dieser haben sich etliche bekannt und haben darüber das Glaubensziel ver-fehlt. Die Gnade sei mit dir! Amen." (1. Timotheus 6,20-21)

FRAGEN:

- Welche Lüge plagte schon Adam und Eva und sorgt bis heute für Schwierigkeiten?

- Was bedeutet „affektive Vorhersage"? Was vergessen die Leute gewöhnlich, während sie versuchen vorher-zusagen, was sie glücklich machen wird?

- Die Bibel fordert uns auf, zufrieden zu sein, wenn wir zwei Dinge haben. Welche sind es?

- Wenn wir diese zwei Dinge haben und Gottesfurcht dazu – was haben wir dann?

- Die wissenschaftliche Studie kam zu dem Schluss, das Glück sei trügerisch und flüchtig. Stimmt das? Warum?

Kapitel 35: Murren ist keine Kleinigkeit!

Gott ist nicht daran gebunden, seine Vorgehensweisen unserem Urteilsvermögen zu unterstellen. – John Locke

Als das Gespräch beendet war, legte ich den Hörer traurig auf. Der Anruf war nicht ungewöhnlich. Ich hatte schon viele dieser Art erlebt. Der Mann am anderen Ende der Leitung war ledig oder verheiratet, alt oder jung, erfolgreich oder scheinbar erflogslos. Seine Lebenssituation machte keinen Unterschied. Das Gemeinsame dieser Anrufer ist, dass sie alle ein frustriertes Leben beschrieben.

Letzten Abend rief ein junger Mann an und sagte zunächst, dass er einen Rat haben möchte, wie er zurück auf den alten Weg kommen könnte. Dreißig Minuten lang schnitt er ein Thema nach dem anderen an. Er klagte mir, dass es so wenige Männer gab, vor denen er wirklich Respekt hätte. Die meisten christlichen Leiter, die er kannte, seien schlechte Väter. Das Versagen ihrer Kinder würde es ihm unmöglich machen, von diesen Männern Rat anzunehmen. Da wären vielleicht nur zwei oder drei, deren Rat er annehmen könnte.

Er beschwerte sich darüber, dass Männer, die Verantwortung übernehmen sollten, es nicht taten. Er überlegte, ob nicht ein paar Kerle wie er selbst sich unter die Führung solcher nachlässigen Leiter stellen sollten, damit sie endlich anfingen, Leiter zu sein; also in der Weise, wie eine Ehefrau ihren Mann zum Leiten der Familie bewegen könnte.

Er klagte weiter über Eltern, die ihren Kindern nicht erlauben zu heiraten. Er argumentierte, dass diese übervorsichtigen Eltern junge Männer schrecklichen Spannungen aussetzen würden, wenn sie ihnen ihre Töchter nicht gäben. Diese armen Kerle wären schließlich dem Kampf gegen moralische Versuchungen alleine ausgeliefert. Wenn die Eltern doch bloß nicht so wählerisch wären und ihre Töchter heiraten ließen, so – meinte er – würden die jungen Männer nicht die Probleme haben, die sie jetzt erleiden müssten.

Während die langen Minuten verstrichen, kam auch die Gemeinde auf die Klageliste. Sie würde keine gottesfürchtigen Mitglieder hervorbringen, schon gar nicht junge Männer. Als nächstes klagte er über den schädlichen Einfluss der Gesellschaft auf die Gemeinde, über die schlechten Vorbilder und die Verführung der heutigen Jugend.

Er schloss mit der Aussage, dass er ganz hoffnungslos und verzweifelt sei, wenn er an den moralischen Verfall Amerikas denke. Er fragte sich, wie er angesichts dieser Dunkelheit noch vorwärts kommen könnte.

Nach dreißig Minuten sagte er, er müsste zurück an die Arbeit gehen, und fragte, ob er wieder anrufen dürfte, wenn er wieder einen Rat bräuchte.

Dieser junge Mann behauptete, er hätte eine lernwillige Haltung und würde meinen Rat gern annehmen, dennoch stellte er mir keine einzige Frage. Er ließ sich nicht sagen, was ich über alle diese Themen dachte, die er angeschnitten hatte. Es waren dieselben Dinge, die ihn vor einem Jahr beschäftigten, und sie werden ihn auch noch zehn Jahre später beschäftigen, wenn er sich nicht drastisch verändert.

Die meisten Leute, die ich klagen höre, beschweren sich gewöhnlich über unsere schlechte Regierung, über die Unmöglichkeit ihre Träume zu verwirklichen, über ihre schlechten Arbeitsplätze oder darüber, dass sie gar keinen Arbeitsplatz haben, über problematische Ehefrauen oder darüber, dass sie keine Ehefrau finden können. Sie beschuldigen ihre Stadtverwaltung, ihre Eltern, ihre Lehrer, ihre Gemeinden, ihre Freunde, und – auch wenn sie es kaum direkt sagen – Gott selbst. Es ist fast immer jemand anders schuld, wenn in ihrem Leben etwas nicht so gelingt, wie sie es wünschen.

Du hast jetzt absatzweise Klagen gelesen, legen sie nicht bereits eine Last auf deine Schultern? Ich kann mir nicht vorstellen, welche Last einen Menschen erdrücken muss, wenn er jeden Tag sein Leben aus der Sicht eines Klägers betrachtet.

Wenn ich von solchen Meckerern nach meiner Meinung zu dem Problem gefragt werden sollte, müsste ich ihnen sagen: „Vielleicht solltest du darüber nachdenken, ein Christ zu werden." Ich kann mir vorstellen, dass sie ganz entrüstet fragen würden: „Wie meinst du das? Ich bin doch schon seit Jahren ein Christ!" Ohne dass ich mich in theologische Debatten darüber verwickeln lasse, was genau geschieht, wenn ein Mensch Jesus bittet in sein Herz zu kommen, oder ab welchem Zeitpunkt genau ein Mensch gerettet ist, möchte ich eines sagen: Ein Meckerer hat sich der Herrschaft Jesu Christi noch nicht unterworfen! Ohne die restlose Unterordnung unter den Herrn Jesus, ohne das vorbehaltlose Vertrauen, dass er der Herr aller Herren ist, gibt es keine Hoffnung auf ein fröhliches und glückliches Leben.

Der Gott eines Meckerers ist sehr klein. Er ist nicht groß genug, um durch die Regierung des Landes wirken zu können, geschweige denn, Könige zu bewegen. Er kann keinem Sturm eine Grenze setzen und schafft es nicht, rechtzeitige Vorsorge zu treffen. Sein Gott ist nicht in der Lage, ihm zur rechten Zeit einen Ehepartner zu schenken, die Entscheidung seiner Eltern zu lenken, oder trotz des moralischen Verfalls der Gemeinde seine Herrlichkeit zu offenbaren. Der Gott eines Meckerers wird häufig vom Satan überwältigt und kann darum seinen Anhängern keinen Schutz bieten.

Wenn dein Gott so schwach ist, wie ich ihn eben beschrieben habe, solltest du dich lieber an den Einen wenden, dem du völlig vertrauen kannst. Finde den Einen, dessen Herrschaft sich über alles andere erstreckt. Gib deine Meinungen, deine Methoden, deine Kräfte, deine Träume und deine Überlegenheit auf – und unterordne dich IHM!

Diene dem Gott Daniels, es ist der Gott Abrahams,

Isaaks und Jakobs. Er ist der Eine, der Adam den Odem in die Nase blies und Noah erklärte, wie man eine Arche baut. Der Gott Daniels sandte einen heidnischen König nach Israel, um Daniel aus seiner Heimatstadt gefangen in die Fremde zu führen (lies Jeremia 29,4). Sein Gott ließ es nicht nur zu, dass dieser König Jerusalem überfällt, er gab ihm den Auftrag dazu. Vor den Augen dieses großen Gottes wurde Daniel zu einem Staatsdiener und hatte sein Leben lang keine Frau und keine Kinder.

Gott verschaffte Daniel Gunst in den Augen der Menschen, die Autorität über ihn hatten (vgl. Dan. 1,9). Gott gab ihm und seinen Freunden „Kenntnis und Verständnis für alle Schrift und Weisheit; Daniel aber machte er verständig in allen Gesichten und Träumen" (Dan. 1,17). Derselbe König, der Daniel einst aus seiner Heimat wegführte, fiel vor ihm nieder um ihn anzubeten und sagte (Dan. 2,47): „Wahrhaftig, euer Gott ist der Gott der Götter und der Herr der Könige und ein Offenbarer der Geheimnisse." Durch diesen König beförderte Gott Daniel zum Herrscher über die ganze Provinz Babel und zum Oberhaupt über alle Weisen von Babel (vgl. Dan. 2,48-49).

Als die Babylonier in Israel einmarschierten, hatte Daniel noch keine Ahnung davon, dass nach wenigen kurzen Jahren ihm selbst die Herrschaft über die Provinz Babel angeboten werden würde. Der König setzte ihn über alle seine Fürsten, weil ein hervorragender Geist in ihm war.

Wäre Daniel ein Meckerer gewesen, dann hätte er etwa folgende Überlegungen angestellt: „Unsere Regierung ist moralisch total heruntergekommen, unsere Herrscher sind grausige Tyrannen, die Gemeinde ist vor die Hunde gegangen, und ich werde niemals heiraten können. Ich mag meine Arbeit nicht, und zudem bahnt sich ein Bürgerkrieg an. Wehe mir!" Ein solcher Daniel hätte niemals die Gunst seines Herrschers erlangt. Er hätte ein großartiges Leben gegen ein Leben im Elend eingetauscht. Bist du nicht froh, dass Daniel kein Meckerer gewesen ist?

Ein junger Mensch, der sich Gott wirklich unterordnet,

wird nicht klagen, während Gott um ihn herum die Bühne aufbaut. Arbeit, Wetter, Eltern, Umstände, Zustand der Gemeinde, all das kann seine innere Freude nicht rauben, weil diese tiefer gründet als in seinen Umständen. Er füllt seine Gedanken nicht mit Medien, mit öffentlicher Meinung und anderen Ausprägungen. Seine Augen sind auf den Direktor des Universums gerichtet, auf dessen Wink der junge Mann wartet. Und wenn der Direktor ihm den Wink gibt, dass seine Zeit gekommen ist, tritt er fröhlich und mit einem zuversichtlichen Lächeln auf die Bühne. Er spielt seine Rolle und bringt seinem Direktor Ehre.

Ein Meckerer bekommt ein solches Vorrecht nie. Er sitzt gewöhnlich hinter den Kulissen und regt sich über seinen Vorgesetzten auf, über die unpassenden Requisiten, über die Darsteller, die ihre Rollen nicht kennen, oder über den Narren, der die Verkleidung organisiert hat und so weiter und so fort... bis die Vorstellung beendet ist, ohne dass er eine Rolle bekommen hat.

Wenn Gott in der Vorstellung eines Menschen nicht groß genug ist, um ihm in jeder Kleinigkeit seines Lebens Vertrauen zu schenken, muss er das Heft selbst in die Hand nehmen. Er macht sich Sorgen und stellt Überlegungen an, er murrt – genau wie das Volk Israel es tat, als Gott es in das verheißene Land führte. Sie vertrauten ihm nicht. Als sie nur Wüste um sich sahen, wollten sie nicht glauben, dass Gott sie den besten Weg zum besten Ziel führte. Sie murrten und klagten, bis Gott ihre Knochen in der Wüste begraben ließ. Die Meckerer durften nicht in das Land eingehen, wo Milch und Honig floss.

Es gibt nur einen Gott, und dieser Gott hat alle Ereignisse deines Lebens unter Kontrolle. Wann immer du murrst, murrst du gegen ihn. Wenn du dir diese dumme Gewohnheit angeeignet hast, solltest du sie dir schnell wieder abgewöhnen. Schau dich um, betrachte deine Umstände, die dir total schrecklich zu sein scheinen; und statt darüber zu klagen, danke Gott dafür. Du hast alles, was du brauchst, um Gottes Willen für dein Leben zu erfüllen. Unterordne dich seiner Führung. Tausche deine Pläne gegen seine um. Er ist nicht verpflichtet, dir alle seine Gedanken zu erklären. Als Nachfolger besteht deine Aufgabe darin, ihm zu vertrauen und zu folgen, wohin auch immer er dich führt.

Wenn du nicht in der Lage bist, dein Leben fröhlich unter seine Herrschaft zu stellen, hast du ernsthafte Schwierigkeiten, nicht nur in diesem Leben, sondern auch in dem zukünftigen. Du hast nur eine Hoffnung, nämlich niederzufallen und zu schreien: „Gott, sei mir, dem Sünder, gnädig!" (vgl. Lk. 18,13)

Es mögen zunächst nur zaghafte Mahnungen sein, doch wenn du Gott wirklich ernst nimmst, wird dein Gewissen dich jedes Mal warnen, wenn du beginnst zu murren. Nimm dir diese Warnungen zu Herzen. Schreie zu Gott um Hilfe, bitte ihn um das Wollen und um das Vollbringen, um deinen bösen Weg zu verlassen. Du kannst es dir nicht leisten, auch nur eine einzige Minute weiter über das Los deines Lebens zu klagen.

Eine Welt voller Freude, Zuversicht und Wundern wartet auf den Menschen, der sein Klagetelefon fort wirft und sich selbst völlig an den Gott ausliefert, der über alles regiert.

> „Tut alles ohne Murren und Bedenken, damit ihr unsträflich und lauter seid, untadelige Kinder Gottes inmitten eines verdrehten und verkehrten Geschlechts, unter welchem ihr leuchtet als Lichter in der Welt, indem ihr das Wort des Lebens darbietet..." (Philipper 2,14-16a)

FRAGEN:

- Was ist damit gemeint, dass der Meckerer „einen kleinen Gott" hat?

- Daniel war ein Mann mit einem hervorragenden Geist. Welche Wahrheit hatte er begriffen?

- Wer lenkt die heutigen Regierungen der Welt?

- Wie denkt Gott darüber, wenn wir uns beklagen und murren?

- Wie solltest du darüber denken? Warum?

Kapitel 36: Völlige Freude

Wenige Freuden können der Gegenwart dessen gleichen, dem wir völlig vertrauen. – George MacDonald

Am Abend bevor sein Meister gekreuzigt wurde, hörte der Apostel Johannes einige Aussagen wie diese aus seinem Mund:

„Dies habe ich zu euch geredet, damit meine *Freude* in euch bleibe und eure *Freude* völlig werde." (Joh. 15,11)

„Bis jetzt habt ihr nichts in meinem Namen gebeten; bittet, so werdet ihr empfangen, damit eure *Freude* völlig wird!" (Joh. 16,24)

„Nun aber komme ich zu dir und rede dies in der Welt, damit sie meine *Freude* völlig in sich haben." (Joh. 17,13)

Als Johannes alt geworden war und bereits sechs Jahrzehnte lang in dieser Freude gelebt hatte, schrieb er einen Brief, der uns in der Bibel schon seit fast 2000 Jahren überliefert ist. Lies mal seine Einleitung zu diesem Brief. Spürst du, wie er sich danach sehnt, andere zu demselben freudevollen Leben zu führen, wie er es kannte?

„Was von Anfang war, was wir gehört haben, was wir mit unseren Augen gesehen haben, was wir angeschaut und was unsere Hände betastet haben vom Wort des Lebens — und das Leben ist erschienen, und wir haben gesehen und bezeugen und verkündigen euch das ewige Leben, das bei dem Vater war und uns erschienen ist —, was wir gesehen und gehört haben, das verkündigen wir euch, damit auch ihr Gemeinschaft mit uns habt; und unsere Gemeinschaft ist mit dem Vater und mit seinem Sohn Jesus Christus. *Und dies schreiben wir euch, damit eure Freude vollkommen sei.*" (1.Joh. 1,1-4)

Ich habe dir in diesem Buch, das du nun fast durchgelesen hast, viele Ratschläge gegeben, wie du ein glückliches und zufriedenes Leben führen kannst. Jedes Kapitel behandelt einen scheinbar anderen Aspekt der Freude und Zufriedenheit. Jeder Rat hat das Ziel, dich zu einem klareren Verständnis Gottes zu führen. Es gibt keinen anderen Weg, dein Verlangen nach Freude zu stillen, als in eine bleibende Beziehung mit Jesus Christus einzugehen.

Du kannst für den Rest deines Lebens in jeder Ecke der Welt dein Glück suchen, und du wirst es nicht finden. Keine Religion der Welt kann dir helfen. Die Behauptung, alle Religionen würden zum selben Gott führen, ist eine Lüge. Keine Religion tut es. Nur ein Leben in der beständigen Beziehung mit dem Einen, der dich geschaffen hat, kann dein Leben erfüllen und dich heilen. So hat Gott es eingerichtet. Wenn du etwas herstellst, kannst du auch entscheiden, wie diese Dinge funktionieren oder aussehen sollen. So hat auch Gott entschieden, in den Menschen einen Hunger nach Freude und Glück einzubauen, der nur mit seiner Gegenwart gestillt werden kann. So wie eine Rebe keine Frucht bringt, wenn sie nicht am Weinstock bleibt, so können auch wir seine Freude nicht erleben, wenn wir nicht in ihm bleiben (vgl. Joh. 15,4; Gal. 5,22).

Viele Christen glauben nicht, dass Gott glücklich ist, und das prägt auch ihre eigene Haltung, sodass sie denken, der Glaube an Christus sei in erster Linie Selbstverleugnung und Verzicht. Doch wer in Christus bleibt und seine Freude erlebt, für den stellen Selbstverleugnung und Verzicht keine Traurigkeit dar, weil er voller Freude alles für seinen Herrn aufgibt, und dadurch zu noch größerer Freude gelangt.

Wenn ich an die Freude Gottes denke, muss ich mich fragen: „Was macht IHN gerade jetzt glücklich?" Ich weiß sicherlich nicht alles, aber einige Dinge werden uns in der Bibel deutlich genannt. Da ist zum Beispiel die Freude des Bräutigams, der sich auf die Hochzeit mit seiner Braut, der Gemeinde, freut. Da ist die Freude des Vaters, der die Rückkehr seines verlorenen und totgeglaubten Sohnes feiert. Da ist die Freude des Hirten, der nach langem Suchen sein entlaufenes Schäfchen zur Herde zurückgebracht hat.

Da ist die unermessliche Freude des Erlösers, der durch seinen eigenen Tod, den größten Liebesbeweis, eine unzählbare Schar von Menschen vor dem ewigen Verderben erlöst hat. Da ist die Freude eines Sohnes, dessen Vater zu ihm sagt: „Du bist mein geliebter Sohn, an dir habe ich Wohlgefallen!" Da ist die Freude des Einen, der für seine Freunde eine ewige Wohnstätte bereitet.

Alle diese Freuden empfindet unser Herr gleichzeitig, zusammen mit vielen anderen. Die Bibel nennt das die „Freude deines Herrn" und macht diese Freude auch dir zugänglich, nicht nur ab und zu, sondern dauerhaft. Diese Freude kannst du aber nicht einzeln haben, die Freude und der Herr Jesus sind eins. Ohne ihn kannst du die volle Freude nicht haben.

Etwa im Jahr 1680 schrieb eine Frau namens Madame Guyon ein Buch. Statt des Ausdrucks „in Christus bleiben" benutzte sie die Worte „Christus erleben". Hier sind die ersten Sätze ihres Manuskripts:

> Während du dieses Buch in die Hand nimmst, magst du das Gefühl haben, du würdest einfach nicht zu solchen Leuten gehören, die fähig sind, tiefe Erfahrungen mit Christus zu machen. Die meisten Christen haben nicht das Gefühl, als wären sie zu einer tiefen, innigen Beziehung mit ihrem Herrn berufen. Dennoch sind wir alle zu der Tiefe Christi berufen, ebenso sicher, wie wir zum Heil berufen sind.
>
> Was meine ich, wenn ich von einer tiefen, innigen Beziehung mit dem Herrn rede? Eigentlich ist das ganz einfach zu verstehen. Es bedeutet, das Herz zu Christus zu wenden und es ihm gefügig zu machen. Es ist der Ausdruck der Liebe deines Herzens zu ihm.[4]

In ihrem Buch zeigt Madame Guyon einige Stufen auf, die man hinaufgehen sollte, um diese Beziehung zu Christus zu vertiefen, und ermutigt anschließend, die Stufen selbst nach und nach zu verwerfen, je näher man seiner

---

4   Madam Guyon, *Experiencing the Depths of Jesus Christ* (Goleta, CA: Christian Books, 1981), Seite 1.

selbst bewusst wird. Nicht die Stufen sind das Ziel – sondern die Erkenntnis Christi. Leider lieben viele Menschen die Stufen mehr als Christus selbst, und verfehlen daher das Ziel.

Ihre Schlussfolgerung war folgende: „Alle Kinder Gottes sind dazu berufen worden, sich an Gott zu erfreuen. Diese Freude kann man in diesem, wie auch im kommenden Leben genießen. Unser Zustand in der Zukunft wird ein Zustand der ewigen Freude in der Gemeinschaft mit Gott sein. Unsere Berufung in der heutigen Zeit ist derselbe Zustand."[5]

Es ist dir möglich, Gott viel inniger zu kennen und zu erleben, als die meisten Menschen es für möglich halten. Dazu musst du kein Gelehrter sein. Du musst noch nicht einmal lesen können. Du musst nur wissen, dass dein Gott gut ist und dass er dich in sich selbst hineinziehen möchte, in die Gemeinschaft seiner Freude.

Deine Aufgabe ist, ihm zu glauben und dich von ihm ziehen zu lassen. Du musst nicht planen und überlegen, wie du dich zu ihm hinarbeiten kannst. Folge einfach seiner Stimme. Seine Straße macht manchmal Biegungen, die in deinen Augen in die verkehrte Richtung zu führen scheinen. Lass dich daran nicht stören, folge ihm einfach. Er weiß, wo es lang geht und ist ein zuverlässiger Führer. Das Ziel ist nicht Vollkommenheit. Das Ziel ist nicht, ein guter Christ zu werden. Das Ziel ist auch nicht, glücklich und zufrieden zu sein. Das Ziel ist ER, die Freude in Person!

> „Der HERR, dein Gott, ist in deiner Mitte, ein Held, der rettet; er wird sich über dich freuen mit Wonne, er wird still sein in seiner Liebe, er wird über dich jubelnd frohlocken."
> (Zefanja 3,17)

---

5   Ebda., Seite 135

FRAGEN:

- Welche Absicht verfolgte der Apostel Johannes, als er seinen ersten Brief schrieb, den wir in der Bibel finden?

- Glaubst du, dass Gott glücklich ist? Welche Auswirkung hat das auf dein Leben?

- Warum empfindet ein Mensch, der in Christus bleibt, keine Traurigkeit, während er um Christi willen sich selbst verleugnet und Verzicht übt?

- Was musst du tun, um in Christus zu bleiben, oder, wie Madame Guyon es sagte, um Christus zu erleben?

Schlusswort

Während der letzten eineinhalb Jahre habe ich jede Gelegenheit genutzt, um mich in mein kleines Büro hinter der Holzwerkstatt zurückzuziehen und an diesem Buch zu schreiben. Ich habe dir so persönlich wie möglich geschrieben, was Gott mir aufs Herz gelegt hat, vor allem in Bezug auf die Frage, wie man ganz praktisch glücklich und zufrieden leben kann. Es gäbe noch viel mehr zu sagen, doch jetzt ist Zeit, Schluss zu machen.

Ich schrieb dieses Buch mit dem dringenden Anliegen, zu sehen, dass Menschen in ihrer Beziehung zu Gott ein Leben voller Freude durch Jesus Christus genießen. Mein Traum ist, zu sehen, wie du ein verantwortungsvoller Versorger deiner Familie wirst. Ich möchte gern sehen, wie du zu Hause und in der Nachbarschaft friedliche Beziehungen aufbaust, und wie du schwächeren Menschen hilfst. Wie gern würde ich Geschichten über dich hören, wie du deine Selbstsucht abgelegt hast und für andere gelebt hast. Ich will, dass du das Vorrecht einer gereiften Persönlichkeit in Anspruch nimmst, dass du aufstehst, nachdem du gefallen bist, und deine Aufgaben erfüllst, selbst wenn dir dabei die Haare grau werden vor Angst.

Möge Gott dir den Mut geben, ein solcher Mensch zu sein. Dafür schreibe ich das Buch.

Bob Schultz, Oktober 2007